U0875282

Asphalt Rubber Pavement Technology

橡胶沥青路面技术

吕伟民　编著

人民交通出版社
China Communications Press

内容提要

废旧轮胎是一种资源，利用轮胎磨细的胶粉制备橡胶沥青铺筑路面，有利于节约资源，保护环境，提高沥青路面路用性能，延长使用寿命。本书详细介绍了国内外橡胶沥青研究现状，制备工艺与设备，橡胶沥青的技术性能与标准，橡胶沥青路面结构，骨架密实型间断级配橡胶沥青路面、橡胶沥青玛蹄脂碎石路面、开级配橡胶沥青薄层路面、橡胶沥青应力吸收层，以及基于干法的橡胶沥青降噪路面的设计与施工。此外还介绍了橡胶沥青新技术和新材料。

本书可以供道路工程设计、施工、科研技术人员，以及高等院校师生参考。

图书在版编目（CIP）数据

橡胶沥青路面技术/吕伟民编著．—北京：人民交通出版社，2011.5
ISBN 978-7-114-09001-1

Ⅰ.①橡…　Ⅱ.①吕…　Ⅲ.①橡胶沥青-沥青路面
Ⅳ.①U416.217

中国版本图书馆 CIP 数据核字（2011）第 057602 号

广告许可证号：京朝工商广字第 8042 号（1-1）

书　　名：橡胶沥青路面技术
著 作 者：吕伟民
责任编辑：刘永芬
出版发行：人民交通出版社
地　　址：(100011) 北京市朝阳区安定门外外馆斜街 3 号
网　　址：http://www.ccpress.com.cn
销售电话：(010) 59757969、59757973
总 经 销：人民交通出版社发行部
经　　销：各地新华书店
印　　刷：北京鑫正大印刷有限公司
开　　本：787 × 1092　1/16
印　　张：12
字　　数：273 千
版　　次：2011 年 5 月　第 1 版
印　　次：2011 年 5 月　第 1 次印刷
书　　号：ISBN 978-7-114-09001-1
定　　价：30.00 元

序

橡胶沥青源于20世纪50年代,是一种用于多种类型沥青路面施工中的黏结剂。橡胶沥青作为一种高品质的黏结剂,可明显提高沥青的黏弹性、高温性能、低温抗开裂性能以及改善其抗老化能力和温度敏感性;以橡胶沥青生产的混合料,由于其黏度高、软化点高、稠度大、弹性恢复性强,使得其路面耐久性和疲劳寿命显著提高;此外开级配或间断级配橡胶沥青路面防滑功能高、减少雨天行车溅水、改善视野、降低噪声,大大提高路面行车安全和舒适性。

我国的交通基础设施建设对道路的使用性能要求越来越高,对节约资源和保护环境、延长路面使用寿命等要求也越来越迫切,无害化、资源化地利用废旧轮胎将对我国经济的可持续发展、缓解环境和橡胶资源匮乏带来的压力起到积极的作用。将废轮胎加工成橡胶粉是世界上公认的废轮胎橡胶无害化、资源化的处理方法,因此,橡胶沥青技术以其环保、降噪和节约资源的特点,为这些黑色污染提供一条可持续性的环保解决方案,并能够显著改善道路性能、提高道路耐久性。

本书作者多年来一直致力于橡胶沥青混凝土的研究与应用,具有丰富的工程经验与深厚的理论积淀,其撰写的著作中纳入了废胎胶粉、橡胶沥青的材料要求;不同类型橡胶沥青混合料的配合比设计方法;开级配、间断级配橡胶沥青混合料;橡胶沥青路面典型结构;橡胶沥青防水黏结层、橡胶沥青混凝土的施工质量管理和验收以及橡胶沥青路面新技术等内容。

《橡胶沥青路面技术 》一书,不仅理念新,视角新,而且内容全面系统,是一本值得期待的橡胶沥青混凝土研究及应用领域的新专著。

相信《 橡胶沥青路面技术》一书的面世将为我国橡胶沥青领域的从业者重新认识橡胶沥青及其沥青混凝土,实现科学化设计施工提供理论及技术支撑。

2011 年 3 月 20

自　　序

笔者断断续续研究橡胶沥青路面技术，屈指算来已经有30个年头。

早在20世纪80年代初，鉴于当时国产沥青都是多蜡沥青或者渣油，用于铺筑的薄层表面处治沥青路面，夏天泛油，冬季开裂。为了改善沥青性能，采取在沥青中添加磨细轮胎胶粉，配制成橡胶沥青，所铺设的沥青路面状况得到明显改善。在与江西省公路局合作的过程中，大力推广橡胶沥青路面技术，10年间累计铺筑橡胶沥青路面达400多公里。

80年代后期，胜利油田生产出100号沥青，质量有了较大提升，但不能满足大交通量道路铺筑沥青路面的需要。在与杭州、常州等地合作，开展橡胶沥青路面技术研究的过程中，逐渐领悟到采用间断级配橡胶沥青技术的优越性，所铺筑沥青面层，使用寿命明显延长，路用效果大为提高。

进入90年代，随着高速公路大规模建设高潮的到来，由于一方面大规模进口国外优质沥青，另一方面国产优质沥青也得到成功开发和应用，而且SBS改性沥青也逐渐得到应用，在这样的背景下橡胶沥青路面技术暂时被搁置起来。

进入21世纪，为了节约资源，减少排放，保护环境，橡胶沥青路面技术又再次被提到议事日程上来，全国各地都开展了橡胶沥青路面的研究。鉴于SMA路面良好的路用效果，笔者研究利用橡胶沥青替代SBS改性沥青铺筑SMA路面，取得了很好的效果。为了降低临近居民区道路的交通噪声，还对具有明显阻尼性质的干法橡胶沥青进行了研究和应用。近几年来，许多高校与研究机构对橡胶沥青路面技术进行了卓有成效的研究，与此同时，一些橡胶沥青专业性企业的出现，活跃了道路建设市场，大大促进了橡胶沥青的广泛应用，使橡胶沥青路面技术得到很大的发展和提高。通过总结自身研究成果和学习国内外很多研究资料，越加发现橡胶沥青不同于一般改性沥青，有其独特的优点，如科学合理地用于铺筑沥青路面，不仅获得非常好的使用效果，而且大大延长路面使用寿命。在这样的背景下，编写《橡胶沥青路面技术》一书，以总结橡胶沥青研究成果，促进该技术的推广应用非常有必要。

在编写过程中，得到四川正中路面科技有限公司杨遗良先生的大力支持和帮助，为我提供了很多非常实用的工程经验和资料。上海交通大学王仕峰老师就橡胶沥青生产技术，提供了新的研究资料。此外书中还引用了一些单位与研究人员的有关资料，也都已注明，在此一并表示衷心感谢。

当今科学技术发展很快，本书所述橡胶沥青路面技术难免孤陋寡闻，一孔之见，不当之处敬请指正。

编著者：吕伟民

2011年3月

目　　录

第一章 绪 论

第一节 废旧轮胎橡胶资源化

一、我国道路交通事业的发展

改革开放以来,我国的国民经济迅猛发展,国家综合实力得到增强,到2009年GDP已经位于世界第二位。经济的持续高速发展,有力地促进了道路交通基础实施建设。20世纪80年代以后,我国进入了高速公路建设的快速时期,1998年第一条18.5km的沪嘉高速公路建成,结束了我国大陆没有高速公路的历史。1990年沈大高速公路建成,开创了我国建设长距离高速公路的先河,为我国90年代大规模高速公路建设积累了丰富的经验。90年代中期以后的几年中,京津唐高速公路、济青高速公路、成渝高速公路、沪宁高速公路等重要交通干线相继建成。进入21世纪,我国进一步加大了高速公路建设投入,几乎每年投入资金在2 000亿元以上,大大加快了高速公路建设的步伐,到2010年底我国高速公路总里程已经达到7.4万公里,其发展速度在世界高速公路史上是从来没有过的。

高速公路建成运营,大大地促进了高速公路沿线经济的飞速发展。据有关经济专家测算,以山东济青高速公路为例,这条高速公路建成通车后,每年直接和间接的经济效益就可以达到50亿元以上。因此高速公路成为我国经济社会发展的推进器,不仅大大提高了公路的运输能力,降低了运输成本,提高了客货运输的安全性,而且节约了国土资源,改善了地方的投资环境,促进了资源开发利用,提高了国家经济的机动性,增强了国家竞争力,以及为保障国防安全等方面都发挥着十分重要的作用。

2008年下半年世界发生了严重的金融危机,为了拉动经济,我国政府采取积极拉动内需的策略,在财政中拿出4万亿元人民币投资各项建设,其中包括加快铁路、公路和机场重大基础设施建设。因此公路建设不仅不会因金融危机而停顿,相反要加快建设速度。实际上我国公路建设速度已经超过了原先规划的速度。现在,我国东部地区基本形成四通八达的高速公路网,长江三角洲、珠江三角洲和京津冀地区形成比较完善的城际高速公路,国家高速公路网骨架也已基本建成,现在正向我国中、西部地区扩展。

二、废旧轮胎引发的环境问题

道路交通基础设施的建设,有力地促进了汽车工业的发展,我国汽车保有量不断增加,2006年6月为5 360万辆,2008年底为6 467万辆,2010年底达到7 000多万辆。汽车保有量的增加,使废旧轮胎数量也在以每年12%的速度增加,2005年废旧轮胎已达到1.25亿条,约合324万吨,2010年底达到2亿条以上,约合518万吨。

据有关部门统计,目前全世界废旧轮胎已积存30亿条,并以每年10亿条的速度增加,其中欧盟15国每年新增约205亿条,大量的废旧轮胎堆积造成了环境污染。轮胎是难以降解的高分子弹性材料，不加以处理，长期堆置，不仅占用大片土地，而且滋生蚊虫，污染环境，甚至还可能引发火灾。1999 年 9 月美国斯坦尼斯劳斯县堆积几百万条的废旧轮胎发生自燃，引发大火。大火燃烧温度超过 1 000℃，浓烟上升到 600 多米的高空。大火燃烧 15 天后，数百吨污染物飘落到 100 多公里外的旧金山和加州首府萨克拉门托市，天空下起了“黑雨”。2009 年 6 月墨西哥一个轮胎仓库发生大火，殃及隔壁的幼儿园，造成 37 名儿童丧身。一些国家为处置废旧轮胎，早年曾采取焚烧的办法，结果对环境污染更为严重。以后有的国家曾采取深埋处理，但这又造成地下水等环境的污染。

我国废旧轮胎虽然还没有积累到泛滥成灾的地步，但每年约有 2 000 万条废旧轮胎没有能够回收。据了解，我国有相当数量的废旧轮胎被用来土法炼油。2002 年开始，许多地方打着“废物利用”的旗号在搞土法炼油，在短时间内，河北、山东、安徽、湖北、浙江、江西等地均出现土法炼油的作坊。据国家环保总局的统计，2005 年全国废旧轮胎土法炼油以及再生胶生产排放的二氧化硫达到 48 万吨。有人计算每排放 1t 二氧化硫将造成经济损失约为 2 万元，这样就要造成经济损失约为 96 亿元。在废旧轮胎土法炼油过程中释放出大量硫化氢、二氧化硫、苯类、二甲苯类、多环芳烃等有毒有害气体，严重污染大气环境。土法炼油产生的废渣被随意倒掉，严重污染了当地的土壤、地下水和地表水源。大凡有土法炼油的地方，大气、土壤和水源遭到毁灭性破坏，非法炼油作坊周围竟然寸草不生，树木凋零枯萎。土法炼油对我国本已十分匮乏的橡胶资源也是一种毁灭性破坏。土法炼油还严重冲击了我国废旧轮胎再利用行业的健康发展，导致废旧轮胎市场价格飞涨。因此面对当前我国一些省区土法炼油的泛滥，环保专家大声疾呼，必须尽快采取有效措施，根治土法炼油的“黑色污染源”。

中国轮胎翻新与循环利用协会的主管人士认为，土法炼油之所以泛滥，其根本原因就在于我国至今尚无相关的法律法规和产业政策，从废旧轮胎回收、加工处理、再利用整个产业链均由民间自发组织，随意发展。同时废旧轮胎的回收、转运完全在国家体制外运行，不受国家环境、资源宏观经济政策约束。据悉，目前国务院已将废旧轮胎回收利用纳入发展循环经济的工作重点，并责成国家发改委牵头制定《废旧轮胎回收利用管理条例》，要求国家相关部门应按照相关环保法律法规，对土法炼油采取果断措施，遏制其在全国的蔓延和发展，同时，尽快建立全国规范的废旧轮胎回收集散体系，从源头堵截土法炼油的原料来源。

三、我国橡胶资源短缺的现状

在废胶大量产生的同时，我国却面临生胶资源严重短缺的困境。目前我国天然胶产地主要分布在海南、云南、广东，产量在近期很难有大的增长。由于橡胶消费量的增加，导致我国天然胶自给率不断下降，1999 年自给率为 50%，到了 2004 年已下降到 32%，估计现在已经降低到 20% 以下。橡胶是重要的战略物资，尤其是天然橡胶，除大量应用于民用外，还应用于国防军事装备，如飞机、坦克、大炮、防毒面具，甚至火箭、人造卫星、宇宙飞船等尖端科技领域。随着我国经济的发展，天然橡胶缺口逐渐扩大，已经成为继石油、铁矿石以及有色金属之后又一大宗紧缺战略性物资。与此同时，国际上一些主要天然橡胶生产国正积极采取推进橡胶工业化政策，限制天然胶出口，如世界最大的产胶和出口国泰国，就提出要将橡胶产业发展成为国家基础工业。马来西亚已由橡胶出口国变成为橡胶进口国，斯里兰卡近年来大力发展轮胎工业,也不再是橡胶出口国。不仅如此,主要橡胶生产国正积极建立天然胶“欧佩克”,极力将我国排斥在外,企图阻止我国对国际橡胶生产、价格、市场等规则的参与权。2002 年泰国、马来西亚、印度尼西亚成立国际橡胶合作集团,通过供应管理、减少出口、建立联合公司等方式,控制天然胶的价格。以后越南、印度提出加入该联合公司,目的在于形成国家价格同盟,共同提高和稳定国家橡胶价格,因此国际天然胶生产与销售的形势,已经使国际天然胶市场发生了变化,这将严重影响我国经济的发展和国防安全,为此积极开拓天然胶国际市场,建立海外天然胶战略基地已显得非常迫切。

现在我国是世界轮胎第三生产大国,随着汽车工业的迅速发展,我国轮胎年产量超过 1.5 亿条,仅次于美国和日本。2004 年我国消费生胶 420 万吨,其中 60% 用于轮胎生产。目前我国生胶消耗量的 70% 依赖进口,每年几乎超过 120 万吨,合成胶达到 60 万吨。预测到 2020 年我国仅汽车工业需求橡胶将要达到 163 万吨。与此同时,我国近年公路建设铺筑沥青路面需要改性沥青达 220 万吨,也要消耗大量的热塑性橡胶材料,因此我国橡胶的供求矛盾十分尖锐。

四、废旧轮胎橡胶的资源化

废旧轮胎实际上是一种资源,应该加以充分利用,走循环经济的道路。所谓循环经济,是指按照生态规律运行、实行资源循环利用和清洁生产的经济形态。循环经济又称之为生态经济。循环经济包括三方面,第一,要求尽量减少进入生产和消费过程的物质和能源,简称为减少(Reduce);第二,要求尽可能地多次利用或以多种方式利用资源和物品,简称为再利用(Reuse);第三,要求尽可能将废弃物再次变成资源,简称为循环往复(Recycle)。

国际上有很多国家十分重视废旧轮胎橡胶的循环利用。如法国自 20 世纪 80 年代起,就禁止填埋、焚烧旧轮胎。同时通过减税等方式支持旧轮胎回收企业的创业和经营,并支持这一领域的研究与开发。在这样的背景下,旧轮胎贴面翻新再利用、废旧橡胶再生材料生产及其应用技术因此而出现。1993 年,法国轮胎生产厂、销售商以及回收企业,成立了旧轮胎回收与环保协会,2003 年出台了一项强制回收废旧轮胎的法规,要求自 2003 年起法国境内轮胎生产与销售商每年投放市场多少新轮胎,次年必须回收吨数相等的旧轮胎,回收费用全部由生产和销售商自行承担,但这笔费用可计入轮胎售价中。民意调查发现,法国近 80% 的消费者都愿意承担环保义务,愿意多支付几个欧元以利轮胎的循环再利用。

西班牙政府为解决废旧轮胎污染的问题,出台了新的措施,这就是利用废旧轮胎加工成橡胶粉,用于道路建设,从而解决了每年十几万吨废旧轮胎的出路问题。西班牙新措施特别规定,汽车更换轮胎而购买新轮胎时必须缴纳一笔税款,以用于回收旧轮胎。政府要求轮胎生产厂商也必须对卖出去的所有轮胎和修理厂的废旧轮胎进行回收。目前在欧洲轿车轮胎翻新市场替换率已经接近 30%。

过去我们说我国人口众多、地大物博,然而正是由于人口众多,人均资源相对贫乏,生态环境脆弱,资源存量和环境承受力都已经不起高强度的资源消耗和环境污染。而且,随着我国经济的快速增长和人口的不断增加,土地、水、矿产等资源不足的问题越来越突出,生态建设和环境保护的形势日益严峻。如果继续走“高开采、大生产、低利用、高排放”的粗放式工业化道路和“大量消费、大量废弃”的消费道路,那么只能阻碍我国经济的发展。按照科学发展观的要求，努力发展循环经济，建设资源节约型、环境友好型的社会已经迫在眉睫。

近年来由于我国政府和行业的引导，废胶资源化利用取得了显著成绩，基本上已不存在废胶严重积存现象。目前废胶的利用途径主要有以下几方面。

1. 轮胎翻新

轮胎翻新具有较好的经济效益，旧轮胎经过翻新后其使用寿命一般为新轮胎使用寿命的60%～90%，平均行驶里程可达5万～8万公里。当前世界名牌载重轮胎一般都可以翻新二、三次，并且翻新轮胎的使用寿命接近于新轮胎，而翻新轮胎所用的原材料一般为新轮胎的15%～30%，并可节约大量橡胶、帘布和炭黑等材料，而且其价格仅为新轮胎的25%～50%，因此翻新轮胎是废旧轮胎利用的最有效的方式。目前轮胎翻新已经实现工业化，主要集中在载重轮胎和轿车轮胎。轮胎翻新量大约是轮胎报废量的20%。

2. 生产再生胶

生产再生胶是我国废橡胶利用的主要途径，其利用率占总利用量的70%～80%，这是因为再生胶可以直接替代橡胶，在橡胶制品中加入一定比例的再生胶，可以降低生产成本。同时再生胶有很好的加工性能，投入的资金不多，技术难度也不大，投资能短期内回收。由于现代新技术的采用，使再生胶生产过程中的废水、废气的排放都能得到有效控制。20世纪80年代末以来，工业发达国家大多已从再生胶的生产转入胶粉活化改性或精细胶粉的直接利用。我国现有再生胶生产企业近500家，年产量约为110万吨以上，居世界首位。尽管我国再生胶生产较好地解决了废水污染问题，但仍存在利润低、劳动强度大、生产流程长、能源消耗大、环境污染严重等缺点。目前，国内正在积极研究新的废橡胶脱硫技术，随着新技术的开发，有可能向橡胶工业提供物美价廉的再生胶，这将是再生胶工业发展的转折点。已经开发成功的微波脱硫技术就是一项突破性的再生技术，该方法是干态脱硫，没有污染，产品质量好。在橡胶制品中掺加再生胶有利于合成橡胶的加工。

3. 生产胶粉

我国胶粉生产始于20世纪80年代后期，90年代产量逐渐增大。我国现有胶粉生产厂40多家，年产量约为15万吨，约占废胶利用总量的10%。“八五”期间曾研究采用液氮冷冻技术来生产胶粉，虽然该方法可以生产微细胶粉，但能耗大、成本高。近年来技术人员经多方面调查，根据我国国情并吸收国内外生产胶粉的新技术，一改大型设备投资大、耗能高的缺点，设计出了适合中小规模企业生产胶粉的磨粉机组。这种机组操作简单，人工上料，循环加工，适合加工10～40目胶粉。以后经过改进，采用切、研磨相结合的原理，自动上料循环加工，节约了人力、降低了劳动强度，可连续生产，设备使用寿命长，适合生产更细的胶粉(60目)，产品质量好，适应性强，而且具有处理含纤维橡胶的特殊功能，是目前橡胶制粉比较理想的机械。

橡胶粉应用非常广泛，它既是生产再生胶的主要原料，同时也用于防水建材行业的橡胶沥青卷材、防水油膏等，以及用于体育场跑道、高尔夫球场。现在高速公路建设，采用橡胶粉制备成橡胶沥青，铺筑沥青路面，已得到广泛应用。这种橡胶沥青路面不仅具有良好的抗车辙性能和低温抗裂性能，而且还具有延长路面使用寿命、降低交通噪声的功能，应用前景十分广阔。

第二节　废旧轮胎橡胶粉的生产

在国外使用橡胶铺筑沥青路面已经有上百年的历史。1900 年法国首先铺筑了第一条橡胶沥青路面，随后美国、英国、荷兰、德国等国家也相继跟进研究。第二次世界大战以后，一条由荷兰人在 1936 年铺筑的沥青路面，尽管经受了繁重的军用车辆碾压，但仍然例外地良好，这引起了人们的兴趣。废旧轮胎的回收利用始于 20 世纪 40 年代，当时美国就开始沥青橡胶（Asphalt Rubber）的开发研究，也就是利用硫化橡胶，包括废旧轮胎面橡胶，以不同方式（即所谓湿法和干法工艺）将它们加到沥青混合料中，用于铺筑沥青路面。1960 年 3 月，美国沥青协会在伊利诺斯州的芝加哥召开了橡胶沥青的第一届研讨会。80 年代以来，除美国外，日本、俄罗斯、加拿大、瑞典、芬兰、韩国、南非以及中国，都广泛开展橡胶沥青的研究，并成功地应用于道路沥青路面建设。

一、废旧轮胎橡胶的特性

在废弃的大量橡胶制品中，以汽车轮胎所占的数量最大。轮胎是一种硫化胶，橡胶经过硫化后，彻底改变了原来橡胶的黏性性质，而成为既有极好的弹性、又有一定力学强度的固体材料。轮胎的外胎正是利用橡胶的这种性能制作而成。轮胎外胎由胎面、缓冲层、帘布层、胎侧、钢丝圈、胎趾以及胎踵 6 部分组成。胎面直接与路面发生接触和摩擦，使轮胎在运行中具有牵引力、耐磨耗和防滑的性能，因此要求胎面胶具有较高的强度、抗撕裂、弹性和耐磨性。在配方设计上，上层胎面胶往往选用耐磨性较好的材料，下层胎面与胎侧则选用弹性好的材料，因此胎面胶通常采用天然橡胶（NR）、丁苯橡胶（SBR）、顺丁橡胶（BR）。其他种类的橡胶，如聚丁二烯橡胶（IR）、聚异戊二烯（IR）以及丁基橡胶（IIR）也是制造轮胎的主要原料（表 1-1）。

轮胎不同部位的橡胶种类与性能要求　　表 1-1

轮胎部位	要求性能	橡胶种类
胎面冠部	牵引力承受冲击和磨损	SBR + NR 或 BR + NR（载货车 NR > 50%，小汽车通常较少）
胎面底部	高的回弹特性和良好的散热性，保护带束，降低胎肩温度	IR + BR
缓冲层（带束）	帘布层与胎面胶之间的刚性过渡。要求具有高的弹性、抗剪切性、耐热性、高的扯断强度和定伸强度、低的发热性、良好的导热性以及耐老化性能和耐疲劳性能等	通常全部采用 NR
帘布层	要求具有高的弹性、耐热性、抗撕裂性、低的发热性和扯断永久变形，以及适当的扯断强度、定伸强度、耐挠曲、耐老化，与帘布较好的黏结性	一般采用 NR，为提高和帘布的黏结性，掺用 5% ~10% 的 SBR
胎侧部	保护帘布，要求耐挠曲疲劳、耐各种老化	载货车：70NR + 30BR 或 20SBR + 20BR + 6NR 或全 NR 小汽车：采用胎面胶相同材料
气密部		氯化丁基橡胶
胎圈隔离物		NR

天然橡胶通常是指从橡胶树上由人工采集乳白色天然胶乳(图1-1),经过凝固、干燥等加工而成的弹性固状物。天然橡胶的主要成分为聚异戊二烯,分子式$(C_5H_8)n$。天然橡胶的特点是弹性好,机械强度高,滞后损失小,耐挠曲性也好;弱点是耐老化性能较差,但通过添加防老剂能显著提高其耐老化性。由于现在天然橡胶资源紧缺,因而价格较高。

图1-1 采集天然橡胶

丁苯橡胶是人工合成的橡胶,其优点是具有良好的耐磨性和耐老化性能,且品质稳定,价格低廉;它的缺点是容易发热,弹性性能较差。

顺丁橡胶具有弹性好、耐磨性强和耐低温性能好、生热低、滞后损失小、耐挠曲性、抗龟裂性及动态性能好等优点。

为了提高轮胎的使用性能,经常将不同橡胶组合使用。表1-1是轮胎不同部位橡胶要求的性能与使用的主要橡胶种类。

一般来说,胎面胶质地较纯,性能也较好,用于配制橡胶沥青最为理想。但是轮胎的其他部位作为橡胶材料也是应该加以利用的,所以实际工程应用时不再详细划分是轮胎什么部位的橡胶,基本上全部可以用来作为配制橡胶沥青使用。

在生活中使用的各种橡胶制品,如球鞋、胶管等,由于成分复杂,杂质较多,不适合用于配制橡胶沥青。

二、轮胎橡胶粉的生产工艺

由于轮胎橡胶是一种弹性很高的材料,热敏性反应又强,因而要将它加工成粉状,特别是生产精细胶粉难度较大。轮胎胶粉生产方法很多,其中有常温粉碎法、低温冷冻粉碎法、湿法粉碎法。此外现在正在研究的方法还有臭氧粉碎法、高压爆破法、高温超速粉碎法、助剂浸混粉碎法以及高压射击粉碎法等,目前主要有低温冷冻粉碎法和常温辊压剪切法两种。

1. 低温冷冻粉碎法

低温冷冻粉碎法是采用液氮作为冷冻剂,制冷温度在-196℃以下,轮胎橡胶在超低温下冷冻而发脆,经锤击球磨粉碎,可以得到粒度50~200目的胶粉。低温冷冻法生产的胶粉具有工艺简单,无污染,精细胶粉产率高,但所产胶粉不仅表面光滑,颗粒形状规则,用作配制橡胶沥青并不理想,而且由于液氮价格昂贵,生产成本又高,不利于推广应用,所以现在较少采用低温冷冻法生产轮胎胶粉。

2. 常温辊压剪切法

常温辊压剪切法是目前使用较为普遍的一种粉碎方法。其基本原理是采用辊筒对压产生的剪切力,使轮胎橡胶块受到剪切而粉碎,所得胶粉的粒度为15~35目。由于颗粒太粗,只能作为某些胶料的填充剂,使其应用范围有一定的局限性。为了能够生产精细胶粉,国家化工行业将超细胶粉的生产和应用列入了国家重点科技攻关项目,经过几年研究和开发,目前国内已经能生产高达200目的超细的橡胶精粉。

最新推广应用的粉碎法是一种比较先进的胶粉生产方法。该方法与上两种方法的工作原理完全不同，它是采取在高压作用下研磨与剪切相结合的原理，使橡胶粉碎温度得到有效的控制，从而确保了胶粉的质量，所得胶粉在5~60目范围内任意调节，胶粉粒度均匀，完全可以满足路用胶粉的质量要求，而且不对环境造成任何污染。

将轮胎加工成橡胶粉，大体上经过以下工艺流程，即轮胎清洗→切割→切条→切块→压圈→磨粉→磁选→抽检→包装。图1-2是子午轮胎胶粉生产工艺流程示意图。

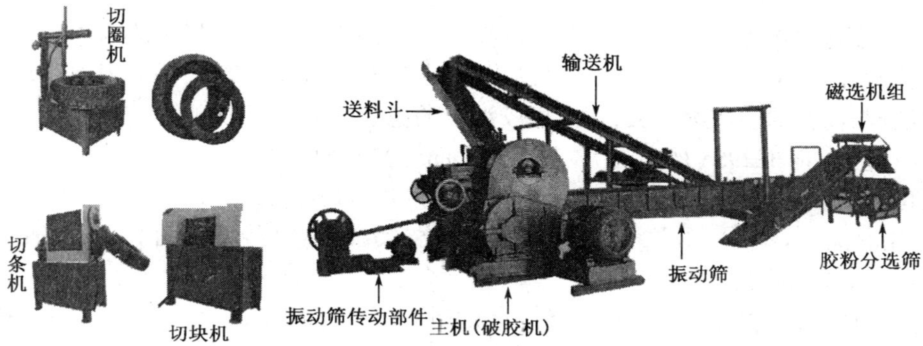

图1-2　子午轮胎胶粉生产二艺流程示意图

常温条件下采用剪切工艺生产的胶粉，表面呈毛刺状，因而用于制备橡胶沥青能增强与沥青的咬合力，而且加工成本相对较低，故现在国内基本上均采用这种工艺生产轮胎胶粉。

3. 湿法粉碎法

湿法粉碎法主要采用的设备是磨盘式胶体研磨机，通过以下三个步骤达到粉碎目的：①采用常温粉碎方法将废旧轮胎进行初步粉碎；② 用溶剂或专门配制的水溶液对胶粉进行预处理；③ 将处理过的胶粉投入一个或几个磨盘式胶体磨中进行研磨粉碎，再经过除碱、除溶剂和脱水干燥等处理，即可得到超细胶粉。该方法工艺过程比较复杂，且效率低成本高，故所生产的胶粉仅用于高档制品或有特殊要求的橡胶制品。

4. 臭氧粉碎法

臭氧粉碎法是将整个轮胎放入一密闭装置中，充入超高浓度的臭氧(其浓度为空气中臭氧浓度的1万倍)，经60min后，启动装置中的10kW动力机械，使轮胎中的骨架与硫化橡胶分离，并将橡胶粉碎。采用该方法能够得到粒径分布较宽的胶粉，而这种装置每吨胶粉仅耗电60kW·h，较滚筒粉碎法节能达85%。

5. 高压爆破粉碎法

高压爆破粉碎法是将废橡胶置于高压容器中，充入500个大气压的压力，利用高压使橡胶与骨架分离，然后将橡胶回收。该法生产的胶粉很粗，仅30%左右为10~16目的胶粉，需要进行再加工。

6. 高压射击粉碎法

高压射击粉碎法是采用高压水枪以245MPa以上高压水流和直径1~2mm的喷嘴连续射击废橡胶，直至橡胶粉碎。该方法只能生产5~10mm的橡胶颗粒，需要经过二次再加工。但该法省却了机械粉碎所需的各种机械设备，使生产工艺得到简化，同时生产过程的能耗也有所降低。

第三节 轮胎橡胶粉的性质

轮胎橡胶粉的物理参数主要包括：橡胶粉的颗粒细度、级配、橡胶粉的表面纹理和颗粒形状。细度和级配与橡胶沥青物理特性、橡胶粉加工工艺和成本密切相关。表面纹理和颗粒形状都和橡胶与沥青的亲和力有关，也对橡胶沥青的稳定性有一定影响。

按照英国标准BS2955的定义，粒径小于1mm的聚合物称为粉末聚合物。粉末橡胶按粒度分类，可分为4个等级：① 粗胶粉，粒径为500~1 500μm（12~30目）；② 细胶粉，粒径为300~500μm（30~47目）；③ 精细胶粉，粒径为75~300μm（47~200目）；④ 超细胶粉，粒径小于75μm（大于200目）。

美国ASTM有一整套按照轮胎橡胶粉的颗粒分布进行的分类。分类名称按照公称最大粒径分为10~80目（分类级为10目）、100~140目（分类级为20目）和170目、200目总计13类。级配的要求是公称粒径上一级筛孔通过率为100%，公称粒径筛孔的筛余在许可范围内（20目及以下为5%，120目及以上为15%，20目和120目之间为10%）。

美国各州对用于沥青路面的轮胎橡胶粉的级配有不同的要求，现将几个州的具体级配要求汇总列于表1-2。我国对于路用轮胎橡胶粉的级配尚没有具体的规定，通常对于胶粉的粒度以目数作为划分粗细的标准。目数实际上是相对集中反映材料级配的范围。这主要是因为用于沥青路面的胶粉，其粒度只要求大体在某一范围，而不要求不同粒度的比例有严格的限制。目前有些企业对路用胶粉的级配提出了具体要求，表1-3是四川正中路面科技有限公司提出的胶粉级配要求。

美国几个州对路用橡胶粉级配的规定（通过率：%） 表1-2

试验项目		亚利桑那州		加利福尼亚州	佛罗里达州			新泽西州	ASTM D6114
筛号	筛孔（mm）	A型	B型		A型	B型	C型		
No.8	2.360	100	—	100	—	—	—	—	建议小于8号筛
No.10	2.000	95~100	100	95~100	—	—	100	100	
No.16	1.180	0~10	65~100	40~80	—	—	—	75~100	
No.20	0.850	—	—	—	—	100	85~100	—	
No.30	0.600	—	20~100	5~30	—	—	—	25~100	
No.40	0.425	—	—	—	100	85~100	20~60	—	
No.50	0.300	—	0~45	0~15	—	—	—	—	
No.80	0.180	—	—	—	90~100	10~50	5~20	0~20	
No.100	0.150	—	—	—	70~90	5~30	—	0~5	
No.200	0.075	—	0~5	0~3	35~60	—	—	—	

正中路科对胶粉级配的要求 表 1-3

筛孔尺寸（μm）	通过百分率（%）		
	20 目	40 目	80 目
1 180	90～100	—	—
850	82～100	100	—
600	—	95～100	—
420	37～80	85～100	—
250	4～55	30～75	99～100
180	0～30	5～50	90～100
150	—	0～25	75～90
75	—	—	25～40

典型的废旧轮胎橡胶粉组成成分见表 1-4。轮胎橡胶的组成成分一般有丙酮抽出物、灰分（无机类添加剂如锌盐等）、碳黑填充物和橡胶聚合物等几类，其中有效成分橡胶聚合物占50%左右。天然橡胶由于含有纯度98%以上的顺式－1、4－聚异戊二烯，受力状态下结晶率高，综合物理力学性能优于其他任何橡胶。天然橡胶的含量当然会影响橡胶沥青的性能，通常货车轮胎的天然橡胶含量要大大高于小汽车轮胎。

典型轮胎橡胶粉成分组成 表 1-4

轮胎类型	丙酮抽出物含量（%）	灰分含量（%）	炭黑含量（%）	总橡胶含量（%）	人造橡胶含量（%）	天然橡胶含量（%）
小车胎	19	5	31	46	26	20
货车胎	12	5	28.5	54	21	33

对于胶粉的质量要求，除粒度外还有胶粉的天然胶含量、橡胶烃含量、金属含量、纤维含量、丙酮抽出物（Acetone extract）含量等。其中丙酮抽出物是指能溶解于丙酮的物质，主要是脂肪酸和固醇类物质。虽然前者有促进硫化、帮助粉状配合剂分散和软化生胶等作用，后者有防止老化的作用，但是含量还是要有一定限制。对于胶粉质量一些国家有具体的规定，表 1-5 是美国有些州对胶粉质量的技术要求。

美国几个州对胶粉质量的要求 表 1-5

<table>
<tr><td rowspan="2">试 验 项 目</td><td colspan="2">亚利桑那州</td><td>加利福尼亚州</td><td colspan="3">佛罗里达州</td><td>新泽西州</td><td>ASTMD6114</td></tr>
<tr><td>A 型</td><td>B 型</td><td></td><td>A 型</td><td>B 型</td><td>C 型</td><td></td><td></td></tr>
<tr><td>相对密度</td><td colspan="2">1.15±0.05</td><td>1.15±0.05</td><td colspan="3">1.10±0.06</td><td>1.15±0.05</td><td>1.15±0.05</td></tr>
<tr><td>含水量（%）</td><td colspan="2">无规定</td><td>无规定</td><td colspan="3">≤0.75</td><td>无规定</td><td>≤0.75</td></tr>
<tr><td>金属含量（%）</td><td colspan="2">无规定</td><td>≤0.01</td><td colspan="3">≤0.01</td><td>无规定</td><td>≤0.01</td></tr>
<tr><td>纤维含量（%）</td><td>≤0.1</td><td>≤0.5</td><td>≤0.05</td><td colspan="3">无规定</td><td>无规定</td><td>≤0.05</td></tr>
<tr><td>滑石粉添加量（%）</td><td colspan="2">≤4</td><td>≤3</td><td colspan="3">≤4</td><td>≤4</td><td>≤4</td></tr>
<tr><td>天然橡胶（%）</td><td colspan="2" rowspan="5">无规定</td><td>22～39</td><td colspan="3">16～45</td><td rowspan="5">无规定</td><td rowspan="5">无规定</td></tr>
<tr><td>丙酮萃取量（%）</td><td>6～16</td><td colspan="3">≤25</td></tr>
<tr><td>碳氢成分含量（%）</td><td>42～65</td><td colspan="3">40～55</td></tr>
<tr><td>灰分含量（%）</td><td>≤8</td><td>≤10</td><td colspan="2">≤8</td></tr>
<tr><td>炭黑含量（%）</td><td>28～38</td><td colspan="3">20～40</td></tr>
</table>

我国有关单位提出的胶粉质量技术要求,基本上是参照美国标准而提出的。表1-6是四川正中路面科技有限公司提出的胶粉质量标准。表1-7是交通部公路科学研究院提出的胶粉质量标准。

路用硫化橡胶粉质量指标(四川正中路科) 表1-6

技术指标	水分(%)	纤维含量(%)	金属含量(%)	天然胶含量(%)	橡胶烃含量(%)	丙酮抽出物%	灰分(%)
技术要求	≤1	≤1	≤0.1	≥22	≥42	≤16	≤8
指标重要性	报告数据	裁决性	裁决性	裁决性	裁决性	裁决性	裁决性
测试频率	批次	必要时	异常时	每250t	每250t	每250t	每250t

路用胶粉物理与化学指标(交通部公路科研院) 表1-7

检测项目	相对密度	水分(%)	金属含量(%)	纤维含量(%)	灰分(%)	炭黑含量(%)	丙酮抽出物(%)	橡胶烃含量(%)
技术要求	1.10~1.30	≤1	≤0.05	≤1	≤8	≥28	≤22	≥42

如前所述,由于天然胶弹性好,机械强度高,因此用胎面胶加工的胶粉质量最好,是配制橡胶沥青理想的材料。一般货车轮胎的胎面中天然胶含量较高,而小汽车轮胎中天然胶含量相对较低。

对于子午胎,由于它含有一定数量的钢丝,将它加工成胶粉时仍残留一些钢丝屑,如果不加以去除,则在制备橡胶沥青过程中会对设备造成损伤,因此对胶粉中金属的含量必须加以限制。

当利用斜交胎生产胶粉时,轮胎中的纤维布粉碎成为纤维,这些纤维的主要成分是尼龙和涤纶。所含纤维可以专门收集用作其他用途,但胶粉中所含残留的纤维,对于沥青的性能并没有不利影响。

第四节 废旧轮胎橡胶在沥青路面中的应用

将废旧轮胎磨细的胶粉应用于沥青路面,已经有几十年的历史。其使用的技术方法多种多样,胶粉的粒度有粗有细,胶粉的用量有多有少,不用说全世界各个国家做法不一样,就是一个国家使用方法也千差万别,没有统一。特别是近年来,随着科学技术的发展,尤其是沥青路面新结构类型的出现,以及各种材料的研发,使得橡胶粉在沥青路面中的应用方法也呈现百花齐放、多样发展的趋势。这些不同的用法都有其优点和一定适用范围。

一、轮胎胶粉使用的工艺方法

废旧轮胎橡胶粉在沥青路面上的应用,几十年来主要形成了两种工艺方法。一种工艺方法是干法(Dry Process),另一种工艺方法为湿法(Wet Process)。所谓干法,是指将适当粒度的轮胎胶粉加入集料中,然后加入沥青结合料拌制成橡胶沥青混合料。湿法则是指将一定目数的轮胎橡胶粉先加入热沥青中,经过适当的搅拌或研磨剪切制备成具有改性沥青特性的橡胶

沥青(Rubber Asphalt),用于拌和沥青混合料。比较这两种工艺方法,其主要区别在于:

(1)目的不同。采用干法的目的主要是用橡胶颗粒代替部分集料,达到消耗废橡胶的目的,或用于改善沥青路面的某种性质,如增大阻尼性质,以降低噪声;采用湿法的主要目的则是利用废橡胶改善沥青性能,以提高沥青路面的路用性能。

(2)粒度不同。干法使用橡胶颗粒宜较粗,如粒径为 1 ~3mm;湿法所用的胶粉颗粒相对较细,其粒径在 15 目以上,甚至可能达到 80 ~100 目。

(3)剂量不同。干法工艺掺加的橡胶颗粒剂量宜多,可为集料质量的 1% ~3%;湿法工艺胶粉掺加剂量相对较少,一般为沥青质量的 15% ~25%。

(4)效果不同。应用湿法工艺修建的沥青路面一般路用性能较好,病害少,使用寿命比较长;干法工艺修建的沥青路面,容易出现松散等病害,必须掌握好关键技术。

干法与湿法比较表明,由于干法添加橡胶只是为了消耗废胶,由此还增加了建设成本,因此除了特殊用途外,还是以湿法工艺应用最为广泛。

近年来德国 EVONIK 公司研究开发了一种专利产品,名为"VESTENAMER"辛烯聚合物橡胶反应剂,简称维他联接剂(TOR)。TOR 的应用使干法的概念有了新的变化。有研究认为,在干法工艺中添加橡胶粉,同时添加橡胶粉质量 4.5% 的 TOR,不仅可以改善橡胶沥青混合料的物理力学性能,而且橡胶粉可以替代一部分沥青材料,从而使基质沥青用量降低,因而使人们对干法的认识发生了改变,即干法因为添加 TOR 而可以节约沥青用量,达到降低成本的目的。

二、橡胶沥青在国外的应用

将废旧轮胎橡胶加入到沥青或沥青混合料中作为铺面材料,其历史可追溯到 20 世纪 40 年代的美国。当时美国回收公司推出名为 Ramflex™的脱硫橡胶改性颗粒。60 年代中,Charles Mcdonald(橡胶沥青之父)开始研发废胶粉改性沥青(Overflex™),也在同一时期,橡胶粉首次应用于应力吸收薄膜(Stress - absorbing membrane,简称 SAM)。1975 年,橡胶沥青首次用于开级配热拌沥青混合料。在 70 年代期间,亚利桑那精炼公司推出了脱硫橡胶粉改性沥青 Arm - R - Shield™。到 80 年代,这两种产品的经销商成立了名为"沥青橡胶生产者团体"的同业公会。迫于废旧轮胎带来的环境压力,1991 年美国国会通过了一个陆上综合运输经济法案(ISTEA,又称冰茶法),其中第 1038 条款,即关于再生路面材料使用条款,要求从 1994 年起凡使用联邦经费的热拌沥青混合料都必须用 5% 的经费购置废橡胶粉沥青混合料,以后每年再增加 5%,直至 1997 年达 20%。截止到 1993 年,约有 27 个州研究了橡胶粉改性沥青及混合料,而总共 38 个州在沥青混合料中使用过回收橡胶粉。

目前美国很多州使用橡胶沥青都获得相当成功,其中尤其像亚利桑那州、加利福尼亚州、佛罗里达州、俄勒冈州、佛罗里达州等,将湿法工艺生产的橡胶沥青视为一种公路日常使用的材料,且已制定了完整的质量规范体系。到目前为止,美国橡胶沥青路面已有 1.1 万公里。

加利福尼亚州从 1987 年以来几乎每年都铺筑一条或两条橡胶沥青路面工程,混合料采用密实级配或开级配,铺筑厚度为 24 ~76mm。南加利福尼亚州采用干法(PlusRide)、湿法和 Trickle 法铺筑了数条试验路,表 1-8 是这些工程的概况。

加利福尼亚州沥青橡胶试验路工程 表1-8

地　　点	Pelham Rd. Greenville Co.	SC24 Anderson Co.	US-76 Marion Co.	Hunt Club Rd. Richland Co.	US-321 Jasper Co.
日期	1992,4	1993,10	1994,10	1994,10	1995,4
工艺	干法	湿法	湿法	Trickle	湿法
数量(t)	2 818	1 636	11 200	1 364	5 629
每吨造价(美元)	65.0	64.5	64.5	23.6	70.8
交通量(1993,ADT)	4 车道 1.609km (11 000)	2 车道 2.41km (8 000)	4 车道 (13 000)	2 车道 (4 000)	2 车道 (3 000)

上述试验路的监测表明,在沥青橡胶混合料的摊铺过程中遇到的主要问题是压实困难、粘轮、气味和污染。总体来讲,其性能是令人满意的,湿法工艺似乎是最有效的方法,为此大多数工程采用此种工艺。干法出现的问题比湿法多,Pelham 试验路在铺筑后三年内出现了严重病害,故有些工程的路用性能也有不能接受的。

亚利桑那州尽管州内分布有从低海拔高温沙漠带到高海拔低温带的众多气候带,但该州运输部(ADOT)仍然成功地应用湿法高黏度橡胶沥青改性材料,在现有或新建路面上加铺厚度约为 1 ~2cm 的开级配橡胶沥青混合料磨耗薄层。这种磨耗层不仅具有良好的抗滑性能,而且起到保护下面层减缓老化的作用。由于这种磨耗层用油量较高,通常约为 9% ~9.5%,使这种路面具有很高的抗反射裂缝和抗疲劳开裂性能。在联邦 60 号高速公路上,由于交通荷载较大,将橡胶沥青磨耗层的厚度增加到 2.5cm,性能至今很好。亚利桑那州运输部经鉴定还证实橡胶沥青磨耗层的交通噪声明显减小。该州用间断级配橡胶沥青混合料作为结构加铺层,其用油量一般为 7.5% ~8%,上面加铺 1cm 厚的橡胶沥青磨耗层。到 2004 年该州累计已经铺筑橡胶沥青路面计 5000km 以上,每年安排有几十个橡胶沥青项目。

俄勒冈州交通局在 1985 ~1994 年期间,采用湿法和干法工艺铺筑了 17 条橡胶沥青路面,并对这些试验路进行了监测和评估。在这些试验路中,性能最坏的为干法工艺铺筑的道路,性能最好的路面为 PBA-6GR(a rubber modified asphalt)黏结料的开级配混合料。5 年后,PBA - 6GR 路面性能仍优于普通沥青路面。

维吉尼亚州采用湿法(密级配、间断级配)铺筑了试验路,从短期的路面性能评估来看,橡胶沥青路面与普通路面一样。但由于使用橡胶增加了 50% ~100% 的费用。安达略州评估了 11 条橡胶沥青路面工程(1990 ~1993)的性能,其中 8 项工程采用干法工艺,短期性能表明干法通常较差,路面有剥落、推挤和少量裂缝。

美国的经验表明,湿法橡胶沥青混合料之所以性能更加稳定,橡胶与沥青的反应在混合料拌和之前已经完成。橡胶颗粒具有吸收沥青结合料中轻质组分的性质,如果不进行任何预处理就通过干法使用,对轻质组分的吸收有可能一直持续,甚至在混合料摊铺时还在进行。松散是干法混合料的主要损坏形式之一,这表明可能沥青用量不当,也可能是混合料的设计或生产问题造成的。无论采用干法还是湿法生产,间断级配橡胶沥青混合料的性能都优于密级配混合料。

除了美国,瑞典等欧洲国家也对橡胶沥青的发展做出了巨大的贡献。早在 20 世纪 60 年代,两个瑞典公司开发了掺加橡胶粉的干法表面层混合料工艺,其产品名称为 Rubit™,70 年代后期引进美国后由四季铺面公司(All Seasons Surfacing Corporation)申请了专利产品 Plus-

Ride™。80 年代法国为了改善排水性沥青路面的性能，采用磨细橡胶粉以 15% ~20% 的剂量掺加在沥青中，并加入 10% ~20% 的芳香油，在 200℃高温下制备成橡胶沥青结合料（ARB），其针入度为 50 ~80（0.1mm），软化点为 60 ~75℃。研究认为，这种橡胶沥青结合料在低温下具有高黏附力、高柔性，又具有良好的抗蠕变、抗车辙以及抗老化性能，用以铺筑排水性路面，其使用性能优于使用聚合物改性沥青。

近年来，废旧轮胎的利用得到迅速发展，这主要归因于技术上的进步和对回收利用废旧轮胎所带来的利益的认识。由于全世界轮胎数量的增加，加之相关的环境问题，促使许多国家如法国、日本、南非等，都需要利用这一巨大的废胶资源。

日本对于橡胶沥青的研究与应用相对较晚，2002 年 11 月日本派遣了研究小组赴美国，考察美国橡胶沥青路面的相关技术和发展状况。经过考察他们认为，美国有关橡胶沥青的技术可以在日本推广应用，但考虑到日本所使用的沥青与美国不同，因此认为日本必须在学习美国经验的基础上提出适合日本国情的技术和工法，以适应日本的气候、道路和交通条件。于是日本于 2003 年 4 月由汽车轮胎制造商协会成立了研究小组，由两所大学、五家轮胎生产厂和三家公路施工公司联合组成。该小组研究开发使用日本原料并符合日本公路有关规范和标准要求的橡胶沥青路面修筑技术与工法，并推广到全日本的路面设计和施工中去。

日本使用针入度 60/80、80/100（0.1mm）的中东原油直馏沥青，采用天然胶含量较高的货车和大客车轮胎（TB），以及合成胶含量较多的轿车轮胎磨细的胶粉，在 180℃温度下搅拌 1h 以上，然后分别拌制成密级配混合料、沥青玛蹄脂碎石混合料（SMA）、开级配混合料，进行了动稳定度、肯特堡飞散等试验。2004 年 12 月在东京铺筑了四段橡胶沥青试验路，厚度为 4cm。试验研究认为，使用橡胶沥青作为结合料铺筑密级配路面，使用寿命可明显延长，而对于 SMA 混合料可以不添加纤维，如果在橡胶沥青中再添加其他添加剂可进一步提高其性能，橡胶沥青路面施工完全可以采用常规的施工机具。

三、橡胶沥青在国内的应用

20 世纪 80 年代初，我国国内就开始了橡胶沥青的研究，同济大学率先与江西省公路局合作，采用 30 目胶粉掺加在多蜡沥青或渣油中制备成橡胶沥青，先后在全省大规模铺筑橡胶沥青路面，至 1990 年 10 年中累计达 400 多公里，对改善当时公路行车条件起了积极作用。90 年代前后，浙江杭州市公路局在萧山区大面积推广应用橡胶沥青路面，较好地适应了大交通量道路的行车需要。与此同时，在城市中如江苏常州市政部门也积极采用橡胶沥青铺筑沥青路面，都取得了很好的效果。到了 90 年代后期由于 SBS 改沥青改性加工技术的发展和全面应用，废旧轮胎橡胶的研究与应用暂时被搁置起来。

为了建设生态文明，保护环境和自然资源，近 10 年来对于废橡胶利用的重要性又再次被人们所认识和关注。在这种大环境下许多单位又开始新一轮的研究和开发，其中有交通部公路科学研究院主持的交通部西部科技项目“废旧橡胶粉用于筑路技术的研究”、北京市路政局科技项目“废胎胶粉改性沥青的应用研究”，这些研究成果对带动国内全面开展橡胶沥青的研究与应用起了积极作用。更使人值得高兴的是，近年来国内出现了一批橡胶沥青产业化的专业性企业，如四川正中路科有限公司、江苏金帮公司、天津海泰环保科技公司等多家公司。这些专业化企业的出现，为橡胶沥青的大面积推广应用起着重要的推动作用，从而使橡胶沥青在高等级公路、城市道路上的应用真正形成了规模效应，因而具有重要的社会和经济意义。

目前橡胶沥青的应用突出地表现在很多旧水泥路面改造工程中，其基本做法是在旧水泥路面整修加固后，先加铺橡胶沥青碎石封层(层厚约1cm)，以增强防止反射裂缝的能力，然后上面加铺4~5cm间断级配橡胶沥青面层。图1-3为2007年3月四川正中路面科技有限公司在四川双流新城区道路铺筑的“白改黑”工程，改造完成后道路面貌得到很大的改观。图1-4是江苏常州绿杨路经过“白改黑”改造后的路况。

图1-3　成都双流新区“白改黑”工程

图1-4　江苏常州绿杨路改造工程

利用橡胶沥青替代常用的SBS改性沥青，铺筑SMA路面显示出它的优点，它可以兼顾沥青路面对高温稳定性、低温抗裂性、耐久性，以及抗滑性等多方面的性能要求，因为能够适应高等级道路、城市道路、桥面铺装等的要求，显示出良好的应用前景。

橡胶沥青的研究与应用，得到了中国公路学会等行业管理部门的积极支持，近年来学会多次组织全国性技术交流会，进一步推动了橡胶沥青的发展。同时有些省市已经组织编写或出版了橡胶沥青施工技术指南或规程，这对推广应用橡胶沥青技术将起到积极的作用。

四、橡胶沥青的适用范围

根据国内外大量应用橡胶沥青的工程经验，与其他种类的改性沥青相比较，橡胶沥青的适用范围为：

(1)橡胶沥青不适用于密级配沥青混合料，因为密级配混合料缺乏充分的空间容纳橡胶沥青，因而不能充分增加沥青用量，使得密级配沥青混合料的性能不能很好地改善。

(2)橡胶沥青一般只适合于比较大的工程，因为橡胶沥青生产设备移动费用高，对于大的工程，较高的费用可分摊到足够的吨位上，使增加的单价能够由于路面使用寿命的延长、养护费用的降低而得到补偿。但是对于小工程，设备移动的费用是一样的，单价增加很多而无法得到补偿。目前正在开发研制的塑化橡胶颗粒，能够直接加入拌缸使用，这样即使是小型养护工程也可以使用橡胶沥青。

(3)由于橡胶沥青比较黏稠，同时又只适合于粗级配，因此一般只适用于机械作业，而不大适合于手工操作。

(4) 橡胶沥青适合于各等级道路路面面层，旧水泥混凝土路面的“白加黑”改造工程，以及各类道路路面的养护。

(5)橡胶沥青施工时有一定的橡胶气味，有可能影响其在城市道路中应用，因此降低施工温度、减少烟雾排放将有助于橡胶沥青的扩大应用。

第二章　橡胶沥青的制备工艺与路用性能

第一节　橡胶沥青的制备工艺

采用湿法工艺制备橡胶沥青，是目前应用最为广泛的一种工艺方法。因为将轮胎胶粉掺加在热沥青中，所制备的橡胶沥青能在很大程度上改善沥青的性能，并可以采用常规的机具设备铺筑各种不同结构类型的沥青路面。

橡胶沥青的制备过程是将磨细橡胶粉，按照一定的比例掺加在热沥青中，在一定温度下，经过适当的工艺使之充分混合，形成均匀的橡胶沥青结合料。在橡胶沥青配合设计中涉及几方面的参数，包括：橡胶粉的种类、粒度，橡胶粉的剂量，加热的温度，以及搅拌方式与搅拌时间等。

一、基质沥青的选择

配制橡胶沥青采用的基质沥青，一般来说其标号应该与铺筑普通沥青路面相同，也就是说与所在地常规沥青一样。按照现行沥青路面施工技术规范关于气候分区的划分，大体上长江以南地区属于夏炎热冬温 1-4 区，长江以北黄河以南属于夏季炎热冬冷 1-3 区，黄河以北到东北，以及部分西北地区属于夏热冬寒 2-2 区，其他严寒区面积都较小。所以简单来说可以分成三个区，即热区 1-4、温区 1-3 和寒区 2-2。热区常用的沥青标号为 70 号，现在有趋向采用 50 号；温区常用沥青标号为 90 号，也有趋势采用 70 号；寒区常用沥青标号为 110 号和 90 号，见表 2-1。

基质沥青标号的选择　　表 2-1

气候分区	热　区	温　区	寒　区
沥青标号	50 或 70	90 或 70	90 或 110
软化点（℃），大于	46 ~ 49	44 ~ 46	42
10℃延度（cm），大于	10 ~ 15	20 ~ 25	30

基质沥青的选择与道路交通量有关，交通量大、轴载重的道路宜选择针入度小的沥青。基质沥青还与所配制的橡胶沥青要求的黏度有关，一般用作洒布时选用软一点的沥青，用作拌和时选用硬一点的沥青，实际配合时还可以通过调节橡胶粉掺加剂量达到所需要的黏度。

由于配制橡胶沥青可以通过调节沥青不同参数来达到所需要的性能，故基质沥青可以采用对含蜡量要求较低的 B 级沥青，而不一定非选用 A 级沥青不可，以降低成本，但是绝不能采用劣质沥青。

有研究认为，胶粉与基质沥青存在配伍性，从理论上讲最好选择芳香分含量相对较高的沥青，如芳香分含量大于 35%，这样有助于胶粉吸收芳香分而溶胀。

在实际工程中，关于基质沥青的选择往往受条件限制，而不可能有太多的选择余地，所以为了达到期望的目标,更多地可通过调节胶粉的剂量,或通过掺加适当添加剂等方法解决。

美国亚利桑那州分布有从低海拔高温沙漠带到高海拔低温带的众多气候带,他们配制橡胶沥青规定采用三个 PG 等级的基质沥青,即 PG64-16、PG58-22 和 PG52-28。加利福尼亚州则主要采用 AR-4000 作为橡胶沥青的基质沥青,AR-4000 沥青等级基本上相当于 PG58-22。但加州规范建议,如果需要调节橡胶沥青的黏度,还可以通过在橡胶沥青中添加调和油,以达到降低沥青黏度的目的。

二、橡胶粉种类与粒度

配制橡胶沥青应采用轮胎胶粉,因为轮胎胶粉是大宗产品,质量与性能相对比较稳定。由其他橡胶制品如胶管、球鞋等粉碎的胶粉,则成分较杂,性能不稳定,故不宜采用。

轮胎的胎面含有较高的天然胶,如能全部采用胎面胶配制橡胶沥青则最为理想。一般轮胎胶粉多是胎面、胎侧等混合胶粉,作为工程应用也是可以的。但要求能够将货车轮胎与轿车轮胎予以区分,这样所得的胶粉在成分上也能比较稳定。

制备橡胶沥青宜采用常温下剪切破碎的胶粉,按粒度分成粗粒胶粉、细粒胶粉和精细胶粉几种,通常采用的胶粉为 20~80 目。具体采用哪种粒度的胶粉应根据橡胶沥青的用途而定。

1. 用橡胶沥青填充集料空隙以形成密实结构

美国亚利桑那州采用橡胶沥青拌制间断级配混合料,用作路面表面层。间断级配混合料其矿料间歇率大,为了获得空隙率仅为 5% 左右密实的结构,故橡胶沥青用量可高达 8%,甚至达到 9.5%,即以橡胶沥青作为集料空隙的填充物。但为了防止泛油,橡胶沥青既要有高的黏度,又要有高的弹性性质,为此采用 20 目左右的胶粉,要求橡胶沥青中的橡胶颗粒能保持弹性核心,仍能呈现固体橡胶的某些性质,尤其是弹性性质。因为只有比较粗的胶粉才能获得这样的性能。由于胶粉颗粒比较粗,在热融的橡胶沥青中容易发生沉淀,在使用过程中需要适时加以搅拌。

2. 采用橡胶沥青铺筑应力吸收层

研究表明,采用橡胶沥青铺设应力吸收层,橡胶沥青也需要具有上述性质,故也采用 20~30 目较粗的胶粉。

3. 用橡胶沥青替代常规 SBS 改性沥青

采用橡胶沥青替代常用的 SBS 改性沥青,宜采用相对较细的胶粉,如 40~60 目,以便胶粉能够与沥青相互作用,起到改善沥青性能的作用。

用不同粒度胶粉制备橡胶沥青其黏度的变化过程见图 2-1。该试验是在沥青中外加 15% 胶粉,在 180℃ 温度下慢慢搅拌,然后在不同时间随机抽取样品测试 60℃ 黏度。由图可见,对于精细(100 目)胶粉,延长搅拌时间对沥青黏度影响不显著,这可能是较小橡胶颗粒很快就可完成溶胀,尔后进入溶胀与裂解的平衡阶段;对于粗粒胶粉(15 目),随着搅拌时间的增加沥青黏度一直增大,这是由于较粗的橡胶颗粒需要更长的溶胀时间。而对于 30 目和 60 目的胶粉,在搅拌过程中沥青黏度出现最大值,这是由于橡胶颗粒完成溶胀后进入了以裂解为主导的阶段,橡胶颗粒数量和体积减小所致。如果从不同粒度胶粉所配制的橡胶沥青,比较它们 60℃ 黏度就不难看出(图 2-2),以 60 目黏度最高。因此当采用橡胶沥青替代 SBS 改性沥青铺筑

SMA 路面时，则宜采用 60 目或者 40 目胶粉。

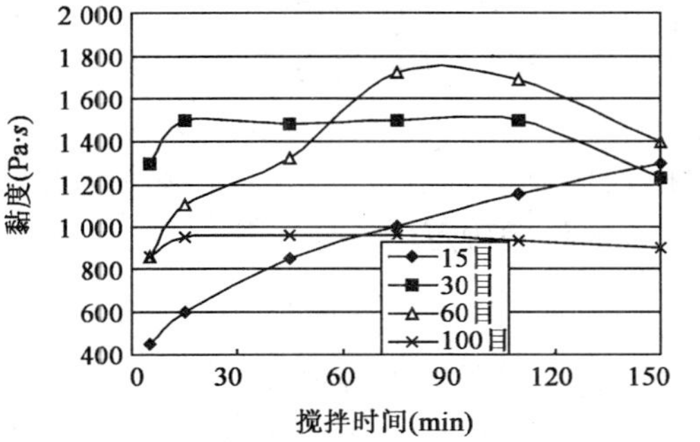

图 2-1　橡胶沥青制备过程中黏度的变化

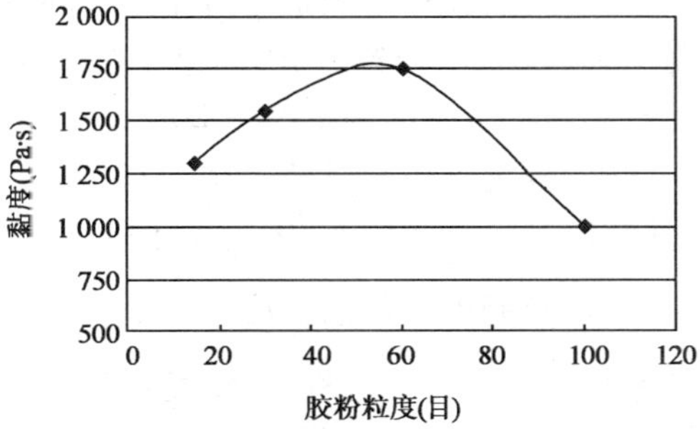

图 2-2　橡胶沥青黏度与胶粉粒度的关系

采用 40 目、60 目配制的橡胶沥青，均匀性相对较好，能够在较长时间内保持稳定，而不易发生明显的沉淀，这样有利于施工。

橡胶沥青在制备过程中是否需要通过胶体磨研磨，以便将橡胶颗粒磨得更细，对此可以根据不同情况确定。如果橡胶沥青是准备用作铺设间断级配混合料，或者 SMA 混合料，则不需要加以研磨。如果要求配制成类似 SBS 改性沥青一样的橡胶沥青，而精细胶粉价格明显昂贵，则可采用较粗的胶粉，而在制备过程中加以研磨。但研究表明，胶粉颗粒太细，容易发生裂解，使橡胶沥青性能下降，如黏性和弹性性质均会降低。

三、橡胶粉的剂量

美国 ASTM 于 1997 年提出沥青橡胶定义为：由基质沥青、轮胎橡胶以及适量的添加剂组成的混合物，其中橡胶含量不少于总量的 15%，并在热熔的沥青中经过充分反应溶胀。首先在这里，ASTM 将它的名称定义为“沥青橡胶（Asphalt Rubber）”，其原因主要是认为这种混合物材料凸显出明显的橡胶性质，尤其当橡胶含量超过 20% 时更加显著，故将橡胶作为主体，而将沥青作为定语。

其实无论如何，这种材料都是作为沥青结合料使用的，尽管它具有明显的橡胶性质，但按照我们通常的习惯，还是将它称之为“橡胶沥青”，或者“胶粉沥青”，以便于理解和接受。

关于橡胶的剂量是否一定要达到 15% 以上，这应该与它的用途、基质沥青的标号、橡胶颗粒的粒度等因素有关，最终取决于橡胶沥青的黏度和性质，因此不必受上述定义的限制。因为即使是在美国，如佛罗里达州按照胶粉掺量将橡胶沥青分成 ARB5、ARB12 和 ARB20 三种类型，其对应的最小橡胶掺量分别为 5%、12% 和 20%。

橡胶沥青的黏度随着胶粉剂量的增加而增大。当采用橡胶沥青配制间断级配混合料，除要求橡胶沥青具有较强的弹性性质，而且也要求具有较高的黏度，故美国加利福尼亚州要求胶粉的剂量高达 18% ~22%（内掺），换算成外掺，即为沥青质量的 22% ~28%。亚利桑那州规范中规定，胶粉的用量最低不得少于基质沥青的 20%，换算成内掺则为 16.7%。

一般 SBS 改性沥青 60℃ 黏度约为 2000Pa·s，从图 2-2 可以看出，当在 70 号沥青中外加 15% 胶粉时，其黏度已达到 1800Pa.s，因此当采用橡胶沥青替代 SBS 改性沥青时，胶粉的掺加剂量取 15% ~18% 已能满足要求。

当采用橡胶沥青铺筑应力吸收层，橡胶沥青需要有较高的黏度，胶粉的掺加剂量可以高达

25% ~30%,甚至更高。

由此可见,胶粉的剂量与所用工程的类型有关,在美国一般建议当用于普通 Superpave 沥青路面宜为 8% ~12%;用于高速公路 SMA 路面为 15% ~20%;重载交通道路为 18% ~22%;多孔排水性沥青路面为 15% ~20%。

此外,确定胶粉剂量还必须考虑施工的可能性,所配制的橡胶沥青必须能够便于管道输送、拌和以及喷洒等作业,因此关于胶粉的剂量应该通过试验确定。

四、橡胶沥青制备的温度

橡胶沥青在制备过程中,温度、搅拌并维持适当的时间是重要的控制参数,而以温度最为关键。美国加利福尼亚州交通局颁布的橡胶沥青使用指南中提出,橡胶沥青结合料必须在 190 ~218℃的温度条件下,搅拌至少 45min,以使橡胶与沥青达到所期望的相互作用。同时为了维持 190 ~218℃的规定反应温度,在加入胶粉之前基质沥青必须预先加热到 204 ~226℃的高温。他们研究认为,在较低的温度下制备橡胶沥青,其性能不能达到实验室设计所要求的物理性能,其主要表现为黏度偏低,为此最好的方法就是采用手持式黏度计随时进行测试(图 2-3)。

美国加利福尼亚州交通局对于橡胶沥青制备温度之所以如此高,这主要与他们所用的胶粉粒度偏粗有很大关系。由于采用 20 目粗粒胶粉,为了能在相对较短的时间内完成制备,故只有采取提高温度,以加速胶粉的溶胀和裂解脱硫反应过程。从图 2-1 中 15 目胶粉的黏度曲线就能说明这一问题。

美国佛罗里达州对于橡胶沥青的制备温度,认为不仅与所用的基质沥青有关,而且还与胶粉的掺加剂量有关。对于基质沥青采用 AC30,胶粉剂量为 5% 与 12%,其最高生产温度分别为 170℃与 175℃,而对于基质沥青采用 AC20,胶粉剂量为 20%,则最高生产温度为 190℃。可见生产温度并不是固定不变的。

为了研究制备温度对橡胶沥青性能的影响,曾采取在不同搅拌温度下,对掺加 60 目胶粉、剂量为 15% 的橡胶沥青黏度变化进行了测试,结果见图 2-4。由图可见,在 175℃条件下,需要 100min 左右的拌和时间黏度才能达到最大值;而在 200℃条件下,拌和时间可缩短至 60min 左右,可见在更高温度条件下有利于橡胶颗粒的溶胀,且温度越高溶胀速度越快。同时在 200℃条件下橡胶沥青的最大黏度高于 175℃条件橡胶沥青的最大黏度,这是因为在 200℃条件下达

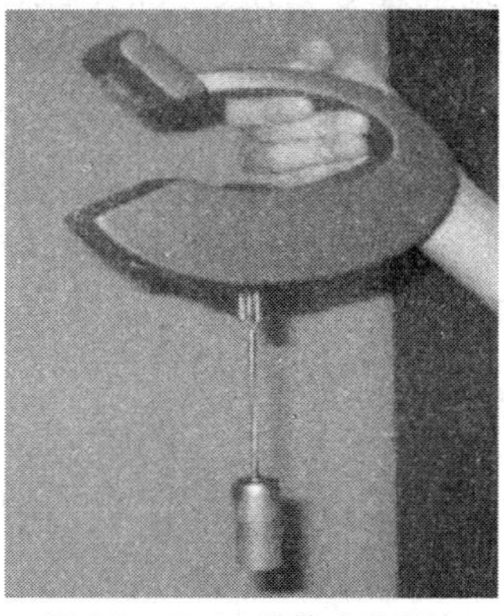

图 2-3　Haake 手持式黏度计

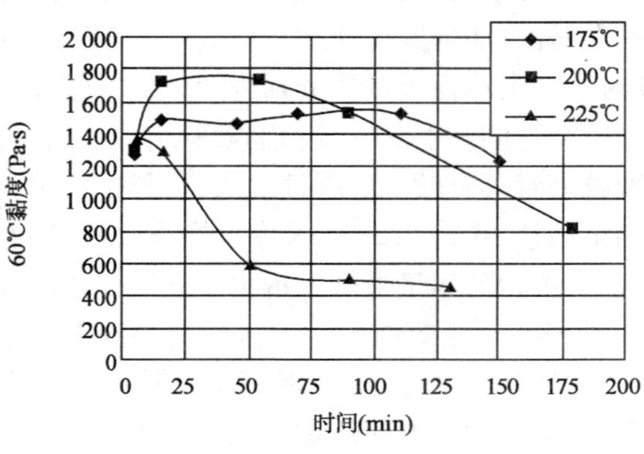

图 2-4　橡胶沥青制备温度对其黏度的影响

到最大黏度所需时间少，橡胶颗粒脱硫降解的组分较少的原因。而在225℃更高温度条件下，橡胶颗粒发生脱硫降解的速度更快，在搅拌初期脱硫降解处于优势，因此黏度反而下降；尔后易于分解的成分消耗殆尽，脱硫降解与溶胀处于平衡状态，黏度也趋于稳定阶段。

从上述试验可以看出，对于采用40～60目的胶粉，其制备过程中适宜的搅拌温度约为175℃，再高的温度不仅加快基质沥青的老化，而且对于设备和人员也会带来不利影响，同时燃油的消耗也要大为增加，因而是没有必要的。

由此可见，橡胶沥青的制备温度，并非是一成不变的，而是与所用胶粉粒度的粗细、胶粉掺加的剂量等因素有关。胶粉粒度粗，掺加剂量大，制备温度要高；反之，胶粉粒度相对较细，掺加剂量较低，则制备温度就可以有所降低。

五、橡胶沥青搅拌制备的时间

橡胶沥青搅拌制备的时间，各地的做法都不一样。如南非要求在180～210℃的条件下搅拌时间为1～4h。澳大利亚要求反应温度不低于180℃，搅拌时间不少于1h。美国得克萨斯州规定基质沥青加热温度为175～215℃，反应时间不少于30min。亚利桑那州不同承包商的做法不尽相同，有的搅拌时间控制在40～80min，有的则为60～90min。

其实从图2-1可以看出，不同粒度胶粉制备的橡胶沥青，其黏度是不断变化的。对于粗粒胶粉，搅拌时间需要长一些，才能获得比较高的黏度。对于30～60目的胶粉，则搅拌60min就已经达到最高黏度，因此可以确定搅拌时间为60min。对于100目精细胶粉，则搅拌30min就达到最大黏度了。由此可见，橡胶沥青制备所需的时间不仅与温度有关，而且还与所用胶粉的粒度大小有关。一般来说，作为工程应用，不希望制备花费太多的时间，以免降低生产效率，为此大多控制在60min左右。

当使用粗粒胶粉制备橡胶沥青时，也不一定要等到黏度达到最大值才算完成，在实际工程施工时，还应考虑在橡胶沥青制备完成后到使用完毕还有一段时间，在这个过程中橡胶沥青的黏度还会发生变化。

六、橡胶沥青的储存稳定性

橡胶沥青在制备完成后到使用完毕有一段时间，在热储存过程中希望它不发生沉淀离析，能够始终保持上下均匀稳定。橡胶沥青的储存稳定性与多种因素有关。

首先胶粉的粒度对储存稳定性有显著影响，采用粗粒胶粉则容易发生沉淀，而精细胶粉则稳定性较好。

其次与制备温度和搅拌时间有很大关系，制备温度高，硫化胶裂解溶胀充分，在长时间搅拌作用下，胶粉颗粒分散变小，发生离析沉淀的可能性减小，反之制备温度低，制备时间短，胶粉与沥青反应不充分，则容易发生沉淀离析。

另外，储存稳定性还与胶粉是否事先经过预处理，或者在橡胶沥青制备过程中是否添加某种外掺剂有关。例如为了促进胶粉溶胀，早年曾经在橡胶沥青制备时添加适量多烷基苯酚二硫化物作为活化剂；抚顺石油化工研究院采用FCC油浆对胶粉进行预处理，能有效地改善橡胶沥青的储存稳定性；武汉理工大学的一项专利介绍了提高橡胶沥青储存稳定的方法，其做法是利用甲基丙烯酸环氧丙酯等相溶剂的极性基团和不饱和双键，促使脱硫胶粉和沥青产生化学作用，达到提高储存稳定性的目的。大连理工大学廖明义等人根据“力化学”原理，在90号沥青中掺加12%的胶粉,制备过程中掺加相溶剂和添加剂,在高温高速剪切作用下制备橡胶沥青,使胶粉快速得到降解,所制备的橡胶沥青获得良好的均匀性和稳定性,试验结果见表2-2。表中试验数据表明,不同粒度的胶粉所制备的橡胶沥青,其性能指标基本上没有明显差别,均能获得良好的稳定性,这说明该种工艺方法无论对于哪种粒度的胶粉都能获得满意的效果。

采用"力化学"方法制备的橡胶沥青的稳定性 表2-2

胶粉粒度 (目)	针入度 (0.1mm)	软化点 (℃)	延度(5℃) (cm)	软化点差 (℃)
常温28	78.8	49.2	16.7	1.7
常温60	75.0	50.6	16.6	1.4
常温80	76.5	50.3	16.3	0.6

关于橡胶沥青热储存沉降的评价指标,在表2-2中是采用目前规范软化点差的指标,现在也有人提出采用复合黏度比率与相位角比率来表示。

虽然作为工艺研究,上述方法都是很有意义的,但毕竟增加了麻烦和成本。而在实际工程应用时,仅储存2~3h即用完,即使有沉淀趋向,适时进行搅拌,也能满足橡胶沥青不沉淀离析的要求,这样不仅成本低,而且也有很好的效果。

第二节 橡胶沥青作用机理

橡胶沥青中橡胶颗粒与沥青相互作用的机理是十分复杂的,虽然通过某些试验也能说明一些问题,但要完全搞清楚还是有困难的。目前关于橡胶沥青的作用机理有溶胀降解机理、化学共混机理、物理共混机理等。即便如此,这些理论也相互交叉。通过机理的研究与分析,对于确定合理的制备工艺有所帮助。

一、溶胀降解机理

沥青按其组分可以认为是由油分、树脂和沥青质三部分组成。当橡胶粉掺入热沥青后,在热能和机械力的作用下,橡胶颗粒吸收沥青中的轻质油分而发生体积膨胀,即所谓溶胀(图2-5)。橡胶颗粒溶胀后,体积增大并成疏松状,在机械搅拌作用下,逐渐解体变成体积更小的絮状,分散在沥青中。由胶粉改性沥青的荧光显微照片观察到,胶粉表面绝大部分已被沥青中的轻组分所溶胀,少量轻质组分深入胶粉内部。

胶粉在热沥青中溶胀后,其体积大大增加,差不多占据胶结料整个体积的1/3~1/2,细橡胶颗粒相互连接,形成了具有较高黏度的橡胶连续相,使得整个橡胶沥青具有较高的黏度。要形成这种状态,必须有足够量的胶粉,故要求胶粉的掺加量应大于最低值。这个量虽然不是美国所要求的15%以上,但至少也需要大于10%。

生胶原来是一种具有高度黏性的物质,但不具有固定的形状和强度,故不能作为工具使用。通过在生胶中加入硫黄或硫化剂,产生硫化反应,使生胶之间交联形成更大的分子,生胶固化而具有一定的形状和强度,这一过程称之为硫化反应。橡胶颗粒在热沥青中溶胀而发生部分脱硫反应(脱硫是硫化反应的逆过程),即大分子断裂变成了小分子,又部分恢复生胶性质,使橡胶重新具有一定的黏性,并由原来的紧密结构变成疏松的絮状结构,使得溶胀橡胶颗粒能够均匀地悬浮分散在沥青中,成为不易发生沉淀的橡胶沥青。

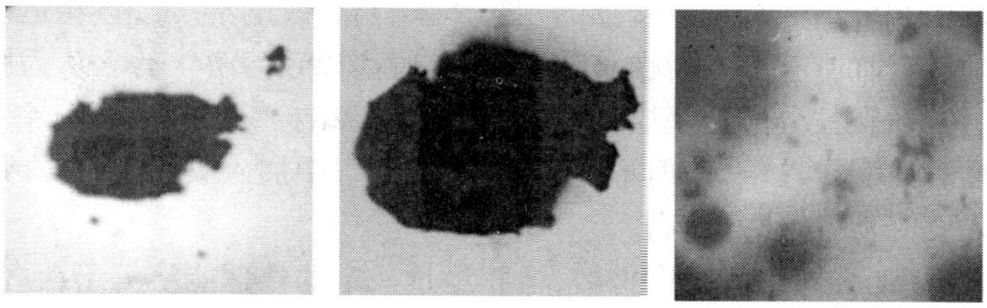

图 2-5　橡胶颗粒发生溶胀

胶粉加入热沥青中，基质沥青因部分轻质油分被吸收而变得黏稠。橡胶沥青材料不仅保持了基质沥青的主要物理力学性质，橡胶材料又具有部分生胶的黏性和可塑性，而且两者的共同作用也使基质沥青的物理特征、黏结性、感温性和耐久性发生变化，使橡胶沥青整体产生了改性效果。

二、化学共混机理

硫化胶粉是由黏性物质（天然橡胶和人工合成橡胶），经与硫化剂（硫、过氧化物等）、硫化活化剂（硬脂酸等）、炭黑、油分、增塑剂以及添加剂（如抗氧化剂，抗臭氧剂）等化学反应而形成的弹性体。由于硫化胶粉表面不规则的外形，在与沥青的混合过程中，要加以搅拌，才能使它不致聚积在一起。

在胶粉与沥青混合过程中，部分胶粉颗粒发生解聚和脱硫反应，使得胶粉颗粒分裂解体，分子变小，小的颗粒橡胶会与沥青轻质油分结合。有研究将胶粉改性沥青和胶粉分别溶于四氢呋喃，结果发现所得到的不溶物为含炭黑的硫化链状物。橡胶粉有 89% 的不溶物，而胶粉改性沥青约有 85% 的不溶物，这说明不溶物的减少是因为在混合过程中，胶粉颗粒发生了脱硫、解聚反应，使得胶粉颗粒变小，进而溶解于沥青中。因此，橡胶沥青的流变性受不溶胶粉和已溶胶粉的共同影响。对滤出的不溶物的沥青进行试验发现，其黏弹性较基质沥青有所增强。然而，机械谱图的流动区表明，高温时不溶橡胶对黏弹性的影响更为显著，能明显地提高沥青的黏弹性。因此，橡胶在沥青中不应该是溶解，溶解了的橡胶反而失去了改性作用。微细胶粉（如 80 目以上的胶粉）在热沥青中容易完全裂解而溶化，性能反而不如较粗的胶粉，这可能就是为什么美国主张采用粗粒胶粉的原因。

在高温条件下，橡胶沥青的流变性的变化主要是由不溶于沥青的胶粉颗粒引起的。由于胶粉颗粒较大（远大于 5μm），从而排除了是由颗粒的布朗运动、形状的各异性、上升力和下降力等颗粒间的各种相互作用造成黏度的增加的可能性。悬浮物的黏性流动通常随颗粒直径的增加而减小，但橡胶沥青却相反，黏度随颗粒半径的增加而增大，这是由于颗粒的形状造成的。颗粒的形状比率（长度/直径）增大，会导致悬浮物的黏度增大。由于胶粉不是球形的，其形状比率随颗粒大小的增加而增大，因而橡胶沥青最终的黏度随颗粒的增加（胶粉掺加的剂量）而增大。

三、物理共混机理

胶粉是一种高分子聚合物，与沥青的分子结构形态、链的长短和极性等较为相似，故两者有很好的相溶性。两者可在沥青中形成一种共轭结构，调节和改进沥青的结构力学性质。Maccarrone 认为橡胶粉在沥青中分散成丝状与沥青质胶团均匀地分布于沥青油分中，形成一个稳定的、不会发生相分离的物理意义上的相容体系，与橡胶的溶度参数相近的油蜡组分会缓慢地扩散进入橡胶链段的空隙中，使橡胶链段松动、脱离以致溶解。有人认为胶粉和沥青的相容性一般，混溶后胶粉颗粒分散到基质沥青中，形成海岛结构。胶粉是固体颗粒，分子呈交联网状结构，耐热性和热稳定性较好，但不具有流动性，沥青中加入胶粉后，会导致沥青的流动性下降，表现为针入度降低，软化点升高。

由于硫化橡胶与沥青同属非极性材料，橡胶经过一定的处理能溶解于沥青低分子油分中，所以沥青本身也是硫化橡胶再生的良好软化剂。由此可见，橡胶与沥青的关系是溶质与溶剂的关系。由于橡胶是一种高分子化合物，除富有弹性外，还有很高的自黏性和互黏性，它比沥青的黏度高得多。当橡胶粉掺入热沥青后，橡胶在高温下被沥青中的低分子油分溶胀，一方面使油分黏度增加和稠度提高，另一方面使橡胶分子的作用力减小，橡胶颗粒重新具有一定的黏性。沥青的黏度提高了，说明橡胶在沥青中发生了变化，当橡胶被充分溶胀而未裂解时，它既能以单独的相存在，又形成连续的网络，再经过搅拌、发育等阶段，由原来的紧密结构变成相对疏松的絮状结构，制备后的溶胀橡胶颗粒能够较均匀地悬浮分散在沥青中，基质沥青也因部分油分被吸收而变得黏稠。因橡胶的高弹性质，只要沥青中有这种高黏度、高弹性的网络，沥青的黏弹性和可塑性就会发生明显的变化。这种混溶改性材料不仅保持了基质沥青材料的主要物理力学性质和恢复橡胶材料部分生胶的黏性和可塑性，而且两者的共同作用也改变了基质沥青材料的物理特征、黏结性、感温性和耐久性，从而产生了改性的效果。

第三节　橡胶沥青的路用性能

橡胶沥青虽然属于沥青结合料范畴，但它是非均匀性物质，尤其对于粗粒胶粉配制的橡胶沥青，其橡胶颗粒的存在影响测试数据的准确性，所以直接采用传统的沥青指标来评价有一定的局限性。然而目前就全世界范围内尚没有专门适用于橡胶沥青的评价方法和仪器，因此还不得不借用目前常用的方法进行测试和分析。尽管如此，大量的试验和工程实践表明，在沥青中掺加适量胶粉，其路用性能得到了明显的改善和提高。

橡胶沥青与常用的 SBS 改性沥青不同，它的性能受很多因素的影响，如胶粉的成分、粒度、剂量、制备温度和搅拌方式，以及所掺加的添加剂等，因此不同试验结果之间不存在可比性。尽管如此，我们可以从总的规律来认识橡胶沥青的基本性能。实际上橡胶沥青只不过是中间产品，它最终还将体现在沥青混合料的性能上，所以还可以从橡胶沥青混合料的性能来考察它的特性。

一、按针入度分级体系评价橡胶沥青性能

沥青材料作为路用胶结料已经有上百年的历史。在长期的使用过程中，人们拟订了一套检验和评价沥青性能的技术指标，并且纳入了许多国家的技术规范中。这些指标主要有：针入度、软化点、延度、闪点、溶解度、薄膜烘箱试验（针入度比、质量损失、延度），含蜡量、相对密度等。虽然针入度体系用于评价橡胶沥青性能有其缺点，但目前仍广泛应用。

1. 高温稳定性

试验采用中海 A-70 作为基质沥青，外掺 15% 的 60 目轮胎胶粉，在 180℃ 高温下搅拌 1h，

制备成橡胶沥青。按常规方法测试针入度等基本技术性能，作为比较同时测定基质沥青的相应指标，结果列于表2-3。由表可见，沥青材料的性能发生了很大变化，突出表现为针入度降低，软化点上升，黏度大幅度提高，沥青的弹性性质大大增强。这些指标的变化，明显地反映出沥青材料的高温性能得到改善，抗车辙性能大大增强，其中特别表现为胶粉对沥青黏度的提高，其提高的幅值达8～9倍，与常用的SBS改性沥青黏度接近。

橡胶沥青的基本性质　　表2-3

材　　料	针入度(0.1mm)	软化点(℃)	黏度(60℃)(Pa·s)	弹性恢复(25℃)(%)
基质沥青	69	48.5	210	—
橡胶沥青	47	60	1 750	68

四川正中路面科技公司曾就不同胶粉剂量条件下橡胶沥青的针入度、软化点、177℃黏度以及弹性恢复进行了试验，结果列于表2-4中。

不同胶粉剂量橡胶沥青的高温性能(四川正中路科)　　表2-4

试 验 项 目		胶粉剂量(内掺)			
		16%	18%	20%	22%
针入度	(0.1mm)	37	32	30	28
软化点	(℃)	66	67	71	75
177℃黏度	(Pa·s)	1.60	2.25	3.60	10.10
弹性恢复	(%)	68	69	78	84

表2-4所列数据表明，橡胶沥青的针入度随着胶粉剂量的增加而降低，软化点升高，177℃高温黏度随之增大，弹性性质进一步增强，这些都表明橡胶沥青的高温性能随胶粉剂量的增加而提高。

河南省高远公路养护技术有限公司将不同粒度的胶粉按23%的剂量掺加在90号欢喜岭沥青中，经过在170℃温度下搅拌2h，然后测试其针入度、软化点、延度以及弹性恢复等性能，结果列于表2-5。表中数据表明，胶粉粒度的粗细对所制备的橡胶沥青性能有不同影响。其中弹性恢复呈现很好的规律性，采用粒度较粗的胶粉配制的橡胶沥青其弹性性质较强，采用精细胶粉则较差。可见从提高路面抗车辙性能来说，可以采用相对较粗的胶粉配制橡胶沥青。

不同粒度胶粉改性沥青性能(河南高远)　　表2-5

技 术 指 标		胶粉粒度(目)			
		30	60	80	100
针入度	(0.1mm)	54.5	82.2	83.2	72.5
软化点	(℃)	58.0	51.4	51.9	52.2
延度(4℃,1cm/min)	(cm)	13.6	22.6	24.0	22.8
(5℃,5cm/min)	(cm)	11.1	14.5	15.6	14.8
弹性恢复	(%)	75	61	57	56

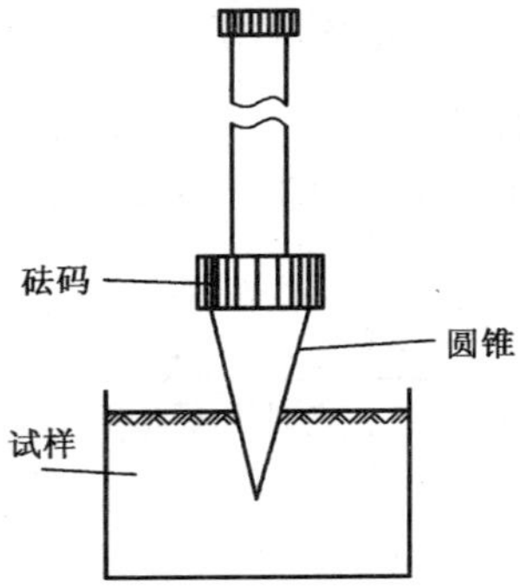

图 2-6　锥入度试验

表 2-5 中数据还表明，不同粒度胶粉所配制的橡胶沥青，其针入度与软化点的规律性不好，这可能与沥青材料试验方法并不适应非均质橡胶沥青所致。对于橡胶沥青，为克服胶粉颗粒的干扰，宜采用“锥入度试验”（Cone Penetration Test，见图 2-6 示意图）以取代针入度。今后在制定橡胶沥青规范时可以考虑这一意见。但从针入度与软化点的数据来看，与 90 号基质沥青相比，都发生了很大的变化，总的趋势是向更加黏稠发展。

重庆鹏方路面技术有限公司对橡胶沥青进行测试，并与基质沥青和 SBS 改性沥青相比较。由表 2-6 可见，橡胶沥青的针入度减小，软化点上升，黏度呈十几倍地增大，弹性性质明显增强，这些规律都与上述试验结果是基本一致的，因此说明橡胶沥青的高温稳定性得到很大的改善。

橡胶沥青性能比较（重庆鹏方）　　表 2-6

技术指标		70 号基质沥青	橡胶沥青	SBS 改性沥青
针入度	(0.1mm)	69	48	44
软化点	(℃)	47	62	65
黏度（60℃）	(Pa · s)	245	3 080	1 000
（135℃）	(Pa · s)	0.34	4.6	1.5
针入度指数		-1.24	0.76	-0.17
弹性恢复	(%)	—	75	77
薄膜烘箱后针入度比	(%)	74	92	87

辽宁三鑫集团公司分别采用 25 目和 30 目胶粉，以 17% 的剂量掺加在 90 号沥青中，制备成橡胶沥青，全面测试了它们的性能，结果列于表 2-7。

橡胶沥青性能指标（辽宁三鑫）　　表 2-7

技术指标		1 号(30 目胶粉)	2 号(25 目胶粉)
针入度	(0.1mm)	62	57
针入度指数 *PI*		0.5	0.3
延度(25℃)	(cm)	17	15
软化点	(℃)	61	60
运动黏度(175℃)	(Pa · s)	2.3	2.2
闪点(开口杯)	(℃)	>230	>230
弹性恢复	(%)	93	90
薄膜烘箱残留物			
质量损失	(%)	0.3	0.2
针入度比(25℃)	(%)	67	65
延度(5℃)	(cm)	11	10

表 2-7 的测试数据表明，橡胶沥青与 90 号基质沥青相比，反映高温性能的针入度、软化点、弹性恢复等性能指标大幅度提升，其基本规律与上述结果是一致的。

同济大学通过对 16 种橡胶沥青 19 组计 57 只间断级配橡胶沥青混合料试件的动稳定度的试验研究，发现动稳定度与 177℃的黏度之间呈很好的关系（图 2-7），并据此提出，如果要求橡胶沥青混合料动稳定度大于 3000 次/mm，则其 177℃黏度必须大于 2.7Pa · s。

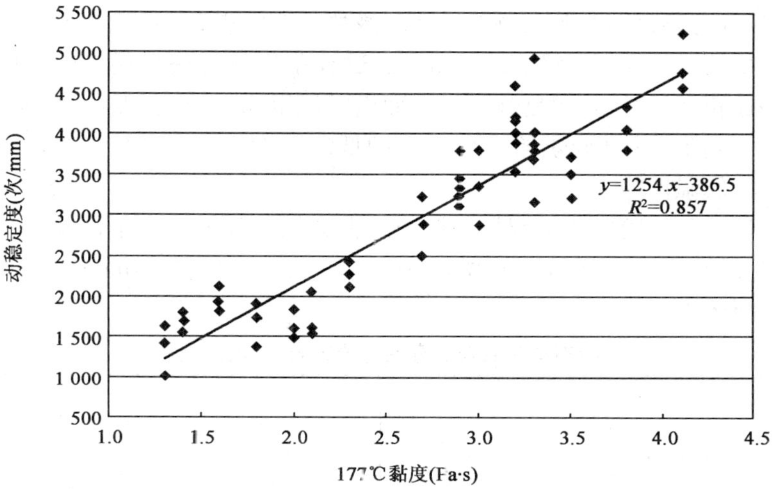

图 2-7　黏度（177℃）与动稳定度的试验关系

2. 温度敏感性

沥青的温度敏感性表示材料性能随温度变化而变化的程度。从道路使用要求出发，希望这种变化越小越好。测定沥青在不同温度下的针入度，计算得到针入度温度敏感性系数 A、针入度指数 PI、以及当量软化点 T_{800} 和当量脆点 $T_{1.2}$，以及塑性温度范围 $T_{800}-T_{1.2}$，据此可以评价沥青材料温度敏感性。对表 2-3 中橡胶沥青与基质沥青的试验结果列于表 2-8。

橡胶沥青的温度敏感性　　表 2-8

材　料	针入度（0.1mm）			A	PI	T_{800}（℃）	$T_{1.2}$（℃）	$T_{800}-T_{1.2}$（℃）
	15℃	25℃	30℃					
基质沥青	22	69	113	0.046 8	−1.02	48.2	−12.1	60.3
胶粉沥青	20	47	66	0.034 9	+0.93	60.8	−20.2	81.0

由表 2-8 所列橡胶沥青的数据可以看出，与原基质沥青相比，其针入度温度系数 A 值降低，因而图 2-8 中针入度与温度关系线比较平缓，这表明胶粉沥青对温度变化不那么敏感，同时它的当量软化点上升，脆点下降，塑性温度范围从 60.3℃扩大到 81℃，表明其温度稳定性得到很大的改善。如果从软化点、黏度等指标也不难看出，橡胶沥青的性能已经可以与 SBS 改性沥青相提并论。表 2-6 中所列橡胶沥青的针入度指数达

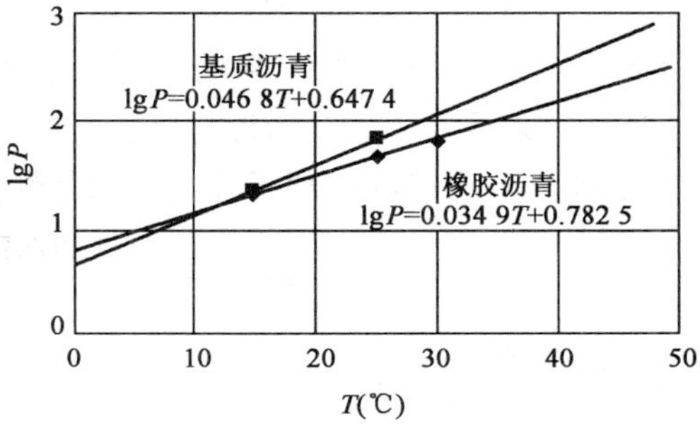

图 2-8　针入度与温度的关系

到0.76,这同样表明其温度稳定性不仅优于基质沥青,而且比常用的SBS改性沥青也略胜一筹。表2-7与表2-8中的针入度指数同样也转变为正值,温度稳定性得到很大的改善。

3. 低温柔韧性

在针入度评价体系中,只有延度能反映材料的低温性能。但是橡胶沥青测试延度有其局限性,因此虽然表2-7中25℃延度与基质沥青相比大大降低,但这并不表示橡胶沥青的低温性能不好,其延度降低主要是因为胶粉颗粒干扰的缘故。考察表2-5中数据则可以看出,橡胶沥青在低温下有很好的柔韧性,在4℃、1cm/min的试验条件下能获得很大的延度值,而且当采用较细胶粉制备橡胶沥青时,其柔韧性更好。而由常识得知,普通沥青在4℃低温下是不可能有如此柔韧性的。表2-7中薄膜烘箱后残留物的低温延度也与表2-5的结果一样,同样反映了橡胶沥青良好的低温性能。

武汉工业大学对不同胶粉掺加剂量的橡胶沥青的低温延度进行了试验比较,基质沥青为中海70号,所用胶粉为40目,在180℃高温下经高剪切1h,再搅拌30min以令其再发育,橡胶沥青的测试结果列于表2-9。

胶粉剂量对橡胶沥青性能的影响(武汉工大) 表2-9

胶粉剂量(%)	软化点(℃)	延度(5℃)(cm)	针入度(0.1mm)	*PI*	弹性恢复(%)
0	48.0	6.0	67.2	-1.004	—
15	51.4	12.0	68.7	1.173	60
20	52.9	18.5	71.8	0.850	64
25	57.0	18.4	66.4	1.029	65
30	50.8	19.7	80.0	0.889	54

由表2-9可见,橡胶沥青在低温下的延度随胶粉剂量的增加而增大,说明在低温下橡胶沥青的柔韧性优于基质沥青。而适当延长搅拌时间也能使延度略有增加,但胶粉剂量达到20%以上时,低温性能的改善已达到极限。

研究表明,采用不同的基质沥青所配制的橡胶沥青,其低温温度有所差异,这可能与它们的相容性有一定关系,实际上主要与沥青的组分有关。对于芳烃含量高的基质沥青,所配制的橡胶沥青其低温延度比较大。

4. 与石料的黏附性

采用表2-3的橡胶沥青按水煮法进行黏附性试验结果表明(表2-10),橡胶沥青对酸性岩石具有良好的黏附性,而且差不多都可达到5级水平,碎石表面的橡胶沥青膜明显增厚,约有12~15μm,而普通沥青混合料沥青膜的厚度一般只有7~8μm,所以橡胶沥青在碎石表面的膜比较厚是它的重要特性。沥青与碎石材料黏附性的增强,将有利于提高沥青路面抗水损害的能力,而沥青膜增厚则有利于提高抗老化性能,延长路面的使用寿命。

胶粉沥青的黏附性试验 表2-10

岩 石 品 种	黏附性等级	
	基质沥青	胶粉沥青
砂岩3	5	5
花岗岩	2	5

二、按 PG 性能分级体系评价橡胶沥青性能

美国于 1992 年完成的战略公路研究计划（SHRP）对沥青结合料提出了按性能分级的评价方法。其基本做法是采用动态剪切流变仪，分别测试沥青原样、薄膜烘箱残留物的车辙因子，压力老化试验后中温条件下的疲劳因子，以及在低温下的弯曲梁蠕变试验和直接拉伸试验等，全面评价沥青材料的高温性能、常温疲劳和低温抗裂性。

按照 PG 性能分级体系要求，对表 2-7 中 1 号橡胶沥青进行测试，测试结果列于表 2-11。根据试验结果，该橡胶沥青被评定为 PG76-34 等级。与 90 号基质沥青相比，高温性能等级提高了 2～3 个等级，而低温性能也同时提高了 2 个等级，这表明在沥青中添加胶粉后，使橡胶沥青的性能全面得到了提升。

橡胶沥青 SHRP 测试数据　　表 2-11

橡胶沥青原样动态剪切试验				
试验温度（℃）	复数剪切模量 G^*（kPa）	相位角 δ（°）	车辙因子 $G^*/\sin\delta$	SHRP 结合料标准
70	3.187	70.77	3.379	$G^*/\sin\delta \geq 1.0$kPa
76	2.840	70.62	3.008	
RTFO 后残留物动态剪切试验				
试验温度（℃）	复数剪切模量 G^*（kPa）	相位角 δ（°）	车辙因子 $G^*/\sin\delta$	SHRP 结合料标准
76	2.378	68.22	2.561	$G^*/\sin\delta \geq 2.2$kPa
82	1.452	70.72	1.538	
PAV 残留物动态剪切试验				
试验温度（℃）	复数剪切模量 G^*（kPa）	相位角 δ（°）	疲劳开裂因子 $G^*\sin\delta$	SHRP 结合料标准
25	743	62.3	657	$G^*\sin\delta \leq 5\,000$kPa
PAV 残留物弯曲梁蠕变试验				
试验温度（℃）	m 值	蠕变劲度 S（MPa）		SHRP 结合料标准
-24	0.396	124		$m \geq 0.3$，60s，$S \leq 300$MPa
-30	0.313	318		

为研究不同胶粉掺加剂量对高温性能的影响，大连理工大学采用动态剪切流变仪测定不同橡胶沥青的复剪切模量 G^* 和相位角 δ，计算得到车辙因子 $G^*/\sin\delta$ 值。试验采用壳牌 70 号作为基质沥青，在沥青中分别加入 15%、18%、21% 及 24% 的胶粉，在 185～195℃ 的温度下剪切搅拌制备得橡胶沥青。图 2-9 是在不同温度下测得的橡胶沥青车辙因子。

由图 2-9 可见，与基质沥青相比，在同一温度下橡胶沥青的车辙因子均高了很多，这说明橡胶沥青的抗车辙性能有了很大的提高，而且在同一温度下，随着胶粉剂量的增加，其抗车辙因子值也相应增大。但是随着温度的升高，车辙因子降低，这是合理的，但胶粉含量高的下降速率快，这从另一个角度说明，不能简单地仅依靠增加胶粉剂量来提高橡胶沥青在更高温度下的稳定性，而需要从其他角度采取必要的措施，如掺加某种添加剂。

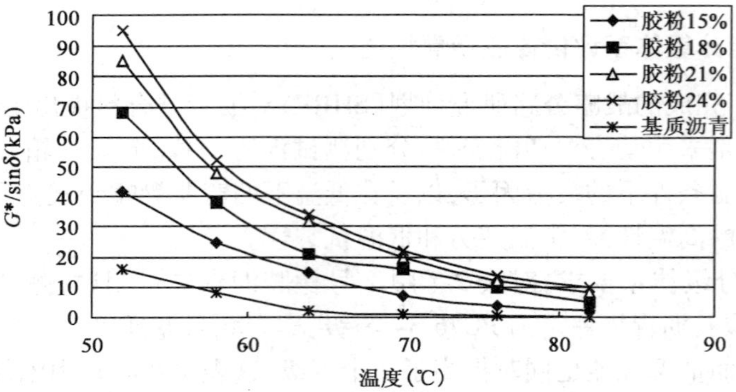

图 2-9 橡胶沥青的车辙因子

第四节 橡胶沥青的技术标准

一、美国橡胶沥青技术标准

就美国而言,有关行业部门与某些州的交通局都制定了橡胶沥青的技术标准。由于各地的自然条件与使用橡胶沥青的经验不同,因而有关橡胶沥青的技术标准也有很大的差别。

美国 ASTM、FHWA 以及亚利桑那州橡胶沥青技术标准根据气候分区,将橡胶沥青分为三档,分别适用于热区、温区和寒区。其中,1992 年 FHWA 技术标准、1997 年 ASTM 技术标准是以针入度作为标准分级;而亚利桑那州橡胶沥青技术标准是以基质沥青等级作为分级标准。佛罗里达州按照胶粉掺量将橡胶沥青分为 ARB5、ARB12 和 ARB20 三种类型,其对应的最小胶粉掺量分别为 5%、12% 和 20%,具体指标见表 2-12 ~ 表 2-15。

美国 FHWA 橡胶沥青技术标准(SA-002-1992) 表 2-12

技术指标			热区(ARB-1)	温区(ARB-2)	寒区(ARB-3)
针入度(25℃)		(0.1mm)	25 ~ 75	50 ~ 100	75 ~ 150
软化点		(℃)	>54	>49	>43
延度(4℃,1cm/min)		(cm)	>5	>10	>20
TFOT	针入度比	(%)	>75	>75	>75
	延度比	(%)	>50	>50	>50

美国 ASTM 橡胶沥青技术标准(D6114-1997) 表 2-13

技术指标		1 型	2 型	3 型
黏度(175℃)	(Pa·s)	1.5 ~ 5.0	1.5 ~ 5.0	1.5 ~ 5.0
针入度(25℃,100g,5s)	(0.1mm)	25 ~ 75	25 ~ 75	50 ~ 100
针入度(4℃,200g,60s)	(0.1mm)	>10	>15	>25
软化点	(℃)	>57	>54	>52
弹性恢复(25℃)	(%)	>25	>20	>10
闪点	(℃)	>232	>232	>232
TFOT 针入度比(4℃)	(%)	>75	>75	>75

亚利桑那州橡胶沥青技术标准　表 2-14

技术指标		A 型	B 型	C 型
基质沥青等级		PG64-16	PG58-22	PG52-28
黏度(175℃)	(Pa·s)	1.5~4.0	1.5~4.0	1.5~4.0
针入度(4℃,200g,60s)	(0.1mm)	>10	>15	>25
软化点	(℃)	>57	>54	>52
弹性恢复(25℃)	(%)	>30	>25	>15

佛罗里达州橡胶沥青技术标准　表 2-15

技术指标		ARB5	ARB12	ARB20
最小胶粉掺量	(%)	5	12	20
基质沥青等级		AC30	AC30	AC20
最低生产温度	(℃)	150	150	170
最高生产温度	(℃)	170	175	190
最少反应时间	(min)	10	15	30
黏度	(Pa·s)	>0.4(150℃)	>1.0(150℃)	>1.5(175℃)

1992 年版 FHWA 橡胶沥青技术标准是在普通沥青指标基础上提出的,其技术指标要求较低,并未对黏度指标提出要求。ASTM 标准是在亚利桑那州标准基础上提出的,二者较为接近。关于老化后性能,仅 FHWA 与 ASTM 标准提出了相关要求,主要是因为橡胶沥青的耐老化性能较好,出现问题的可能性不大。

由于橡胶沥青中胶粉颗粒的影响,25℃针入度试验的精度较差,而且对胶粉掺量的变化不敏感,为此,ASTM、亚利桑那州采用4℃针入度,并增加配重与贯入时间。另外,加利福尼亚州和德克萨斯州采用锥入度指标来评价橡胶沥青的稠度和抗剪性能。加利福尼亚州和得克萨斯州橡胶沥青技术指标见表 2-16,并且这两个州都采用 Haake 黏度计所测试的现场黏度作为标准。

加利福尼亚州和得克萨斯州橡胶沥青技术标准　表 2-16

技术指标		得克萨斯州	加利福尼亚州
黏度(Haake)	(Pa·s)	1.5~4.5(177℃)	1.5~4.0(190℃)
锥入度(25℃,150g,5s)	(0.1mm)	>20	25~70
软化点	(℃)	>57	52~74
弹性恢复(25℃)	(%)	>15	>18

与普通沥青相比,橡胶沥青的技术指标比较简单,测试方法与指标要求也有显著不同。一方面,基质沥青质量要求中已经包含了一些指标,如蜡含量、闪点等;另一方面,针入度、延度、溶解度等指标不适应橡胶沥青这种大颗粒存在的复合材料。对于橡胶沥青,其核心指标为黏度。黏度指标与基质沥青性质、胶粉掺量、生产工艺有密切相关性,这也是很多标准都对橡胶沥青的黏度进行规范的原因。另外,SHRP 的高温性能指标对橡胶沥青也是有效的。但是对于采用粗粒胶粉的橡胶沥青来说,为避免胶粉颗粒的干扰,需要增大 DSR 测试圆盘的间距,或者需要另作改造。

二、国内橡胶沥青技术标准

目前我国尚未制定国家统一的橡胶沥青技术标准，但已经有很多地方制定了地方性标准，也有一些研究单位或企业根据自身的研究成果和工程实践，同时吸收国外的经验提出了橡胶沥青技术标准。

1. 地方性标准

目前我国已经有北京、天津等地制定了橡胶沥青地方性技术标准。北京针对当地的气候和交通环境提出了《北京市废旧轮胎胶粉沥青混合料设计施工技术指南》，其中关于橡胶沥青技术要求列于表2-17。

北京市橡胶沥青技术指标 表2-17

试验项目		指标要求
180℃旋转黏度	(Pa·s)	1.0～4.0
针入度	(0.1mm)	40～80
软化点	(℃)	≥47/56
弹性恢复	(%)	≥55
延度(5℃)	(cm)	≥10
薄膜烘箱试验残留物		
质量损失	(%)	≤0.4
25℃针入度比	(%)	≥80
软化点比	(%)	<110
5℃延度比	(%)	≤40

注：①旋转黏度按照50%扭矩内插获得的；

②当采用90号基质沥青时，橡胶沥青的针入度为60～80；当采用70号基质沥青时，橡胶沥青的针入度为40～60；

③当采用90号基质沥青时，橡胶沥青的软化点要求大于47℃；当采用70号基质沥青时，橡胶沥青的软化点要求大于56℃。

天津市建设管理委员会于2006年2月发布了《天津市废旧轮胎胶粉改性沥青路面技术规程》，其中关于橡胶沥青的主要技术指标与要求列于表2-18。

天津市废旧轮胎胶粉改性沥青主要技术指标 表2-18

检验项目		胶粉改性沥青		
		CRM-I	CRM-II	CRM-III
175℃运动黏度	(Pa·s)	1～4	1～4	1～4
针入度	(0.1mm)	60～80	50～65	40～60
针入度指数		≥0.6	≥0.6	≥0.6
延度(5℃,5cm/min)	(cm)	≥30	≥20	≥10
软化点	(℃)	≥55	≥60	≥55
闪点	(℃)	≥230	≥230	≥230
TOFT试验残留物				
质量损失	(%)	≤1	≤1	≤1
25℃针入度比	(%)	≥60	≥65	≥60
延度5℃	(cm)	≥20	≥10	≥5
离析、软化点差	(℃)	≤2.5	≤2.5	≤2.5
弹性恢复	(%)	≥75	≥75	≥70

2. 研究单位提出的技术标准

交通运输部公路科学研究院协同一些单位于2008年12月编写出版了《橡胶沥青及混合料设计施工技术指南》，作为交通运输部“材料节约与循环利用专项行动计划系列指南”之一。现将该指南中有关橡胶沥青的技术标准列于表2-19。

交通部公科院橡胶沥青技术标准[①]　　表2-19

项　　目		寒区[③]	温区[④]	热区[⑤]
基质沥青		110号、90号	90号、70号	70号、50号
180℃旋转黏度[②]	(Pa·s)	1.0~3.0	2.0~4.0	2.5~5.0
针入度	(0.1mm)	60~100	40~80	30~70
软化点	(℃)	>50	>58	>65
弹性恢复	(%)	>50	>55	>60
延度(5℃)	(cm)	>10	>10	>5

注：①该技术指标只适用于橡胶沥青，不适用于橡胶改性沥青(指废胎胶粉、沥青和其他某种聚合物改性剂共同拌和得到的产物)；

②旋转黏度标准试验方法采用Brookfield旋转黏度试验，并按照50%扭矩内插获得；

③寒区主要是指《公路沥青路面施工技术规范》(JTG F40—2004)A.4.4中的1-1、1-2、2-1、3-2气候分区；

④温区主要是指《公路沥青路面施工技术规范》(JTG F40—2004)A.4.4中的2-2、2-3、2-4气候分区；

⑤热区主要是指《公路沥青路面施工技术规范》(JTG F40—2004)A.4.4中的1-3、1-4气候分区；

一般来说，重交通道路宜选择较硬沥青，较轻交通科选较软沥青，基质沥青品种的选择要根据实际工程的具体情况而定。

从表2-17、表2-18以及表2-19可以看出，这些地方与单位均提出了5℃低温下延度要求，对此很多人却持有不同的看法，这主要是因为当采用粒度较粗的胶粉制备的橡胶沥青延度并不反映它的低温性能，只有当采用精细胶粉，或经过胶体磨反复研磨，橡胶沥青的5℃延度才能达到比较大的数值，而这种橡胶沥青的弹性性质和高温性能反而比较差，甚至不适合应用于间断级配的橡胶沥青路面，因此延度指标对于橡胶沥青来说不尽适用，可以不列在技术标准中。如果我们考察美国一些州橡胶沥青的技术标准，见表2-12等，则也可以发现他们都没有列出关于低温延度的技术要求。

2005年11月江苏省交通科学研究院中心试验室，参考我国现行改性沥青产品技术标准和美国亚利桑那州橡胶沥青技术标准，并结合工程应用经验，制定了橡胶沥青技术标准，见表2-20。基质沥青要求采用70号道路沥青。

江苏交科院橡胶沥青技术指标　　表2-20

项　　目		技术要求	项　　目		技术要求
黏度(177℃)	(Pa·s)	1.5~4.0	软化点	(℃)	≥54
针入度	(0.1mm)	≥25	弹性恢复(25℃)	(%)	≥60

3. 企业标准

目前国内沥青生产企业再供应橡胶沥青的同时，提出了橡胶沥青的标准。中海油气开发利用公司提出的《中海泊36-1废胶粉改性沥青技术要求(暂定)》列于表2-21。某些橡胶沥青路面技术专业化企业，如四川正中路面科技公司、江苏金帮公司等，则采用与表2-20一样的标准。

《中海油 36-1 废胶粉改性沥青技术要求(暂定)》 表 2-21

试验项目		单　位	指标范围	试验方法
针入度(25℃,5s,100g)		0.1mm	60~80	GB/T 4509
软化点(环球法)	不小于	℃	55	GB/T 4507
黏度(135℃)	不大于	Pa·s	3	GB/T 0739
延度(5cm/min,5℃)	不小于	cm	20	GB/T 4508
弹性恢复(25℃)	不小于	%	70	GB/T 0737
闪点(开口)	不小于	℃	260	GB/T 267
储存稳定性离析,48h 软化点差[注]		℃	实测	GB/T 0740
薄膜烘箱试验(163℃,5h)或旋转薄膜烘箱试验(163℃,75min)				
质量变化	不大于	%	1	GB/T 5304
针入度比(25℃)	不小于	%	75	GB/T 4509
延度(5cm/min,5℃)	不小于	cxm	10	GB/T 4508

注:当离析试验软化点差大于 2.5℃时,在存储过程中要加以搅拌。

综上所述,橡胶沥青的技术标准与普通沥青不同,也与一般 SBS 改性沥青不同,需要建立橡胶沥青自身的指标体系,这也就是说不能用普通沥青或者 SBS 改性沥青的指标体系来评价橡胶沥青的性能,这主要是因为橡胶沥青在宏观上是非均质材料,而是两相混合物。橡胶沥青的技术指标不需要像 SBS 改性沥青一样要有那么多的检验项目,看来可以适当简化,因为有的技术性能已包含在沥青的质量要求之中。橡胶沥青的技术指标究竟应该怎样算是合理,这应该与橡胶沥青的用途有关,也与当地的气候环境有关。譬如当将橡胶沥青应用于开级配混合料,不使用矿粉,则橡胶沥青就需要比较黏稠一些;而如果用作间断级配的 SMA 混合料,矿粉用量比较大,则橡胶沥青黏度就不需要太高;又如采用橡胶沥青拌制连续密级配混合料,则橡胶沥青就应该不太黏稠。所以不同用途需要采用不同性能的橡胶沥青,不可能一种橡胶沥青包打天下而适应各种需要。也正是因为如此,目前关于橡胶沥青的技术要求无论国外还是国内均不统一,但是相信再通过几年的深入研究与工程应用,经过优胜劣汰,完全能够制定全国统一的橡胶沥青技术标准。

第三章　橡胶沥青生产设备的技术特点

第一节　橡胶沥青生产的基本要求

一、橡胶沥青生产的技术要求

1. 橡胶沥青生产的温度要求

橡胶沥青生产的关键因素是温度控制。无论用于喷洒的橡胶沥青还是用于拌和的橡胶沥青,其生产方法并没有什么区别。生产前,基质沥青需预先加热到160℃以上的温度。橡胶沥青必须在搅动状态下至少45min才能获得良好的反应效果,反应温度应维持在180~190℃。

橡胶沥青生产完成后,在待用阶段应将橡胶沥青保温储存。用于储存橡胶沥青和基质沥青的贮存罐需有加热和保温装置,以使贮存罐能保持在规定的温度,温度一般在180~190℃范围内,不宜超过200℃。

2. 橡胶沥青质量要求

每次在橡胶沥青使用前,必须对橡胶沥青的质量进行检验,橡胶沥青质量技术指标,尤其是黏度必须符合有关规定要求,具体可详见第二章。

3. 橡胶沥青延迟使用与再加热

橡胶沥青经45min的反应之后,如果在4h内不使用,应该停止加热。保温罐里的橡胶沥青的降温速度是不一样的,在使用前应对温度进行测试,如温度低于180℃就需要再加热。橡胶沥青冷却后再加热到规定温度称为一个加热循环。一般橡胶沥青再加热的循环次数不应超过两次。橡胶沥青在冷却加热循环过程中,性能会发生一定的变化,因此在使用前应进行检测,尤其是考察黏度是否满足要求。为了能快速得到检测结果,常采用手持黏度计(图2-3)在现场进行测试,以便立即作出橡胶沥青能否继续使用的判断。

如橡胶沥青延迟时间过长,但只要橡胶沥青处于液态,橡胶和沥青就会继续发生反应,在这个过程中橡胶会不断发生裂解,使性能降低。为了使黏度等指标恢复到规定的水平,一般采取再添加胶粉的措施,但添加量一般不超过沥青的10%,同时在180~190℃温度下混合,并保持45min的反应时间,以恢复成满足要求的橡胶沥青。

除温度外,橡胶沥青无论在保存还是在加热升温过程中,搅拌是非常重要的。若在保存阶段不予搅拌,则会导致橡胶沥青沉淀和离析。在升温过程中往往由于局部温度过高,若不加以搅拌,则会导致导热油或燃烧机管道附近的橡胶沥青在高温下老化,胶粉颗粒进一步加速裂解细化等,以致严重影响橡胶沥青产品的质量。

在橡胶沥青生产过程中,不同阶段搅拌的作用具体体现为:

(1)在预拌阶段,若搅拌不均匀会使橡胶粉在沥青中结成团状,在后续的路面施工中将会在路面上出现油斑现象。

(2)在橡胶与沥青反应阶段,通过搅拌有利于胶粉颗粒与沥青的接触而发生反应,促进裂解和塑化,缩短橡胶沥青的制备时间。

(3)在储存阶段,若搅拌不均匀会使橡胶粉在基质沥青中发生沉淀,导致橡胶沥青出现离析现象。

4. 橡胶沥青产量要求

橡胶沥青产量必须与拌和机的产量相匹配。若橡胶沥青产量跟不上拌和机的产量,将影响拌和料的生产效率,严重时将导致摊铺现场因橡胶沥青混合料供应不足而停工待料,以致不能连续摊铺,最终影响路面施工质量,甚至延误工期,故橡胶沥青生产设备的单位小时产量必须与拌和楼的生产能力相匹配。

二、橡胶沥青生产现代工艺关键要点

纵观国内大量橡胶沥青使用情况,以及国外数十年橡胶沥青的生产经验,现在一些专业橡胶沥青企业对于橡胶沥青生产工艺认知水平都有了很大的提高。如四川正中路面科技有限公司,通过自身的研究开发,并在与美国橡胶沥青协会和国内外有关专家进行深入技术交流基础上,认为橡胶沥青现代生产工艺其关键主要有以下四个方面:

(1)橡胶粉掺量。橡胶沥青中胶粉的剂量宜在15%以上,橡胶颗粒溶胀后的体积比约占30% ~40%左右,这样溶胀胶粉颗粒的"触角"之间才能相互联结,并在橡胶沥青的空间中形成三维"网络结构"。

(2)制备温度。橡胶沥青制备温度宜达到180℃以上,这主要是因为胶粉与热沥青接触中,需要有一个反应过程,而这个反应需要在高温下进行。如果沥青的温度比较低,则完成反应的时间比较长,提高温度则反应时间可以缩短,提高生产效率。大量试验表明,在180 ~190℃是制备橡胶沥青最为适宜的温度。

(3)胶粉分布。在橡胶沥青制备过程中,必须通过搅拌使胶粉均匀地分散在沥青中,胶粉绝不能成团结块,否则会严重影响橡胶沥青的质量。

(4)搅拌方式。橡胶沥青中的橡胶粉最终仍以"颗粒"存在的,受地球引力的作用,它会向下沉淀和离析,所以橡胶沥青在溶胀反应过程中必须从底部进行"卧式"的翻滚式搅拌,以防止胶粉沉淀在罐底。

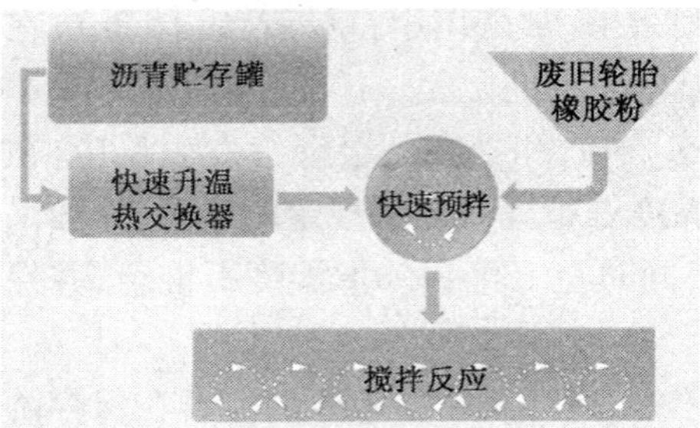

图3-1 现代橡胶沥青生产工艺原理图

橡胶沥青是通过一定的工艺设备制备加工的,其工艺过程随生产规模、工艺条件和设计思想不同而有所差别,但制备过程的基本原理是一样的。图3-1是目前国际上橡胶沥青生产工艺原理,即将计量的热沥青和一定比例的胶粉同时加入高速预拌罐内,在维持适当温度的条件下,加以搅拌、剪切,罐中胶粉与沥青混合并发生溶胀。当橡胶沥青混合物反应到一定时间,将它输入溶胀搅拌罐。橡胶沥青混合物在溶胀搅拌罐内继续得到搅拌、保温,并进一步发育反应,即可输出等待使用。

第二节　橡胶沥青生产设备的发展

橡胶沥青是将废旧轮胎磨细的胶粉作为改性剂添加到基质沥青中，在高温与机械剪切等作用下制成的胶结料。橡胶沥青作为一种生产工艺已日趋成熟，与基质沥青相比，其使用性能有了很大的改善和提高，甚至可以与目前应用十分广泛的 SBS、SBR、EVA 等聚合物改性沥青相媲美。橡胶沥青制备设备性能的优劣，对橡胶沥青产品质量有明显影响，因此橡胶沥青的生产加工设备也经历了一段发展的历史。根据橡胶沥青的特点，决定了其生产方式主要以现场加工为主。到目前为止，橡胶沥青生产设备大概经历了以下三个发展阶段。

一、橡胶沥青早期生产设备

20 世纪 60 年代前后，美国等国家生产橡胶沥青，其主要做法是将基质沥青和橡胶粉加入到一个罐体内进行简单的搅拌，并将搅拌后的橡胶沥青在该罐体内进行溶胀发育而成。采用这种简单设备生产橡胶沥青，往往存在搅拌不均匀，胶粉易凝聚成团浮于罐体上部。使用这种橡胶沥青拌制的混合料有可能导致混合料摊铺过程中出现油斑。

80 年代初期，我国除在城市中有一点比较简陋的沥青混凝土拌和机外，在公路部门很多单位没有像样的沥青混合料拌和设备，甚至还是人工在铁板上拌和沥青混合料，至于沥青加热设备也仅仅是在简单的铁板容器下面烧柴加热，因此更谈不上有专用的橡胶沥青加工设备。以后随着交通的发展，尤其到 80 年代开始兴建高速公路，逐渐从国外引进沥青路面施工设备，我国道路施工设备水平才有了大幅度的改善和提高。

二、橡胶沥青中期生产设备

到了 20 世纪 90 年代，国际上橡胶沥青生产设备有了很大的改进，特别注意到原有橡胶沥青生产设备的不足，而增加了胶粉与沥青的高速预拌系统。图 3-2 是加利福尼亚州某一沥青混凝土拌和场典型的橡胶沥青生产装置。这种设备由于缺乏快速升温系统，因此没有从根本上解决基质沥青和橡胶粉的融合问题，同时加工设备还存在体积庞大、不利于运输、自动化水平不高、产品有时还有结块等缺点。

图 3-2　美国加州橡胶沥青生产装置

90 年代中后期，我国开始大量使用聚合物改性沥青，尤其是 SBS 改性沥青，生产改性沥青的设备也作为后来生产橡胶沥青的代用设备。

三、橡胶沥青现代生产设备

进入 21 世纪，国外针对上两代橡胶沥青生产设备的缺点，又做了大量的改进，采用了现代计量与加热技术，设计制造出先进的橡胶沥青生产设备，见图 3-3。

现代橡胶沥青生产设备采用 40in（约 1m）标准箱设计，使运输更为方便，控制系统采用全程自动化，在提高产品质量的同时，可大大降低工人的劳动强度。

目前国外橡胶沥青生产设备价格昂贵，国内企业进口国外设备，面临成本高、手续办理繁琐、周期较长等问题。

a)　　　　b)

图 3-3　21 世纪初期国外先进橡胶沥青生产设备

第三节　现代橡胶沥青生产设备特点

一、橡胶沥青生产设备的分类

各个厂家制造的橡胶沥青生产设备结构形式不尽相同，然而这些设备的主要部件都包括以下几个部分，即基质沥青快速升温装置、胶粉上料装置、胶粉与沥青混合装置、橡胶沥青反应发育釜、成品贮存罐，以及电气控制系统等。

现代橡胶沥青生产设备按其流程，可分为连续式和间歇式两种类型。间歇式制备橡胶沥青的工艺特点为基质沥青与胶粉分批计量，加入橡胶沥青拌和装置中进行拌和，然后将拌和好的混合物输入橡胶沥青反应釜，接着进行下一批料的拌和，形成连续不断的循环作业。连续式橡胶沥青设备的工艺特点为橡胶粉和沥青连续计量，并连续不断地在橡胶沥青拌和装置中进行拌和，拌和好的橡胶沥青成品又连续不断地从拌和装置进入反应釜。

橡胶沥青生产设备按机动性又分为固定式和移动式两种类型。所谓固定式生产设备，其主要特点是整个设备的各个部件可以分别安装在几辆平板车上进行运输，到了工地后按预定的位置停放固定，可以很快投入生产，安装工作量小，但完成生产后转移其他工地不很方便。固定式生产设备一般为电机驱动，现场需要有一定功率的电源供应。所谓移动式生产设备，其主要特点是设备的各个部件都安装在牵引车底盘上，用牵引车头挂接就可转场运输，而且设备本身一般自带动力，由自带内燃发动机作为驱动动力。由于一般道路工程为短期作业，故目前大多采用移动式设备，以方便运输转场。

二、橡胶沥青生产设备结构

自从橡胶沥青在我国得到大规模应用后，为了适应道路建设的需要，一些企业积极研发或引进橡胶沥青的生产设备，更有一些单位通过研发在设备的某些关键技术取得了突破性进展，并取得了专利，形成了具有自主知识产权的专利。这表明我国橡胶沥青生产设备的技术水平已经达到或者接近国际水平。这里我们以四川正中路面科技公司为例，介绍他们研发制造的移动式橡胶沥青生产设备的结构与特点，以供读者了解和借鉴。

1. 移动式橡胶沥青生产设备组成

四川正中路面科技公司在学习和借鉴美国、南非以及欧州等国家橡胶沥青生产设备的基础上，结合国内道路施工特点，研制出具有先进水平的移动式橡胶沥青成套生产设备。该设备

主要由以下几部分组成:

(1)快速升温系统。沥青升温系统采用进口燃烧机的高温导热油炉,这种燃烧炉能够快速提高沥青的温度,仅仅在短短20s内即能够将基质沥青从160℃提高到190℃。由于大大缩短了沥青的加热时间,从而有效地避免了沥青在加热升温过程中的老化,而且与一般蒸汽锅炉加热相比,该系统还具有节能、环保,以及供热平稳等特点。

(2)高速剪切预拌系统。高速剪切预拌系统为卧式搅拌装置,电机转速达3 000r/min。该系统具有可连续、剪切快速、拌和均匀的特点,使橡胶沥青可以在罐内产生对流、翻滚,得以搅拌充分,同时能够保证罐内温度均匀。

(3)反应存储系统。橡胶沥青反应存储系统采用耐高温、性能优良的密封装置,以有效防止渗漏,减少工人劳动强度,保证生产安全性。

为保证升温,该系统采用双重式加温系统,包括导热油加温系统和燃烧器系统两部分。其中导热油为盘管加热方式;燃烧器系统是采用两台20万大卡(约84×10^4kJ)进口燃烧机进行补充加温。采用这种燃烧机进行补充加温,能快速均匀提升温度。

(4)自动控制系统。控制系统设备所用空气开关、接触器、热继电器等低压元器件均为法国施耐德产品,该设备具有美观、安装尺寸小、动作可靠等特点,因而还广泛应用于工厂、航空、航天领域。

控制部件(PLC)是采用德国西门子公司的S7-300系统,该系统具有工作可靠、抗干扰能力强、平均无故障时间达10 000h等特点。同时由于采用了具有世界先进水平的Profi-bus总线技术进行通讯控制,这样就可大大减少电缆的连接,提高设备的快速拆卸能力,节约时间、减少员工的工作强度。橡胶沥青生产设备的进油泵、出油泵、锅炉循环泵控制元件则是采用日本三垦变频器,因为根据生产要求电机速度为无级可调。

(5)连续式自动精确配比上料系统。为了对沥青流量和橡胶粉进行精确控制,从而控制产品质量,连续式自动精确配比上料系统由沥青流量计、上料机、皮带秤、抬升机组成。皮带秤设置在上料机之后,消除了物料在上料机中残留所造成的计量误差。抬升机将皮带秤上的物料抬升至搅拌罐的入口,因此通过皮带秤可以对橡胶粉进行准确计量。胶粉计量装置是采用德国申克公司的技术,满足胶粉用量10t/h的要求,该系统动态称量误差≤±0.5%,系统流量控制误差≤±0.5%。沥青计量安装在高速预拌前端,能精确地计量基质沥青的流量。

(6)远程控制系统。橡胶沥青生产设备具有远程监控系统接口,该系统通过企业Intranet网络,可在任何一个部门的工作站上用标准浏览器浏览工厂生产过程,这样可随时查看所有生产信息,便于生产管理部门对现场生产实施监控。

2.移动式橡胶沥青生产设备主要特点

仍以四川正中路面科技公司研发的的移动式橡胶沥青生产设备为例,说明目前我国橡胶沥青生产设备的主要特点:

(1)产量高。针对不同型号拌和楼需要配备不同型号的橡胶沥青生产设备。为使橡胶沥青产量与拌和机生产率相匹配,这种移动式橡胶沥青生产设备分为"1+1"式和"1+2"式两种型号,其中"1+1"式生产设备每小时产量为15t,可同时生产储存30t橡胶沥青,满足2000型及以下拌和机生产需要;"1+2"式生产设备每小时产量为20t,可同时生产储存60t橡胶沥青,满足3 000型及以上拌和机生产需要。

(2)控制智能化与自动化。新一代生产设备采用触摸屏操作方式,因而操作直观、简单方便。除自动化外,同时也保留了手动操作,从而使设备运行更加安全可靠。

(3)升温快速。由于基质沥青一般存储温度最高为150℃,橡胶粉与基质沥青温度要在180℃以上才能有效发生反应,因此该设备具有快速升温装置(图3-4),基质沥青通过该装置,可在30s内温度从150℃提升到180℃,和胶粉融合后快速降温至160℃,从而避免沥青的老化现象。

图3-4 快速升温系统

(4)便于与其他设备连接。在生产橡胶沥青时,所需基质沥青直接从拌和楼基质沥青罐中输进橡胶沥青预拌罐中,在该设备中进行橡胶沥青加工生产,然后将橡胶沥青成品输送到拌和楼专用罐中用于混合料生产。当拌和楼沥青罐数量不足时,或者工程需要橡胶沥青黏度过大时,也可直接通过橡胶沥青生产设备将橡胶沥青直接输送至拌和楼进行混合料生产,而无需经过拌和楼原有沥青储存系统。

(5)集装箱式结构。设备集中安装在集装箱式平板车上,便于转场运输,快速灵活,安装方便。

三、橡胶沥青生产设备工程应用与发展

移动式橡胶沥青生产设备已经在多项工程中得到应用,发挥了重要的作用。例如十天高速公路是国家高速公路网规划中的一条横向联络线,东起湖北省十堰市,西至甘肃省天水市,连接鄂、陕、甘三省,建设里程230km,总投资121亿元。陕西省内约170km,全线采用了1cm厚橡胶沥青应力吸收层+22cm厚沥青层,3000型沥青拌和楼,配备一套1+1移动式橡胶沥青生产设备,橡胶沥青产量为20t/h。该项目于2010年03月开工,当年顺利完成。

又如广东省中山105国道沙朗至古鹤段的路面,全长39.35km,由于长期交通负担过重,路面病害严重。为改善道路通行能力,采用在修补处理后的水泥路面上加铺1cm厚橡胶沥青应力吸收层+4cm厚橡胶沥青混合料罩面。该大修工程采用一台3000型沥青拌和楼,配备一套1+1移动式橡胶沥青生产设备,橡胶沥青产量为20t/h。该项目于2010年6月开工建设,下半年顺利完工。

随着橡胶沥青在道路路面建设中的广泛应用,橡胶沥青生产设备也在应用过程得到不断改进和优化,新一代橡胶沥青生产设备正在向集约化、多样化、自动化及精确化方向发展。由于道路工程的规模不同,对于施工所配备的设备,其生产能力也有不同的要求。在当前我国很多省市为了完善高速公路网,很多道路面临大中修,因此路面中小型改造项目越来越多,由此要求橡胶沥青生产设备向小型化发展,以求满足道路养护及大中修项目需要。然而另一方面,随着交通建设的发展,特别在我国西部地区,高等级公路建设方兴未艾,而随着橡胶沥青的优越性得到普遍的认可,为适应大型道路建设,则需要采用大型化移动式橡胶沥青生产设备,为此大型橡胶沥青生产设备尚有待研发和制造。

随着时代的进步,尤其是自动控制系统技术的不断发展,橡胶沥青生产设备的自动化程度将越来越高,预计不久的将来,完全由电脑全程控制的高度自动化、可视化的生产设备将出现在道路建设中。

第四章　橡胶沥青路面典型结构

第一节　新建道路橡胶沥青路面推荐结构

我国高速公路经过20多年的建设，目前总里程已累计达7万多公里。2008年底为了应对全球性金融危机，我国政府制定了扩大内需的政策。按照这一政策，我国将加快国家高速公路网主骨架建设，基本建成国家高速公路网。“十一五”期间，重点建设“五射两纵七横”共14条路线，到2010年基本建成西部开发8条省际公路通道。长江三角洲、珠江三角洲和环渤海湾地区形成比较完善的城际高速公路网；中部地区建成比较完善的干线公路网，连接东西南北的高速公路通道基本贯通；西部地区公路建设实现与中东部连接。到2020年高速公路里程将超过10万公里，形成国家高速公路网。

我国将加快与高速公路配套的省干线公路建设；加大改造建设力度，提高国省道技术等级、质量和服务水平。发展与国家区域经济相适应的区域间通道，如珠三角、长三角、长株潭、成渝经济区、辽宁沿海经济带、东北经济区。

大力抓好农村道路建设，实施“农村公路建设五年千亿元工程”，确保到2010年全国乡镇基本实现通油路（水泥路），中、东部地区所有具备条件的建制村也都通油路（水泥路），西部地区具备条件的建制村基本实现通公路。

由此可见，在今后的若干年内我国公路建设的任务仍将十分繁重。如何使新建的高速公路沥青路面能够使用长久，采用橡胶沥青铺筑沥青路面是重要的技术措施之一。这是因为大量的实践证明，橡胶沥青路面具有良好的路用性能，能够使路面使用寿命得以大幅度延长。作为高速公路路面结构设计，需要对橡胶沥青混合料的主要力学特性有所了解，其中包括有关橡胶沥青混合料模量等参数。

一、橡胶沥青混合料的模量

按照我国现行的沥青路面设计规范，沥青路面结构厚度设计的主要参数是材料的模量。规范中推荐的模量值是静态模量（回弹模量），但现在也有研究认为应采用动态模量，因此我们需要对橡胶沥青混合料的抗压模量有所了解和评估。但就目前来说，对于橡胶沥青模量的试验研究资料尚不够丰富，有限的资料之间也还存在很大的差异。

在西班牙通常用作磨耗层的沥青混合料是一种间断级配。为测定橡胶沥青混合料模量，其高剂量橡胶沥青混合料油石比约为9%～10%，其他几种沥青混合油石比为5%～6%。用于测试模量的试件是直径为100mm、高为200mm的圆柱体。试件在25.6MPa荷载下静压3min。试验时施加频率为10Hz的荷载，同时记录应变响应。表4-1是试件在不同温度下的动态模量。由表4-1可见，混合料的模量随温度的升高而降低，但橡胶沥青混合料的下降速率相对较缓，这表明橡胶沥青的温度稳定性优于其他沥青材料，这与第二章的结论是一致的。干法橡胶沥青混合料的模量与湿法橡胶沥青混合料基本上在同一水平。然而橡胶沥青混合料与普通沥青混合料相比，后者在低温下（－15℃）的模量比橡胶沥青大，表明低温性能不及橡胶沥青混合料。

橡胶沥青混合料动态模量（MPa） 表 4-1

测试温度（℃）	低剂量橡胶沥青混合料	高剂量橡胶沥青混合料	干法橡胶沥青混合料	AC混合料	SBS 改性沥青混合料
原样混合料					
－15	23 820	21 009	20 350	25 120	25 812
5	12 574	11 507	12 125	14 779	14 259
20	5 656	5 038	5 660	7 174	5 325
40	1 655	2 010	1 809	1 807	1 447
短期老化混合料					
－15	20 892	18 604	17 272	27 314	23 046
5	11 754	11 211	10 581	16 139	14 034
20	5 758	5 364	5 944	7 658	5 586
40	1 601	2 042	1 795	1 888	1 534

交通运输部公路科学研究院对湿法橡胶沥青混合料的动载与静态模量进行过测试。其试验是在 70 号沥青中掺加沥青质量的 10% 与 15% 胶粉。试验的试件尺寸为 10cm × 10cm 圆柱体，试验温度为 25℃。动态试验采用 MTS 试验系统，荷载波形为正弦波，荷载频率 10Hz，采取分级连续加载方式。作为相对比较，同时进行了 SBS 改性沥青混合料的测试，其结果列于表 4-2。

橡胶沥青混合料模量（MPa） 表 4-2

荷载级位（MPa）	AH70 + 10% 胶粉	AH70 + 15% 胶粉	SBS 改性沥青
静态模量			
0.50	562	565	541
0.76	600	599	590
1.01	632	633	639
1.27	657	641	656
1.52	665	635	673
动态模量			
0.50	951	866	959
0.76	997	929	1 013
1.01	1 029	956	1 046
1.27	1 064	1 000	1 080
1.52	1 110	1 043	1 123

对比表4-1与表4-2橡胶沥青混合料的动态与静态模量，可以发现它们之间在数值上存在较大的差异，其原因在于沥青混合料动态模量的数值受试验条件的影响比较大，这些影响包括如试件的尺寸大小、加载的频率、加载力的大小以及加载的方式等，因此动态模量测试结果的波动性较大，相互之间不能简单地加以比较。

鉴于目前我国沥青路面设计规范中的材料模量是按静态模量计算的，而动弹模量与静态模量之间实际上存在着某种关系，壳牌公司曾研究提出沥青混凝土、沥青砂砾、密实式沥青碎石的动载系数 C_M 在1.2~1.6范围内。同济大学许志鸿教授根据室内大量试验结果提出：加载应力为0.7MPa、温度为15℃时，$E_{动态}=1.55E_{静态}$，标准差 $S=0.20$；温度为20℃时，$E_{动态}=1.45E_{静态}$，标准差 $S=0.19$。显然，动载系数平均可近似地取等于1.50，这样可以根据实际所测模量进行动态与静态的转换。

其实最简单的办法，就是在同样条件下进行比较。由表4-1或者表4-2可以看出，在常温或者同样的荷载级位下，橡胶沥青的模量与SBS改性沥青混合料相差不大，因此采用橡胶沥青混合料铺筑沥青路面，在结构层厚度计算上仍与一般路面结构设计计算一样，不受任何影响。

二、高速公路与一级公路路面结构

我国高速公路沥青路面的结构，基本上都是在半刚性基层上铺设三层沥青面层，沥青层的厚度一般在15~18cm范围内。一级公路路面结构多数为双层沥青面层，厚度约8~12cm。许多研究表明，半刚性基层存在缩裂等难以克服的固有缺点，是引起沥青路面早期损坏的主要原因。现在人们逐渐认识到采用沥青稳定类柔性路面是改进路面结构、减少病害、延长路面使用寿命的重要技术措施。同时增加沥青层厚度，也是高速公路路面结构的发展趋势。

国外许多研究认为，鉴于橡胶沥青路面性能的优越性，当采用橡胶沥青路面作为结构层时，可以将沥青面层厚度减半。然而，我们认为虽然橡胶沥青路面具有良好的路用性能，但这是在同样路面结构条件下才显示出来的，如果将结构层减半，其受力状态将发生改变，同时基层的受力状况也将发生改变，尤其是半刚性基层将会在车辆的动荷载作用下发生脆裂而松散。所以为了能真正发挥橡胶沥青路面的优点，我们不主张将其厚度减薄，以达到延长使用寿命的目的。

1. 上面层

目前高速公路与一级公路的上面层主要是连续级配AC-13型沥青混合料或改性沥青混合料，厚度大多为4cm。部分高速公路上面层采用改性沥青SMA混合料，仅很少高速公路上面层采用排水型沥青路面。

连续级配AC型沥青混合料作为高速公路铺面，可以满足一般交通量使用要求，但是在交通量相对较大、重车比例较高的道路则显得服务功能较差，这主要表现在它的抗车辙性能不足，因为这种沥青混合料的动稳定度一般仅1 000次/mm左右。为了提高AC型沥青混合料的抗车辙性能，现在很多高速公路采用SBS改性沥青，使其动稳定度有显著提高，可以达到1 500~2 000次/mm。但由于连续级配的AC型沥青混合料属于悬浮型结构，粗集料相互之间缺乏有效的支撑，因而仅依靠沥青结合料改善是不可能大幅度提高抗车辙性能的。SMA混合料具有良好的综合路用性能，不仅抗车辙性能好，动稳定度可以达到3 000~4 000次/mm，而且低温抗裂性、耐疲劳性能、耐老性也非常良好，同时由于丰富的表面纹理构造，使得路面具有良好的抗滑性，以及降低噪声的良好的性能。

铺筑高速公路上面层，推荐采用以下两种橡胶沥青路面组成结构：

（1）间断级配橡胶沥青混合料 AR-AC-13；

（2）间断级配橡胶沥青混合料 AR-SMA-13。

这两种橡胶沥青混合料所铺装的路面均能获得良好的使用性能。这是因为这两种橡胶沥青混合料，其集料级配构成了粗集料骨架，能够形成良好的支撑，而橡胶沥青结合料的高黏弹性质裹覆在集料表面，并填充其空隙，形成强有力的黏结，使整个橡胶沥青混合料成为骨架密实结构。这种结构使橡胶沥青混合料具有很强的抗车辙性能，良好的低温抗裂性和耐疲劳性能，粗糙的纹理构造使表面摩阻大而抗滑，并使路面增强阻尼而降低噪声。因此采用橡胶沥青铺筑高速公路上面层，其使用性能明显优于其他类型的沥青路面。

2. *中面层与下面层*

许多高速公路的中下面层都是采用连续级配的 AC 型沥青混合料铺设的，很多工程实践表明，尽管上面层采用了改性沥青，但是仍然发现路面很快出现严重车辙。开挖观察发现，上面层厚度没有发生明显的变化，而是中下面层发生明显的变形。因此很多情况下出现车辙的原因是中下面层承受较大的剪切应力，而材料相对软弱所致。

对于半刚性基层沥青路面，沥青面层出现车辙的可能性要比沥青稳定柔性基层大得多。曾有人形象地这样比喻：如果将面团放在软海绵板上擀碾，则面团很难被擀碾成面皮；而在硬砧板上擀碾面团时，很容易将面团擀碾成面皮。可见在半刚性基层上，沥青面层容易被车轮碾压而产生车辙。在目前我国绝大部分高等级公路都是半刚性基层的情况下，提高沥青材料的抗车辙性能就显得格外重要，尤其要重视中面层材料的选择。

理论分析表明，在静力荷载作用下，路面表面位置其剪切应力并不大，而随着深度的增加剪切应力逐渐增大，直至深 8cm 处达到最大值，该位置即为中面层。可见中面层承受着高剪切应力的作用（图 4-1），因而容易产生剪切变形。所以必须重视中面层的材料设计，中面层应该采用性能相对更好的材料。

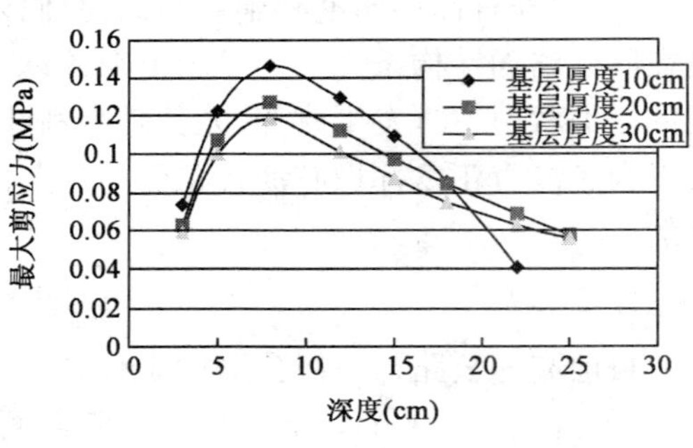

图 4-1　最大剪应力沿深度的变化

图 4-1 还表明，当沿路面深度向下超过 8cm，剪切应力逐渐降低，至 18cm 深度左右其剪切应力降低至 0.1MPa 以下。剪切应力大于 0.1MPa 主要发生在 12cm 深度以内，因此车辙主要可能发生在 12cm 以内沥青结构层中，下层出现车辙可能性相对较小。

作为高等级公路沥青路面的中面层，有以下几种适合的组成结构类型可供选择：

（1）SBS 改性沥青连续级配 AC-20C 型混合料；

（2）SBS 改性沥青间断级配 SMA-20 混合料；

（3）橡胶沥青间断级配 AR-AC-20 混合料；

（4）橡胶沥青间断级配 AR-SMA-20 混合料；

(5)连续级配硬质沥青 AC-20C 混合料。

人们通常将 SMA 混合料用于上面层,而认为不适宜用于中、下面层,这主要是从经济性考虑。其实在国外 SMA 混合料也有用于中、下面层的,如美国在其规范中 SMA 就列有以下几种类型:SMA-25、SMA19、SMA-12.5、SMA-9.5 以及 SMA-4.75,其中前两种类型就是用于中、下面层的。再说由于 SMA 混合料的骨架结构,抗车辙性能强,如果使用橡胶沥青作结合料,可以不用纤维,成本增加不多,而且从提高路面结构性能出发,使用橡胶沥青铺筑 SMA 中面层也是适宜的。为了降低建设成本,又能提高中、下面层的抗车辙性能,采用硬质沥青是一种经济而效果又好的选择,因此这里特别予以推荐。

在国外有些国家很早就注意采用硬质沥青于沥青路面的建设。20 世纪 80 年代初,法国就采用35/50 针入度的沥青拌制不同用油量的 0/14 和 0/20 混合料铺筑沥青路面或基层,而且法国还研究开发了一种高模量沥青混合料(按其定义,其动态模量要大于 14 000MPa),称为 EME 和 BBME,用于道路基层。这种沥青混合料采用硬质沥青,即高模量沥青(High Modulus Bitumen,HMB),按其定义,沥青的动态模量要达到 10kPa 以上,针入度为约 10/20 ~ 15/25(0.1mm)。使用表明,这种混合料具有良好的抗车辙、抗温缩裂缝和抗疲劳等路用性能。1992 年法国出版的设计规范(NF P 98—140 和 NF P 98—141)中,提出了硬质沥青混合料设计方法。现在国内已经成功开发 50 号和 30 号硬质沥青,并首先应用于广东茂湛试验段。表 4-3 是江苏泰州石化总厂研究开发的 30 号与 50 号硬质沥青的测试结果,按照性能分级,它们分别属于 PG76-12 和 PG70-16 等级。2005 年江苏盐通高速一侧 17km 试验段中应用 50 号硬质沥青,证明有较好的路用特性。2008 年江苏在苏锡高速公路无锡段望虞河大桥应用了高模量沥青,他们认为其使用寿命可望延长 50% 左右。

中海硬质沥青主要性能　　表 4-3

试验项目		A-30	A-50
针入度(25℃,100g,5s)	(0.1mm)	28	56
针入度指数 PI		0.139	-0.54
延度　(15℃,5cm/min) 　　　(25℃,5cm/min)	(cm) (cm)	21.3 >100	>150 —
软化点	(℃)	57.5	52.3
动力黏度(60℃)	(Pa·s)	1 610	319
含蜡量	(%)	2.1	1.9
薄膜烘箱试验后			
质量损失	(%)	0.03	-0.03
针入度比(25℃)	(%)	67	69.2
延度(15℃,5cm/min)	(cm)	—	26.5
(10℃,5cm/min)	(cm)	—	6

长沙理工大学刘朝晖教授就中海 A-30 沥青的路用性能进行了试验研究。为了解硬质沥青混合料的性能,曾分别就多碎石沥青混合料 SAC-20、SAC-25 高温性能、低温性能、抗疲劳等

性能进行了测试和分析，同时与SBS改性沥青以及普通A-70沥青混合料性能进行了比较。沥青混合料的高温性能除测试了动稳定度外，还通过单轴贯入试验测试了抗剪强度；低温试验则测试了混合料的极限应变和劲度模量，其测试结果列于表4-4。

由表4-4测试数据看出，动稳定度所测数值明显偏高，但作为相对比较，采用A-30硬质沥青拌制的沥青混合料其动稳定度不仅高于A-70沥青，而且也高于SBS改性沥青，说明采用硬质沥青可以获得良好的高温稳定性。而由单轴贯入试验得到的抗剪强度也表现出同样的规律。硬质沥青混合料的低温极限应变低于2 000，略显不足，但对于低温要求不高的地区来说，则影响甚微。

硬质A-30沥青混合料高温与低温性能　　表4-4

混合料类型	沥青种类	油石比（%）	高温性能		低温性能	
			动稳定度（次/mm）	抗剪强度（MPa）	极限应变（10^{-6}）	劲度模量（MPa）
SAC-20	A-30	4.7	8 164	0.67	1 765	4 423
	A-70	4.4	3 049	0.55	1 804	3 137
	SBS改性沥青	4.6	6 157	0.64	1 910	3 642
SAC-25	A-30	4.9	9 823	0.73	1 759	4 454
	A-70	4.4	2 817	0.46	1 837	3 602
	SBS改性沥青	4.6	6 835	0.57	1 899	3 867

与此同时，为了便于在路面工程设计，根据试验结果还给出了相应的抗压强度、抗压回弹模量和劈裂强度，见表4-5。表中同时列出了A-70与SBS改性沥青混合料的试验结果，以作对照。

硬质沥青混合料力学参数　　表4-5

混合料类型	沥青种类	抗压强度（MPa）	抗压回弹模量（MPa）	劈裂强度（MPa）
SAC-20	A-30	9.6	2 145	1.28
	A-70	8.1	1 609	0.72
	SBS改性沥青	9.5	1 851	0.93
SAC-25	A-30	9.5	2 279	1.27
	A-70	7.4	1 614	0.69
	SBS改性沥青	9.0	1 750	0.88

使用30号或50号硬质沥青铺筑高速公路中、下面层，在我国大部分地区都是适用的，尤其冬季并不寒冷的长江流域和华南地区，许多重载交通道路都是非常适合的。现在江西昌九高速、景鹰高速等公路也有应用，显示出良好的使用效果。

表4-6给出了高等级公路橡胶沥青路面推荐的结构形式。具体的选择与多种因素有关，如：交通量、重载车辆的比例、当地的气候、建设资金、材料供应、施工条件等，所以在表4-6中不再具体说明适应的条件。

高等级公路橡胶沥青路面推荐结构　　表 4-6

	路面结构	A	B
高速公路	上面层	4～5cmAR-AC-13 4～5cmAR-SMA-13	4～5cmAR-AC-13 4～5cmAR－SMA-13
	中面层	5～6cmA-50-AC-20C	5～6cmPM-AC-20C 5～6cmAR-AC-20C
	下面层	6～8cmA-50-AC-25C	6～8cmAC-25C
一级公路	路面结构	C	D
	上面层	4～5cmAR-AC-13 4～5cmAR-SMA-13	4～5cmAR-AC-13 4～5cmAR-SMA-13
	下面层	6～8cmA-50-AC-25C	6～8cmA-70-AC-25C

注:5～6cmPM-AC-20C 中的 PM 表示聚合物改性沥青,一般为 SBS 改性沥青。

由于目前很多高速公路基层还是采用半刚性材料,为了减轻反射裂缝的出现,并形成上下层良好的黏结,宜在半刚性基层上加铺一层橡胶沥青应力吸收层。

三、二级及二级以下公路路面结构

据统计,二级公路占我国公路网的 42%,但承担着繁重的交通运输量。二级公路分为汽车专用二级公路和一般二级公路两种。汽车专用二级公路能适应按各种汽车折合成中型载重汽车 4 500～7 000 辆的年平均昼夜交通量,是连接政治、经济城镇或工业矿区、港口、机场等地的专供汽车行驶的公路。一般二级公路能适应按各种车辆折合成中型载重汽车 2 000～5 000 辆的年平均昼夜交通量,为连接城镇、矿区等地的公路。在我国二级以下公路也占有很大的比例,是连接小城镇和农村的主要道路。

目前二级公路沥青路面其面层的厚度约为 5～8cm,分为上下两层,上面层通常为 2.5～3cm 细粒式沥青罩面,因此作为新建二级公路,橡胶沥青路面结构有以下两种方案可供选择:

(1)方案一。先在基层上铺设橡胶沥青应力吸收层,接着加铺 4cmAC-16,上面层采用 3.0～4.0cmAR-AC-13。该方案适用于交通量相对较大的道路。

(2)方案二。在基层上铺设橡胶沥青应力吸收层,然后上面直接加铺 4～5cmAR-AC-13 或 5～6cmAR-AC-16。该方案适用于一般二级道路。

(3)方案三。在基层上铺设橡胶沥青应力吸收层,然后加铺 4～5cmAC-16,上面再铺设2.5cmAR-AC-10。

对于三级公路及三级以下公路,一般为表面处治类沥青路面,施工方式有拌和摊铺式或喷洒式两种,均可以采用橡胶沥青。

第二节　混凝土路面改造橡胶沥青路面推荐结构

水泥混凝土路面具有刚度大、承载能力强、稳定性好、使用寿命长等优点。20 世纪五六十年代开始修建水泥路面,到 1970 年全国累计有 200km。改革开放以后,随着交通事业的发展,水泥混凝土路面得到大规模应用,铺筑里程迅速增加,到 2009 年全国已累计达 123 万公里。

但是水泥混凝土路面因不可避免地存在伸缩缝,易使路面出现错台、断板等病害,以致造成行车颠簸,影响客货运输的舒适性和安全性。特别当水泥混凝土路面发生损坏而需要维修时,挖除断板再重新浇筑水泥板,严重影响交通,因此破损的水泥混凝土路面有待改造。

水泥混凝土路面改造成沥青路面,现在有两种技术方法:一种是水泥路面破坏不很严重,板块基本完整的情况下,采取直接在水泥路面上加铺沥青路面,这种工艺方法称之为"白加黑"。例如安徽的合(肥)宁(南京)高速公路、合(肥)巢(湖)芜(湖)高速公路都先后采取这种工艺方法改造成沥青路面。水泥路面"白加黑"后一般仍然存在反射裂缝的隐患,后期病害比较多。另一种工艺方法是水泥路面已经严重破损,无法再加以修复,在这种情况下采取将水泥混凝土板块砸碎作为路面基层,然后上面加铺沥青面层,这种工艺方法称之为"白改黑"。浙江多条国道和省道在近几年中采用"白改黑"技术改造,使道路交通状况得到很大的改善,社会各方面的反应良好。而且采取"白改黑"技术处理能彻底解决反射裂缝的问题,后期使用效果非常好。浙江湖州104国道埭溪段水泥混凝土路面2003年11月经"白改黑"改造后,加铺12cm沥青面层,使用7年来路面状况一直处于良好状态。

一、水泥混凝土路面"白加黑"技术

1.旧水泥混凝土板的处理

在加铺沥青面层之前,需要对水泥混凝土板上的病害进行调查,并对使用质量作出评价,然后在此基础上提出处理意见。在路段较长、调查工作量较大的情况下,也可以分成若干段,选择具有代表性路段进行详细的调查和分析评价。调查的重点为:①路面状况指数(*PCI*);②总坏板率*HBN*,具体方法可参见《公路养护技术规范》。

当路面状况指数$PCI \geqslant 70$,总坏板率$<15\%$,可以采取"白加黑"改造方案,否则宜采取将水泥板块作碎石化处理的"白改黑"措施。

对于断裂的板块应作换板处理,或者将断裂板块移走,用水泥稳定碎石填筑并予以充分夯实,上面加铺5cm沥青混合料,或用贫混凝土进行填筑。

对于板块脱空、错台,应通过注浆处理,使板块稳定,恢复平整。检查板块是否脱空,最简单的方法是用弯沉仪测试版边弯沉,并据此提出处理措施,见表4-7。

混凝土板块脱空处理标准 表4-7

评价指标	标准值	处理措施
板角弯沉l（0.01mm）	$l \geqslant 40$	严重脱空,需要换板处理
	$40 > l \geqslant 20$	板底注浆
	$20 > l \geqslant 14$	不用注浆
	$l < 14$	不脱空,无需处理
邻近板之间的弯沉差（0.01mm）	$\geqslant 5$	接缝传荷能力差,注浆处理
	<5	接缝传荷能力好,无需处理

2.裂缝反射机理与防反措施

在水泥混凝土板上加铺沥青面层,反射裂缝是最容易出现的病害。

交通荷载、温度变化及温度梯度的综合作用将在沥青加铺层内产生复杂的周期性弯、拉、剪应力状态。车轮荷载经过接缝或裂缝时对加铺层产生一次弯曲、两次剪切作用,每一次路面位移(张拉和剪切)都使裂缝长度逐渐增加(图4-2)。

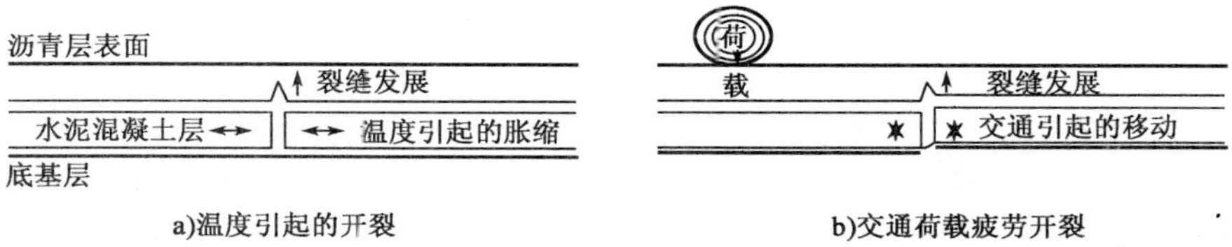

图4-2　反射裂缝产生机理示意图

荷载引起的垂直剪切应力是产生反射裂缝的主要原因。当荷载作用于板缝一侧时,板缝两侧会产生弯沉差,接缝上的沥青加铺层会产生应力集中,其底部在一定范围内有较大的剪切应力和变形。荷载重复作用下,就会产生疲劳裂缝反射上来。对于这种剪切疲劳破坏,可以使用剪应力指标或板缝弯沉差指标予以控制。如美国地沥青协会(AI)规定:沥青加铺层结构在标准荷载(80kN)作用下相邻板块之间弯沉差应小于0.05mm。

研究荷载型反射裂缝产生和发展机理,主要的方法有静力平衡法、断裂力学法和有限元方法等。这里采用静力平衡法计算分析荷载型反射裂缝。

利用接缝处沥青加铺层垂直剪切受力状态分析反射裂缝的发生。接缝处两端的弯沉值为 l_1 和 l_2,两块板之间传荷比率 L_T 等于弯沉比:

$$L_T = \frac{l_1}{l_2} \tag{4-1}$$

轮载为 L_D,则垂直剪切应力为:

$$\sigma_t = L_D\left(\frac{l_1 - l_2}{l_2}\right) = L_D(1 - L_T) \tag{4-2}$$

垂直剪应变 γ 为:

$$\gamma = 2\left[\frac{L_D(1 - L_T)}{E_0 D_0 L_w}\right](1 + \mu) \tag{4-3}$$

式中:L_w——路面宽度;

D_0——沥青路面厚度;

μ——沥青层泊松比。

垂直剪切应变的大小直接影响沥青面层的疲劳寿命,而弯沉差决定了剪切应变的大小。根据上式计算可得到不同弯沉差条件下的剪切应变值,见图4-3。随着弯沉差的增大,剪应变随之增加(图4-4)。

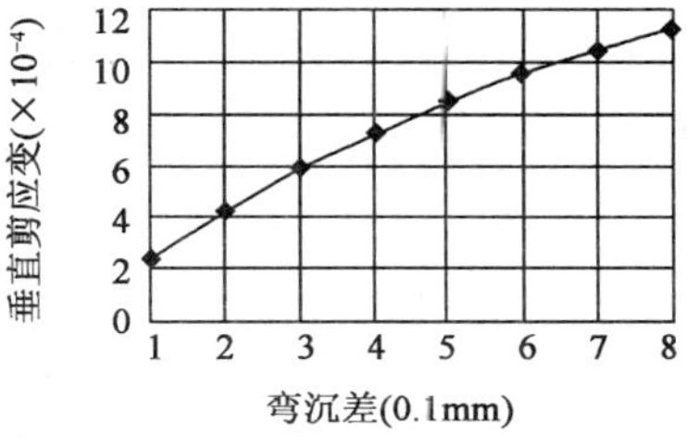

图4-3　弯沉差对垂直剪应变的影响

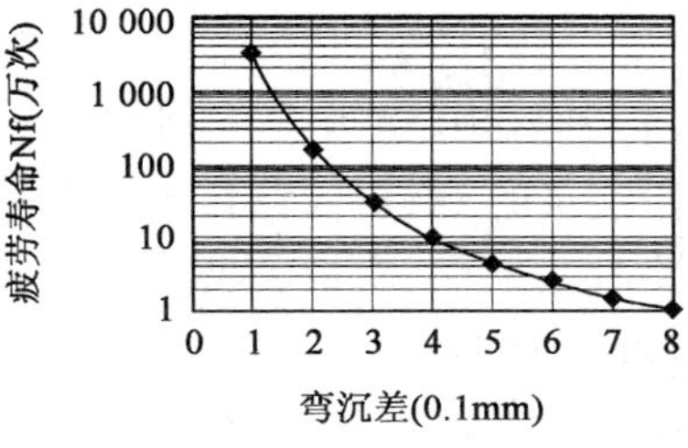

图4-4　弯沉差对疲劳寿命的影响

根据 S. F. 布朗、毛尼斯密斯等人的研究结果，剪切应变与疲劳寿命之间存在以下关系：

$$N_f = k\left(\frac{1}{\varepsilon_r}\right)^n \tag{4-4}$$

通常，对于沥青混凝土可取以下参数，$k=8\times10^{-15}$，$n=5.1$。

显而易见，混凝土板块之间的弯沉差对沥青面层的疲劳寿命有很大影响。当弯沉差为1(0.01mm)时，疲劳寿命约为3 000万次，当弯沉差为4(0.01mm)时，疲劳寿命迅速降低为10万次。因此在沥青路面加铺时应控制板块之间弯沉差，这也是在"白加黑"工程中应首先对板块进行注浆、换板等处理的原因。

为了防止或减轻反射裂缝的出现，在实施"白加黑"时要采取各种防反措施，其中应用最多的方法就是在水泥板块表面粘贴各种类型的织物，如土工布、土工格栅、玻璃纤维格栅等。大量工程实践表明，采取粘贴格栅的使用效果并不尽如人意，这其中主要存在两个问题：

(1)格栅不能与混凝土板块和沥青层形成牢固的黏结，结果该层的存在反而不能使路面结构层形成一个整体，格栅成为滑动面。

(2)格栅不能有效地吸收剪切应力，起不到消散应力的作用。

美国和国内近几年的研究与应用表明，铺设高黏度的橡胶沥青碎石封层，不仅能与上下层形成牢固的黏结，而且它的黏弹性性质能有效地吸收剪切应力，故具有很好的防止反射裂缝的功能。橡胶沥青碎石封层，又称之为橡胶沥青应力吸收层(SAMI)。

3."白加黑"推荐结构

在水泥混凝土路面上采取"白加黑"改造措施，根据交通量的大小、建设资金、施工条件等方面的考虑，可以在表4-8三种方案中加以选择。

混凝土路面橡胶沥青"白加黑"方案 表4-8

结构层	A	B	C
上面层	4～6cmAR-AC-13 4～5cmAR-SMA-13	4cmAR-AC-13 4cmAR-SMA-13	4cmAR-AC-13 4cmAR-SMA-13
下面层	—	5～6cmAR-AC-16	5～6cmAC-16C
防反黏结层	1cmAR-SAMI	1cmAR-SAMI	1cmAR-SAMI
适用条件与特点	适用于一般交通道路，使用效果良好	适用于较大交通量道路，有效防止反射裂缝，使用寿命长	适用于较大交通量道路，有效防止反射裂缝，使用寿命较长，比较经济

目前，表4-8中A型结构得到广泛应用。图4-5为四川正中公司于2007年在江苏340国道金坛段铺筑的14km"白加黑"橡胶沥青路面，该工程竣工后被评为优良工程。图4-6为四川老成渝路改造工程，该路是成都通往龙泉四大主要通道之一，道路原为水泥路面，路面多有损坏，2008年2月加铺1cm厚橡胶沥青应力吸收层+5cm厚间断级配橡胶沥青混合料。改造后道路宽度由原来的双向6车道变成了8车道，有效缓解了老成渝路交通拥堵的状况，提高了道路通行能力，并成为成都一条景观道路。

图4-5　江苏340省道"白改黑"

图4-6　成都老成渝路"白改黑"

二、水泥混凝土路面"白改黑"技术

1. 旧水泥混凝土板块的破碎

当板块破损严重(路面状况指数 $PCI<70$,总坏板率 $>15\%$),且沿线建筑物与居民以及桥涵管线较少的路段宜采取"白改黑"改造技术,也就是将混凝土板块破碎后加铺沥青面层的技术改造方案。现在对于混凝土板块破碎已开发有几种破碎设备,如多锤头破碎机(MHB)、共振破碎机(RM)、冲击压实机(如南非蓝派冲击压路机)、门刀式破碎机等(图4-7)。

a)多锤头破碎机

b)共振破碎机

c)五边形冲击压路机

d)门式打裂破碎机

图4-7　几种混凝土板块破碎机械

根据国内目前工程实践,对于采用冲击压实机和门式打裂破碎机进行混凝土面板破碎的工艺,通常都在上面先加铺20~25cm水泥稳定碎石,既作为补强层又作为整平层,然后上面再加铺10~15cm沥青面层。美国的经验认为,蓝派技术和打裂压稳技术加铺沥青面层,一般在通车前几年不会出现反射裂缝,但是通车5~6年后路面的裂缝数量就迅速增加,而且由于下面是半刚性基层材料，实际上就潜伏着反射裂缝的可能性。所以这种改造方式并不是非常理想。采用多锤头破碎技术或者共振破碎技术，由于将板块彻底破碎，实际上成了碎石基层，因而不再存在反射裂缝潜在危险，所以是最为理想的改造工艺方法。同时由于多锤头破碎机与共振破碎机的振动相对较小，对道路两侧的建筑物影响不大，故即使在某些城镇道路也是适用的，值得推荐采用。

2. 铺筑沥青层

图 4-8　多锤头破碎后的状态

在混凝土板块破碎后（图 4-8），洒布约 3.0L/m^2 乳化沥青加以稳定，同时撒布 5～15mm 小碎石嵌缝，接着用轮胎压路机进行碾压，形成相当于沥青稳定碎石基层。上面加铺 12～18cm 沥青面层。沥青面层采用表 4-9 所列三种组合的结构方案。上面层采用间断级配橡胶沥青混合料或橡胶沥青 SMA，下面层采用 A-50 或 A-30 硬质沥青 AC-25C 混合料，中面层或采用间断级配橡胶沥青混合料，或硬质沥青混合料。

混凝土路面橡胶沥青“白改黑”方案　　表 4-9

结构层	A	B	C
上面层	4～6cmAR-AC-13 4～6cm AR-SMA-13	4cmAR-AC-13 4cmAR-SMA-13	4cmAR-AC-13 4cmAR-SMA-13
中面层	—	5～6cmAC-20	5～6cmAR-AC-20
下面层	6～7cmAC-25C	6～7cmAC-25C	6～7cmAC-25C
适用条件与特点	适用于一般交通道路	适用于较大交通量道路，使用寿命较长	适用于重载交通量道路，使用寿命长

第三节　旧沥青路面改造推荐结构

当沥青路面使用一定年限以后，都会出现结构型损坏而不得不进行大修。尤其是半刚性基层沥青路面，当其半刚性基层发生严重碎裂、松散，以致连同基层都必须一并加以翻修改造。因此旧沥青路面的维修改造根据具体情况有多种结构形式可供选择。为了降低维修成本，节约资源，并且使经过维修改造的沥青路面能够经久耐用，提出的维修方案应考虑以下几点：

（1）通过再生技术充分利用旧有材料，达到降低成本的目的。

（2）原半刚性基层材料宜通过沥青冷再生技术，使之成为沥青稳定基层，而不宜采用无机结合料进行冷再生。

（3）旧沥青路面经热再生后，可以用作沥青路面的基层或下面层。

（4）对于中、下面层应充分考虑其受力状态，尤其是剪切应力，宜采用改性沥青或硬质沥青材料，以提高其抗车辙性能。

目前沥青冷再生技术主要有两种：一种是采用乳化沥青对集料进行稳定，即乳化沥青冷再生技术；另一种是利用沥青发泡技术将集料加以稳定，即泡沫沥青冷再生技术。这两种冷再生技术各有其特点，但都可以进行现场再生和厂拌再生。

一、乳化沥青冷再生技术特点

1. 乳化沥青冷再生性能评价

乳化沥青冷再生技术在国外已经得到广泛应用，国内近年来也在开展研究，并在一些路段铺筑应用。对于乳化沥青再生混合料一般的设计方法很多资料中都有介绍，本书这里不再予以论述，而就其性能评价方法介绍瑞典的一些做法，这些内容比较新颖，可供借鉴。

瑞典在沥青路面维修和改造中广泛应用沥青路面冷再生技术，早在1996年瑞典生产冷拌再生沥青混合料就达60万吨，占瑞典所用全部沥青混合料的18%。现在瑞典国家道路管理局已制订了有关冷再生混合料生产与应用的技术指南，尽管该指南并非是强制性，但对于施工承包商来说却是工作的依据。表4-10列出了该指南一系列技术指标和试验方法，用以评价再生混合料的性能，表中同时列有瑞典阿克苏诺贝尔表面化学有限公司的试验项目和试验方法。

乳化沥青冷再生混合料试验项目　　表4-10

试验项目	检测方法与要求	
	瑞典国家道路管理局	阿克苏诺贝尔表面化学公司
裹覆/拌和试验	手工或机械拌和30s后至少75%裹覆	实验室泥浆拌和机30s后至少85%裹覆
流淌	<0.5%结合料	不作规定
冲洗	洗去压实混合料中结合料<0.5%	未压实混合料清洗后裹覆率>75%
和易性	根据手拌主观判断	Nynas和易性试验
压实	使用搓揉压实仪+静载	使用旋转压实仪
压实性	以最大干密度判别	使用旋转压实仪
养生	材料在试模中72h后移至真空干燥器	试件置于工作台/60℃烘箱
黏结力	维姆黏结试验仪	ISSA黏结试验仪
承载力	回弹模量	回弹模量(NAT)
永久变形	稳定度仪	RLAT(NAT)
压实混合料抗水性	真空饱水后的R值	间接拉伸试验

1）再生混合料的裹覆性

实验室检验再生混合料的裹覆性，是采用一台能拌25kg混合料的泥浆拌和机，先用2%～5%的水将回收料预湿，预湿的程度通过手工拌和试验确定。用拌制混合料的机械拌和30s判别其裹覆性，当混合料摊铺在纸上而水或乳液没有出现明显流淌为度。通过裹覆性试验可以剔除那些破乳太快的乳液，根据经验采用中裂～慢裂的阳离子乳化沥青是比较适宜的。

2）未压实混合料的抗水性

一般乳化沥青混合料在拌和后不久就会破乳,虽形成黏结但会导致混合料硬化。松散混合料抗水性试验的目的在于检验乳液破乳而不会因下雨而被冲洗掉。试验是将混合料冲洗后评定其裹覆性,当裹覆率低于75%则需要加以调整。

3)和易性

和易性试验主要观察混合料是否能顺利地进行摊铺,同时也反映混合料可储存时间的长短。试验是将混合料储存在一封闭的容器中,以防止变干。取10kg混合料放在Nynas和易性试验仪中进行试验。和易性测试是叶片以10mm/s移动时产生的最大阻力,其最大限值为150~170N,这与摊铺机类型有关。如果该值大于100N,则应将叶片的角度加以调整。

4)黏附性

未压实混合料经在烘箱中养生后做简单的水煮法试验,可判断对水的敏感性,以便能够对不好的乳液配方在开始阶段就加以淘汰。虽然有的乳化沥青对回收料有很好的黏附性,但如果添加抗剥落剂,则能有助于增强酸性集料拌制混合料的黏附性。瑞典通常是在乳化前将抗剥落剂加入沥青中,然后再加以乳化。

5)可压实性

再生混合料的可压实性是采用旋转压实仪进行测试的,开有槽口的压实试模能够将多余的水排走,以获得最大的密度。通过试验可以得到旋转压实的目标压实次数或者目标压实密度。

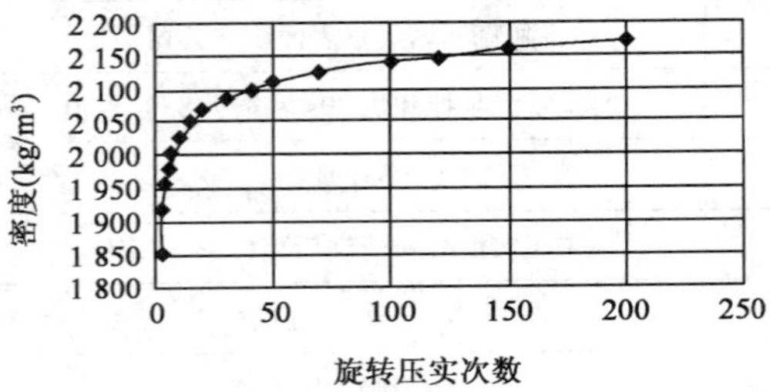

图4-9　旋转压实曲线

试件压实的目标次数大约为215次,根据压实曲线(图4-9)可确定混合料的压实性。200次以后的压实密度作为目标密度。旋转压实35~70次时应达到目标密度的96%。如压实次数小于35次则该混合料属于软弱混合料,无法用振动压路机压实;而如果压实次数大于70次,则该混合料属于强混合料,达到压实度96%的压实次数即作为混合料压实性的指标。压实性与和易性之间有一定的联系,所以有人认为再生混合料在不同阶段的压实性试验也可以作为其和易性的一个度量。

6)黏聚力

再生混合料在施工压实后应能很快形成黏结强度。在现场检测混合料的黏聚力,其方法是将一块钉板压入再生层中,稍稍转动钉板(不使再生层发生破坏),再生层则产生抗力,以转动钉板的扭矩作为再生层抗剪力的度量。阿克苏诺贝尔公司根据这一原理,又研发了名为ISSA黏聚力试验仪,用以测试稀浆封层的黏聚力。如果所测数值太小,则表示所加结合料偏少或乳液固化太慢;若路面要开放交通,则其最小的黏聚力应大于30N·m。

7)承载力

当再生混合料其他试验都合格通过后,可进行承载力试验。取试样养生3天(60℃),利用诺丁汉沥青试验仪进行抗车辙试验,并测定试样的劲度模量;另外进行重复荷载试验。通过承载力试验进一步调整混合料的结合料用量,或调整结合料的黏度。瑞典有些单位要求以间接拉伸强度作为再生混合料抗水性能最终确认的指标,要求浸水后强度不低于原强度的60%。

表4-11是采用三种不同黏度结合料稳定再生混合料的一系列试验结果，反映黏度对混合料性能的影响，所列数据可供参考。

乳化沥青再生混合料性能比较　　表4-11

试验项目		结合料		
		MB2000	MB4000	MB10000
拌和试验				
拌和30s后裹覆率	(%)	95	95	95
冲洗后裹覆率	(%)	95	95	95
水煮法	(%)	>90	>90	>90
应用性试验				
和易性(5min)	(N)	57	87	77
和易性(120min)	(N)	116	107	146
压实性试验				
达到96%压实度的旋转压实次数		64	75	76
旋转压实200次空隙率	(%)	7.7	8.2	8.3
压实试件的黏聚力试验				
空气养生1h后	(N·m)	39	>40	>40
空气养生2h后	(N·m)	>40	>40	>40
承载力试验				
永久变形(20℃)	(%)	4.6	3.2	2.4
劲度模量(10℃)	(MPa)	750	720	1 035
间接拉伸强度(10℃)	(kPa)	435	460	420

2. 乳化沥青再生混合料的强度

乳化沥青冷再生混合料，其强度形成需要较长的时间过程。这是因为它含有较多的水分，只有当水分蒸发后经过压实才能形成强度，因此在施工过程中不能依靠一次压实，而必须经过重复压实才能完成，这是乳化沥青冷再生作为基层施工必须注意的。如果忽略了这一点，再生稳定层被覆盖在下面，水分蒸发、转移时间很长，只有当其水分转移、蒸发后，混合料才能凝固结硬而形成强度，这一过程所需的时间可能要半年甚至一年或两年时间。因此，乳化沥青冷再生基层甚至在施工后几个月后仍有可能不能钻取完整的芯样。

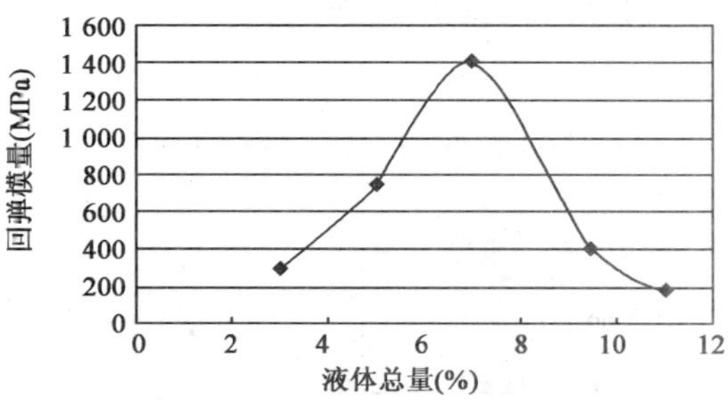

图4-10　乳化沥青再生混合料回弹模量与液体总量的关系

图4-10是乳化沥青冷再生混合料回弹模量与液体总量的关系，液体总量是指乳化沥青与拌和外加水的总和。可见在总量最佳条件下，混合料可获得最大回弹模量。同样混合料间接拉伸强度在接近最佳总量时最高，随着液

体含量的增加拉伸强度降低。

显而易见,当再生基层上面所铺筑的沥青面层厚度越厚,水分排除的速度越慢,再生混合料强度形成的时间也就越长。正因为如此,在试验室对乳化沥青冷再生混合料提出了多种养护方式,以模拟现场施工乳化沥青再生稳定材料强度形成的过程。

然而乳化沥青稳定集料作为路面材料已有多年,使用经验表明,无论试验和现场实践都证明它是一种性能优良的路面材料。德国维特根公司的试验研究也表明,乳化沥青再生材料的劈裂抗拉强度可以达到0.35~0.75MPa,与其他水泥稳定碎石等材料相当。而且由于乳化沥青稳定材料是一种黏弹性材料,即使在荷载作用下出现微裂缝,仍有可能自愈而恢复。而水泥、石灰稳定的半刚性材料,其脆性性质使得它一旦出现裂缝后,就不可能再恢复,因而乳化沥青稳定材料可表现出长久的使用寿命。

二、泡沫沥青冷再生技术特点

泡沫沥青(Foamed Asphalt)冷再生是将回收沥青路面材料用泡沫沥青拌和成混合料,这种再生混合料可以立即使用,也可以储存起来待需要时用于铺筑基层。

泡沫沥青技术在我国是一项新技术。泡沫沥青的形成过程是将少量冷水加入热熔的高温沥青(140~180℃)中,由于水被迅速汽化,使沥青产生大量泡沫并伴随体积膨胀。在这一过程中沥青性质并没有发生化学变化,仅仅是暂时的物理状态变化。泡沫状的沥青表观黏度降低,表面积大大增大,表面张力也随之降低,这些特性使得泡沫沥青能够很好地黏附在湿冷的集料表面,特别是粉尘细集料表面。足够数量的裹覆有沥青细集料形成胶结材料,经过压实就将碎石料相互之间以"点焊"的方式黏结在一起,形成整体和强度。

泡沫沥青工艺方法既可用于旧路改造,也可用于新建道路基层施工。泡沫沥青的用量一般约为集料的3%~5%(重量百分比),当旧路面材料本身含有较多沥青时,其用量则可降低为2%~3%。

泡沫沥青冷再生混合料的力学强度很大程度上与级配有关。这是因为泡沫沥青主要裹覆细集料,并形成高黏度沥青胶浆,通过胶浆将粗集料结合起来形成强度。一般要求通过0.075mm筛孔颗粒的含量(粉料)不小于5%。图4-11~图4-14是三种不同级配混合料的劈裂强度与模量,级配A中粉料达到11%,级配B粉料为5%,而级配C粉料则仅为3%。泡沫沥青的抗压强度与抗压模量不仅与级配有关也还与沥青用量有关,从抗压强度看它存在一最佳沥青用量,约为3%左右。而抗压模量则随沥青用量的增加而降低,这表明由于沥青用量增加使材料的柔性性质增强。

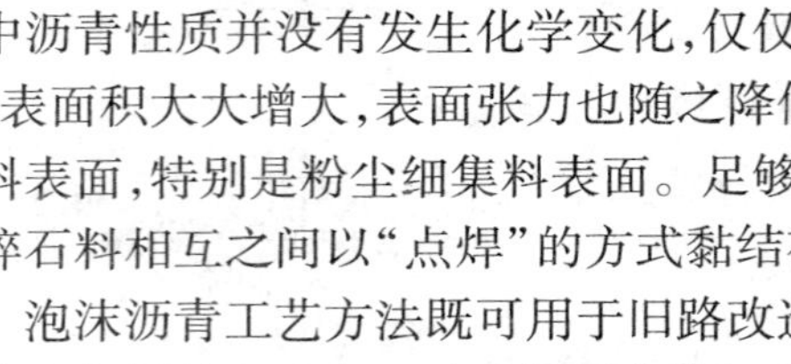

图4-11 不同级配下的劈裂强度

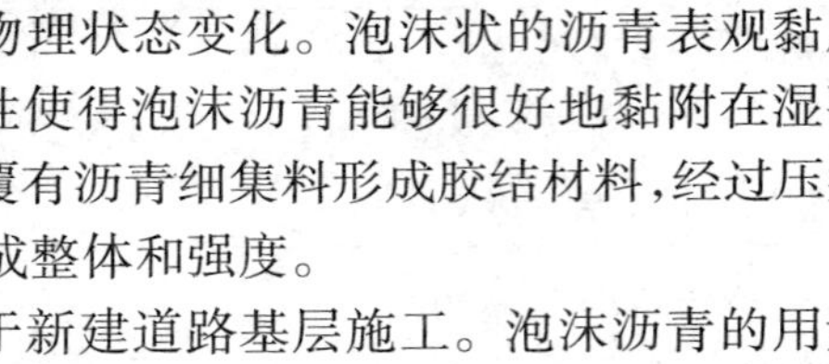

图4-12 不同级配下的劈裂模量

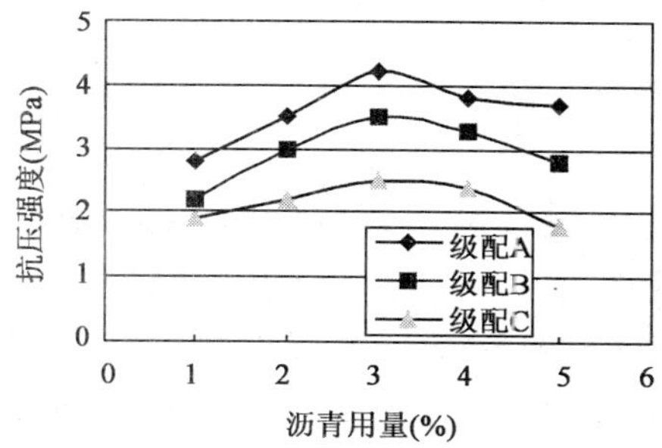

图 4-13　抗压强度与沥青用量的关系

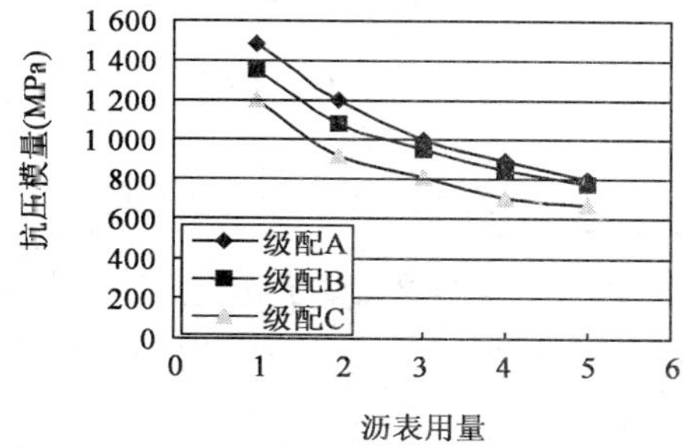

图 4-14　抗压模量与沥青用量的关系

三、橡胶沥青路面推荐结构

应用乳化沥青稳定材料铺筑沥青路面基层，在近年的旧路改造中已逐步得到应用。2003年6月在浙江湖州104国道上铺筑了一段乳化沥青稳定基层，厚度20cm，分两次铺筑，上面加铺12cm沥青面层。该路段使用至今路况良好，无明显车辙、裂缝等病害。江苏沪宁高速公路在扩建改造过程中，先后在镇江、无锡等路段实施了乳化沥青冷再生试验段和实体工程。广东佛山市石南大桥北引道至国道325线连接工程路线长2.2km，车流量较大，其路面结构为：5cmAC-16C中粒式改性沥青混凝土面层，将原13cm中下面层经乳化沥青冷再生，基层直接利用旧路基层。

近年来泡沫沥青冷再生混合料作为沥青路面基层，在很多道路中得到应用。如浙江09省道海宁段，2005年大修采取就地现场再生工艺，铺筑20cm泡沫沥青再生层，上面加铺10cm沥青面层。2006年在湖州01省道6km大修，泡沫沥青再生层厚15cm，上面加铺5cm沥青面层。在浙江国道与省道的大修中，泡沫沥青再生层替代了下面层，从而减薄了沥青面层的厚度。2007年京港澳高速公路河南段，采用厂拌工艺铺筑30cm泡沫沥青再生层，上面加铺10cm沥青面层。在其他省市的高速公路大修中，将泡沫沥青冷再生层用作下面层和基层，相应减薄了沥青面层的厚度。因此泡沫沥青冷再生可以用作高速公路、一级公路和二级公路的沥青面层的基层甚至下面层。

以乳化沥青或泡沫沥青冷再生混合料作为基层或下面层的橡胶沥青路面结构，在已有工程经验的基础上，归纳总结提出以下几种结构方案（表4-12），供工程应用时参考。

沥青冷再生基层（下面层）橡胶沥青路面结构　　表4-12

结构层次	A	B	C
上面层	4AR-AC-13 4AR-SMA-13	4cmAR-AC-13 4cmAR-SMA-13	4cmAR-AC-13 4cmAR-SMA-13
中面层	5～6cmPM-AC-20C 5～6cmAR-AC-20C	—	—
下面层	6～8cmA-50-AC-25C	6～8cmA-50-AC-25C	—
基层	10～25cm乳化沥青冷再生 10～25cm泡沫沥青冷再生	10～15cm乳化沥青冷再生 10～15cm泡沫沥青冷再生	10cm乳化沥青冷再生 10cm泡沫沥青冷再生
适用范围	重交通道路	中等交通	轻交通

第四节　混凝土桥面橡胶沥青铺装

过去桥梁设计人员一般只关注桥梁结构本身的设计，对于桥面铺装未予足够的重视。其实桥面铺装做得好坏，对于桥梁的使用功能和寿命有很大影响。桥面铺装主要的功能在于：①对桥面板起到保护作用，避免桥面板破损；②直接承受车轮荷载作用，提供良好的行车条件。现在随着大型桥梁的建设的增多，人们对于桥面铺装的设计也日益予以重视。桥面铺装设计就是要围绕上述两个功能展开，在这里主要讨论两个方面，一是桥面的防水层设计；二是沥青铺装层本身的设计，有关其他设计，如排水等不予讨论。

一、防水黏结层的设计

桥面防水对于桥面板的耐久性十分重要。雨水侵入桥面混凝土面板，不仅造成面板与沥青铺装层失去黏结而形成滑动面，致使沥青面层滑移损坏，而且水分侵入面板的微裂缝中，长期作用下将促使混凝土风化，钢筋锈蚀，影响面板的使用寿命。因此认真设计与做好桥面的防水层十分重要。

防水黏结层是将防水与黏结两种功能合并在一起的层次。也有分别设置防水层与黏结层的做法。在以前所谓黏结层，往往就是洒布一层乳化沥青或改性乳化沥青，这是起不到防水作用的。

桥面的防水层有多种做法，各有利弊和适用条件，归纳起来大体有以下几种：

(1)防水卷材类。防水卷材的品种很多，如 APP 改性沥青防水卷材、SBS 改性沥青防水卷材、再生胶防水卷材等。防水卷材的胎体也由当初的纸质改进为玻璃纤维、聚酯纤维、黄麻、铝箔等，质量有了很大提高。防水卷材具有较好的韧性，可以承受一定的压力，同时也有较好的抗掺和耐腐蚀性能。为使防水卷材与面板黏结，有的卷材本身涂有黏结剂，称之为自黏性卷材。防水卷材的效果关键在于施工质量，要保证卷材粘贴牢固、平整，这对于大面积施工比较费事、费时。后期的损坏多数是卷材黏结失效而脱落，不仅失去防水作用，而且也会引起沥青铺装层的滑移破坏。

(2)防水涂料类。现在防水涂料品种很多，如环氧防水涂料、聚氨酯防水涂料、改性沥青类防水涂料等。防水涂料有的适合于机械喷洒，有的则适合于手工涂刷。不同品种的涂料其防水性、黏结性以及价格有较大差异。

(3)稀浆封层类。稀浆封层是将专门配制而成的沥青稀浆摊铺在桥面上，待稀浆破乳水分蒸发而固化形成 5～8mm 的封层。稀浆封层常用作路面养护，基层的封层，具有一定的防水作用。

(4)碎石封层类。碎石封层实际上就是一种表面处治，所不同的是现在碎石封层是采用较黏稠的沥青或改性沥青，在热态下喷洒后立即洒布一定规格的碎石材料。碎石封层的优点是施工方便，速度快捷，热沥青能够与桥面板形成牢固的黏结，同时由于沥青洒布量较大而能形成一定厚度，防水效果好。

利用橡胶沥青做封层是根据美国亚利桑那州橡胶沥青应力吸收层（SAMI）的经验而引进的。其做法是将橡胶沥青在高温下按 2.5kg/m^2 左右的量进行洒布，然后立即撒布 9.5～

13.2mm碎石，再用轮胎压路机碾压2～3遍。由于橡胶沥青具有很高的黏度，因而与混凝土面板能够形成良好的黏结，使得它具有很好的防水效果。同时碎石撒布经碾压嵌入，经碾压形成粗糙的表面，使之与加铺的沥青面层构成良好的黏结（图4-15）。与一般沥青或SBS改性沥青碎石封层相比，橡胶沥青用于封层其效果更好，能够起到防水与黏结双重作用，因此特别推荐采用橡胶沥青封层技术。

需要指出的是，无论采用哪一种防水黏结层，在加铺前都必须对混凝土桥面表面的浮浆进行清除。清除的最好办法就是打砂处理，以裸露出碎石为度。

图4-15　橡胶沥青应力吸收层

二、橡胶沥青铺装层

以往很多桥梁的沥青铺装层都采取将道路路面的面层延伸过来的做法。由于混凝土桥面板是刚性的，采取简单的延伸做法很不可取，需要对沥青铺装层进行专门的设计。桥面沥青铺装层应具有良好的抗车辙性能，避免夏季出现推挤壅包，同时一般应是密实结构，防止或减少水的渗入。铺装层表面应具有良好的抗滑性，不致因为桥面有一定坡度而产生滑溜。与其他很多沥青混合料相比，采用橡胶沥青铺筑桥面铺装是最为理想的选择。其结构可以采用间断级配橡胶沥青混合料或者橡胶沥青玛蹄脂碎石（SMA）。

根据交通量的大小和交通性质，桥面的沥青铺装层可以铺筑成单层或双层结构。单层沥青层的厚度宜不小于5cm，双层铺装的厚度也不宜大于10cm。对于双层沥青铺装，为了便于备料和施工，上、下层沥青混合料不一定要采用上细下粗两种类型，而可以采用相同的组成结构。例如上海卢浦大桥，就是双层SMA-10，总厚度为7cm，使用至今已经有7年时间仍处于良好状态。铺装厚度设计时不宜设计得太厚而增加桥梁上部的自重，增加桥梁支座的负担。同时对于双层铺装，要求特别重视下层的质量，今后维修时只需将上面层铣刨，而保留下层铺装层。

混凝土桥面板往往高低不平，根据经验不宜采用沥青砂进行整平，否则这层整平层将成为引起桥面破坏的根源。由于采用间断级配橡胶沥青混合料或橡胶沥青SMA，它们都是属于骨架型密实结构，并且它们的松铺系数很小，一般仅为1.1，所以可以直接摊铺，压实后所产生的不平整度非常小，不影响行车的舒适性。

表4-13为混凝土桥面橡胶沥青铺装推荐结构，设计者可以根据桥梁的具体情况选择应用。

混凝土桥面橡胶沥青铺装推荐结构　　表4-13

结构层次	A	B	C	D
上层铺装	5～6cmAR-AC-13	5～6cmAR-SMA-13	4cm AR-AC-13	4cmAR-SMA-13
下层铺装	—	—	4～5cm AR-AC-13	4～5cmAR-SMA-13
防水黏结层	1cmAR-SAMI	1cmAR-SAMI	1cmAR-SAMI	1cmAR-SAMI

对于大型钢桥桥面铺装，由于钢板的导热性不同于混凝土，表4-13推荐结构可能并不适用，需要另做专门研究，尤其是防水黏结层。

第五章　间断级配密实结构橡胶沥青路面

第一节　间断级配橡胶沥青路面的结构

长期以来，沥青路面绝大部分都是采用的连续级配，粗集料比例相对较少，而细料与矿粉相对较多，混合料形成悬浮结构。这种悬浮结构的沥青混合料其矿料间隙率小，因而混合料的空隙率也小，路面密实而不透水，这种级配也就常常被人们称之为密级配。早年富勒（W. B. Fuller）、泰波（A. N. Talbal）等人研究的最大密实级配理论，就是连续级配理论。按连续级配理论配制的沥青混合料具有强度高、耐疲劳性能好等优点，故长期以来得到广泛应用。

随着交通的发展，道路交通量大大增加，轴载增大，车辆行驶更加渠化，连续密实级配沥青路面的缺点渐渐凸显出来，主要表现为高温稳定性差，易出现车辙等病害，低温下易出现收缩开裂。聚合物改性沥青如 SBS 改性沥青的应用，使得这种混合料性能得到一定程度的改善，但是应用橡胶沥青改善的效果并不明显，路面照样出现开裂，而且增加橡胶沥青用量时，仍会出现车辙等病害。其原因在于连续密级配的矿料间隙率小，而橡胶沥青黏附在集料表面的油膜厚，较小的间隙率容纳不下较多的橡胶沥青，尤其是当采用较粗的胶粉配制的橡胶沥青。研究和实践表明，使用橡胶沥青铺筑路面必须采用开级配或者间断级配，因为开级配与间断级配较大的矿料间隙率可以容纳较多的橡胶沥青。

开级配是指不同粒径按一定比例所组成的集料，所形成的矿料间隙比较大，在一般沥青用量条件下剩余空隙率仍可以达到 15% 以上，使沥青混合料形成空隙结构。但是如果当沥青用量足够大，以至使剩余空隙率在 7% 以下，甚至更小，形成不透水的密实结构。传统概念上的开级配，实际上是指前者，因而简单地称开级配是不能区分混合料的结构状态。因为级配是指集料的颗粒组成，而结构才能表明混合料的真实状态，它可能是空隙状态，也可能是密实状态。

间断级配是指在集料组成分布上有一个或几个粒径缺失或数量明显较少（主要是细料），粗集料相对较多，能形成石 - 石接触状态，同时形成的空隙率也比较大。在一般沥青用量条件下，剩余空隙率比较大而形成空隙结构；但当沥青用量比较大时，则剩余空隙率可在 7% 以下，形成不透水的密实结构。

橡胶沥青在美国亚利桑那州得到广泛应用，所铺路面大多采用间断级配。级配中细集料很少，所以能形成很大的矿料间隙率，而且基本上不用矿粉，依靠填充橡胶沥青形成密实结构，因此橡胶沥青的含量常常很高。

美国加利福尼亚州交通局同样认为，由于密级配混合料空隙空间不足，而不能充分容纳橡胶沥青，使混合料性能得不到应有的改善，因此不推荐将橡胶沥青用于密级配混合料。加州常将间断级配或开级配的橡胶沥青混合料用作混凝土路面的养护与维修罩面，因为它具有良好的抗反射裂缝的能力，并且也具有足够的抗车辙性能和优良的耐久性能。这种间断级配橡胶沥青混合料最小厚度为 30mm，最大厚度为 60mm。表 5-3 列出了加州间断级配橡胶沥青混合料空隙率的要求。显然对于间断级配的橡胶沥青混合料是设计成密实结构，而且交通量越轻，空隙率要求越小，混合料越密实。他们研究认为，间断级配橡胶沥青混合料可在很宽交通量范围的道路上使用，无论旧路罩面或新建路面，而且适合在城市道路的交叉口使用。间断级配橡胶沥青混凝土在路面中可以起到结构层的作用，并且当将它替代密级配沥青混合料时可以将厚度减小。对于是否要减小厚度，笔者以为其实没有必要，因为减小厚度实际上使它优良的功能不能充分发挥，因此减小厚度的做法并不可取。

近几年国内学习美国的经验，铺筑橡胶沥青路面，且主要采用间断级配，使用较多的沥青含量，使混合料形成密实结构，所铺路面既不渗水，又能保证足够抗车辙、抗滑性和抗裂性，同时路面还具有良好的耐久性，取得了很好的路用效果。现在这种间断级配的橡胶沥青路面已得到广泛应用，尤其是在旧水泥混凝土路面改造中，经“白加黑”处理效果尤为显著。

第二节　间断级配橡胶沥青混合料设计

一、材料

1. 橡胶沥青

用作配制橡胶沥青的胶粉，宜采用常温切削磨细轮胎胶粉，且宜选择天然胶含量较高的货车轮胎胶粉。关于胶粉的细度，根据美国 ASTM D8 对橡胶沥青的定义，按照 McDonald 湿法制备的要求，胶粉的粒度应较粗，通常为 1 ~2mm，也即为 20 目以下。但是过粗的胶粉在热沥青中存在易沉淀的问题，而粒度太细，如 80 目，则胶粉成本较高，橡胶沥青的弹性性质较差，为此胶粉粒度一般宜控制在 30 ~40 目范围内，美国 ASTM 定义可以作为参考，而不必过分拘泥于它的定义。

胶粉添加的剂量需要比较高，以便橡胶沥青能形成比较高的黏度，从而具有良好的高温稳定性。这是因为间断级配混合料不用或少用矿粉，结合料是直接填充在空隙中，如果橡胶沥青本身热稳定性不好，它的用量又大，则在高温季节必将会造成严重的泛油。按照美国的经验，要求胶粉的剂量占总质量的 20% 左右，如换算成外掺则达到 25% 左右。胶粉的剂量应该与橡胶沥青要求的黏度有关，对此不同地区应该有所差别。作为用作铺设间断级配密实结构的橡胶沥青来说，需要采用黏度较大的橡胶沥青。有关橡胶沥青的技术要求详见第二章。四川正中路科所配制的橡胶沥青大体上相当于 PG64-16 等级，其弹性恢复则比亚利桑那州的标准高出很多，因此所生产的橡胶沥青适应范围更广。

2. 集料

由于间断级配橡胶沥青混合料中以粗集料为主，细集料相对较少，粗集料形成石—石接触，这样它在荷载作用下相互形成嵌挤，因此粗集料碎石要求采用质地相对比较坚硬的岩石，如玄武岩、辉绿岩、闪长岩、花岗岩等岩石轧制的碎石。

关于粗集料碎石的质量标准，可以参阅《公路沥青路面施工技术规范》所列的标准。其中要特别注意的是控制集料的颗粒形状，应避免使用针片状颗粒含量高的碎石。因为针片状颗粒在车辆荷载作用下易发生断裂破碎，在路面内部产生缺陷。

细料集料宜采用碱性岩石轧制的集料，以提高混合料的水稳性。细集料最好能专门轧制，也就是所谓机制砂,而尽量不采用岩石在轧制过程中产生的石屑,因石屑很多为剥落的薄片,非常容易破碎而影响混合料性能。

二、橡胶沥青混合料配合比设计

1. 集料级配

美国亚利桑那州是应用橡胶沥青最多并最为成功的州之一,其间断级配橡胶沥青路面的级配如表5-1所示。由表5-1可见,亚利桑那州采用的级配细集料很少,2.36mm以下的细粒料仅占18%左右,集料主要为2.36mm以上的粗粒料组成,这一点与SMA级配相似,但是它基本上不用矿粉,这与SMA级配又有很大的区别。

美国亚利桑那州橡胶沥青混合料间断级配　　表5-1

筛孔(mm)	19	12.5	9.5	4.75	2.36	0.075
	3/4in	1/2in	3/8in	4目	8目	200目
通过率(%)	100	80~100	65~80	28~42	14~22	0~2.5

美国加州橡胶沥青混合料也推荐采用间断级配,见表5-2。同时我们从表5-3中可以看出加州橡胶沥青混合料其空隙率都很小,属于密实结构。

美国加州橡胶沥青推荐间断级配　　表5-2

筛孔(mm)	25	19	12.5	9.5	4.75	2.36	1.18	0.6	0.075
	1in	3/4in	1/2in	3/8in	4目	8目	16目	30目	200目
RAC-G19	100	95~100	83~87	65~70	33~37	18~22	—	8~12	2~7
RAC-G12.5	100	100	90~100	83~87	33~37	18~22	—	8~12	2~7

美国加州间断级配橡胶沥青混合料空隙率要求(%)　　表5-3

交通指数	山区	山谷	海滨	沙漠
0~6	3.0	3.0	3.0	3.0
6~10	3.0	4.0	4.0	4.0
>10	4.0	5.0	5.0	6.0

近年来国内就橡胶沥青开展很多研究,有些单位就橡胶沥青混合料提出了推荐的级配。2008年12月交通部公路科学研究院编写出版了《橡胶沥青及混合料设计施工技术指南》,其中关于湿拌法橡胶沥青混凝土[ARHM(W)]密级配参考级配范围列于表5-4。按指南所述,表5-4的级配也是间断级配,但看起来基本上与多碎石SAC的级配差不多,也与SMA级配近似。

美国亚利桑那州橡胶沥青混合料的集料级配是间断级配(表5-1),为我国很多橡胶沥青工程单位所采用。但该级配具体断在什么筛孔尺寸上,似乎难以看出来,因为在整个级配曲线上还是连续的。有人认为该级配不用或少用矿粉,所以是断在0.075mm以下粒径。对间断级配的这种理解,实际上是误解。如前所述,间断级配是指在集料组成分布上有一个或几个粒径缺失或数量明显较少(主要是细料),粗集料相对较多的级配,而且在很多情况下都是一个或几个细料粒径的数量大为减少,但往往并非完全没有,还是有那么一点点。正是因为有那么一点点，所以在级配曲线上还是连续的，这就给人们造成了误解，以为还是连续级配，但实际上因为细料数量格外的少，凸显出粗集料多，而形成石—石接触，成为骨架结构，与传统形成悬浮结构的连续级配明显不同，为此将这样的级配归属于间断级配的范畴。

湿拌法橡胶沥青混凝土[ARHM(W)]密级配参考级配　　表5-4

筛孔(mm)	ARHM20(W)	ARHM16(W)	ARHM13(W)	ARHM10(W)	ARHM7(W)	ARHM5(W)
26.5	100					
19	90~100	100				
16	77~88	95~100	100			
13.2	64~76	77~85	95~100	100		
9.5	47~59	54~64	62~71	95~100	100	
7.2	—	—	—	56~66	95~100	100
4.75	25~35	25~35	25~35	25~35	58~68	95~100
2.36	18~27	19~28	20~28	20~28	25~35	25~35
1.18	14~21	15~22	15~23	15~23	19~28	19~28
0.6	10~17	11~18	12~19	12~19	15~22	16~23
0.3	7~13	9~14	10~15	10~15	12~18	13~18
0.15	5~10	7~11	8~12	8~12	9~14	10~15
0.075	4~8	5~9	6~10	6~10	7~11	8~12

学习美国间断级配橡胶沥青路面的经验，结合自己的工程实践，国内一些单位对级配作了修改，如四川正中路面科技公司与江苏省交通科学研究院将AR-AC-13间断级配用于上面层，见表5-5。

四川正中路科等单位推荐的橡胶沥青混合料间断级配AR-AC-13　　表5-5

筛孔(mm)		16.0	13.2	9.5	4.75	2.36	0.075
正中路科		100	90~100	45~65	12~32	8~18	0~3
江苏交院	I	100	90~100	60~80	28~42	12~22	0~3
	II	100	90~100	50~70	18~30	10~22	0~5

由表5-5可见，从级配线来看，似乎还是连续的，但是2.36mm以下的细料都很少，所以所谓间断级配，就是指这些细料部分缺失或很少，故称之为间断级配。江苏交院于2005年提出I型级配，为了进一步提高橡胶沥青混合料粗集料的间隙率，以容纳更多的橡胶沥青，于2009年又提出II级配，可以看出II型比I型细料更少，但矿粉略有增加。现在看起来对于橡胶沥青混合料，采用间断级配已经成为大家的共识，但是在如何控制粗细集料的比例，还是有不同的认识和做法。

广东张泽鹏等人在兴畲高速公路上铺筑橡胶沥青路面，对于上、中、下面层三种级配，均采用密实断级配，并采用矿料主骨料空隙体积填充法确定粗细集料的配合比例。其方法基本思路是根据主骨架空隙率以及橡胶沥青混合料设计目标空隙率，来确定细集料及矿粉和沥青的用量，使细集料体积、矿料体积、沥青体积以及橡胶沥青混合料的目标空隙体积的总和等于主骨架空隙体积，以保证粗集料的矿料堆积嵌挤形成骨架密实结构，具体确定方法如下：

(1)根据泰波公式或经验确定主骨料和细集料的级配组成,其计算公式为:

$$P = \left(\frac{d}{D}\right)^n \times 100 \tag{5-1}$$

式中:P——集料中筛孔尺寸为 d 的颗粒通过百分率(%);

d——集料中某颗粒的筛孔尺寸(mm);

D——集料中的最大粒径(mm);

n——级配指数,$n=0.45$。

(2)根据所确定的主骨料级配组成,将粗集料混合在一起,按规范测定粗集料的毛体积密度 ρ_b 和骨架捣实状态下堆积密度 ρ,按下式计算捣实状态下粗集料骨架间隙率 VCA_{DRC}。

$$VCA_{DRC} = \left(1 - \frac{\rho}{\rho_b}\right) \times 100 \tag{5-2}$$

(3)分别按规范测定各档粗集料的表观密度 ρ_{ac} 和毛体积密度 ρ_{bc}、细集料的表观密度 ρ_{af}、矿粉密度 ρ_f 以及沥青密度 ρ_a。

(4)根据已有工程经验初步确定矿粉用量 q_p 和沥青用量 q_a,再根据上、中、下沥青面层的不同功能要求,确定沥青混合料的设计目标空隙率 V_v,例如上面层设计目标空隙率为5.0%,中、下面层设计目标空隙率为4.0%。

(5)将式(5-3)和式(5-4)联立,求解粗集料用量 q_c 和细集料用量 q_f。

$$q_c + q_f + q_p = 100 \tag{5-3}$$

$$\frac{q_c}{100 \times \rho}(VCA_{DRC} - V_V) = \frac{q_f}{\rho_{af}} + \frac{q_p}{\rho_f} + \frac{q_a}{\rho_a} \tag{5-4}$$

(6)根据确定的粗集料、细集料、矿粉组成比例,确定矿料级配组成列于表5-6和图5-1。

广东兴畲高速公路橡胶沥青混合料级配 表5-6

级配类型	通过下列筛孔(mm)质量百分率(%)											
	26.5	19	16	13.2	9.5	4.75	2.36	1.18	0.6	0.3	0.15	0.075
RAC-13	100.0	100.0	100.0	96.4	70.5	32.2	22.7	16.3	10.8	8.0	6.5	5.4
RAC-20	100.0	95.6	86.8	70.7	48.8	26.3	20.9	15.6	10.9	8.0	6.0	4.4
RAC-25	94.5	69.7	63.9	56.9	45.6	27.3	21.8	16.2	11.4	8.3	6.2	4.6

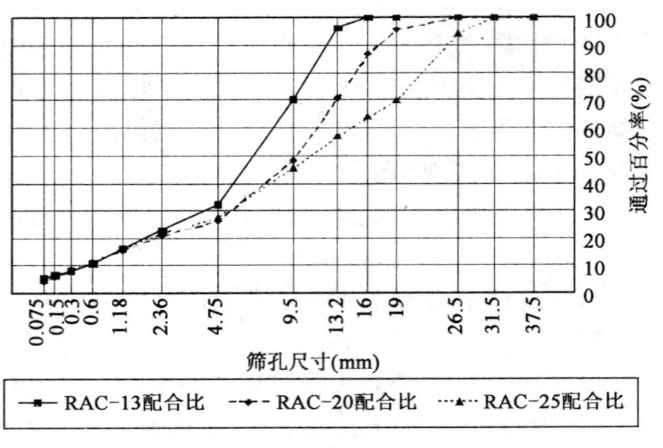

图5-1 广东兴畲高速橡胶沥青试验路级配

看来根据各人理解的不同,集料级配的粗细还是有所差别,就以公称最大粒径为13.2mm来说,其粗细集料的分界粒径2.36mm,通过率可以在10%~28%范围内变化。由此可见,对于间断级配橡胶沥青混合料,其级配应根据自己的工程经验进行设计。但是可以肯定的是,如果细料越少,不用或少用矿粉,则粗集料间孔隙率越大,为了使混合料达到密实,则橡胶沥青的用量就越大,相应成本也越高,同时从保证混合料热稳定性考虑,也就要求橡胶沥青具有较高的黏度,胶粉掺量也要大。如果要减少粗集料空隙率,则必然要增加细料比例,并适当增加矿粉用量。然而实践证明,橡胶沥青用量大一点,虽然成本是增加了,但也带来长久的好处,即路面的耐疲劳性能明显增强,使用寿命延长,这样周期费用可能并不高,最后可能比橡胶沥青用量少的路面反而合算。

2.橡胶沥青用量的确定

确定橡胶沥青用量的基本方法,还是通过测定橡胶沥青混合料的体积参数,并辅助其他指标加以确定。试件成型目前仍采用马歇尔试件,即击实成型试件的方法,锤击次数两面各75次。交通部公路科学研究院编写的《橡胶沥青及混合料设计施工技术指南》中甚至认为,对于重载交通路段,用于表面层的密级配混合料的击实次数可提高到100次。

橡胶沥青混合料由以下几部分组成,各种材料所占比例之和应等于100%,即

$$P_{ca} + P_{fa} + P_{fi} + P_B = 100\% \tag{5-5}$$

式中:P_{ca}、P_{fa}、P_{fi}、P_B——分别为粗集料、细集料、矿粉以及橡胶沥青结合料所占的质量百分率(%)。

根据沥青混合料骨架密实原理,粗集料构成沥青混合料的骨架,细集料和矿粉以及橡胶沥青填充粗集料所构成的空隙,但不将粗集料的骨架撑开,形成含有一定空隙的混合料,它们之间呈如下关系式:

$$\frac{P_{ca}}{GCA_{\mathrm{DRC}}} \times (VCA_{\mathrm{DRC}} - V_a) = \frac{P_{fa}}{G_{b,fa}} + \frac{P_{fi}}{G_{b,fi}} + \frac{P_B}{G_B} \tag{5-6}$$

$$VCA_{\mathrm{DRC}} = 1 - \frac{GCA_{\mathrm{DRC}}}{G_{b,ca}} \tag{5-7}$$

式中:GCA_{DRC}——粗集料的干捣实密度(g/cm^3);

VCA_{DRC}——干捣实粗集料空隙率(%);

V_a——橡胶沥青混合料设计空隙率(%);

$G_{b,ca}$——粗集料毛体积密度(g/cm^3);

$G_{b,fa}$——细集料毛体积密度(g/cm^3);

$G_{b,fi}$——矿粉表观密度(g/cm^3);

G_B——橡胶沥青密度(g/cm^3)。

上述方程中有P_{ca}、P_{fc}、P_{fi}以及P_B四个未知数,将式(5-5)与式(5-6)联立,理论上不存在唯一解。实际上由于级配已经按照推荐的级配范围,如表5-5或表5-6确定,这样P_{ca}、P_{fc}、P_{fi}也就确定了,无需通过方程联立求解。

根据经验初步拟定橡胶沥青用量后,可以根据上述公式检验判断混合料是否符合骨架密实结构。根据初步拟定的橡胶沥青用量成型马歇尔试件,测试试件的体积参数,再检验空隙率V_a是否设计要求。

橡胶沥青混合料初步设计完成后，需要通过谢伦堡析漏试验、肯塔堡飞散试验检验橡胶沥青用量是否合适。在橡胶沥青用量确定后，成型试件再进行抗车辙试验、冻融劈裂强度比试验。当这些指标都能满足要求后即可认为完成了设计。

3. 橡胶沥青混合料技术要求

亚利桑那州对于橡胶沥青混合料技术要求列于表5-7。由表5-7可见，橡胶沥青混合料的空隙率要求为4.5%~6.5%。也就是说，要求橡胶沥青摊铺压实是能够防止雨水渗入路面的，因此要求橡胶沥青混合料是一种密实结构，由此进一步说明，尽管集料级配是开级配或间断级配，当使用橡胶沥青时它既可以配制成空隙型结构混合料，也可以配制成密实结构型混合料，这是与使用普通沥青不同之处。

亚利桑那州橡胶沥青混合料技术要求 表5-7

材　料	项　目	要 求 值
碎石材料	石料密度(g/cm^3)	2.35~2.85
	吸水率(%)	0~2.5
	砂当量(%)	≥55
	洛杉矶磨耗率(%)	100圈，≤9；500圈 ≤40
	填料类型	消石灰或水泥
	破碎面(%)	≥95
橡胶沥青结合料	空隙率(%)	5.5±1.0
	结合料含量(%)	5.5~9.5
	矿料间隙率(%)	≥19
	沥青吸收率(%)	0~1.0

由于目前我国橡胶沥青在道路上的应用尚处于初级阶段，各地做法有较大的差异，需要不断改进与总结，故目前我国尚没有全国统一的橡胶沥青路面技术规范和标准。不过现在有些单位已根据自己研究和工程实践经验提出了初步标准建议，其中有的内容比较全面，有的相对比较简单，仅有主要技术标准，现列举如下：

(1)交通运输部公路科学研究院编写的《橡胶沥青及混合料设计施工技术指南》中，关于橡胶沥青混合料的技术要求，分别不同交通量、气候条件列出。其中关于密级配橡胶沥青混合料马歇尔试验技术指标列于表5-8。

交科院密级配橡胶沥青混合料技术指标 表5-8

技 术 指 标	单　位	技 术 要 求
击实次数	(次)	75
稳定度(流值为3mm)	kN	≥7
设计空隙率 V_a	%	3~5
沥青饱和度 VFA	%	70~85

鉴于橡胶沥青混合料特殊的黏韧性特点，在马歇尔试验时会出现流值不断增大，稳定度不断上升以至于没有峰值的现象，于是该指南规定当流值为3mm时所对应的马歇尔稳定度作为

其度量值。对于设计空隙率，当用于表面层时中粒式混合料设计空隙率宜为4%，细粒式则宜为5%。测试混合料试件的毛体积密度要求采用蜡封法。矿料间隙率根据公称最大粒径的不同，也与设计空隙率有关，当设计空隙率为4%时，*VMA*要求值列于表5-9。

橡胶沥青混合料矿料间隙率要求值　　表5-9

公称最大粒径(mm)	20	16	13.2	9.5
VMA　不小于	13	13.5	14	15

显然，该指南所提出的矿料间隙率*VMA*要求值适合于悬浮式连续密级配，而不适合间断式级配，这一点只要对照现行沥青路面施工技术规范表5.3.3-1就可以看得清楚。

关于橡胶沥青混合料的高温稳定性要求，该指南按照交通等级进行了分类，以车辙试验为技术指标，并按照现场压实度的标准成型试件，具体技术要求列于表5-10。

橡胶沥青混合料高温性能要求　　表5-10

交通量等级	技术指标	层位		
		上面层	中面层	下面层
轻交通	动稳定度(次/mm)	2 000	1 200	800
	相对变形(%)	15	15	20
中等交通	动稳定度(次/mm)	2 500	1 500	1 000
	相对变形(%)	10	10	15
重载交通	动稳定度(次/mm)	3 000	2 000	1 500
	相对变形(%)	5	10	10
特重交通	动稳定度(次/mm)	4 000	2 500	2 000
	相对变形(%)	3	5	10

表5-10所列动稳定度与相对变形的要求，虽考虑了交通荷载的条件，但还是不够全面的，温度对沥青混合料的抗永久变形能力有极大的影响，该指南没有考虑不同气候区温度条件。另外指南对于中下面层的动稳定度要求都较上面层有所降低，但很多研究已经发现，路面中的最大剪切应力不是出现在上面层，而恰恰出现在中面层，所以对中面层材料的抗车辙性能不应该降低要求，对此采用该标准时尚必须予以足够的注意。

该指南对于橡胶沥青混合料水稳性的技术要求，考虑了不同的气候条件的影响，具体指标包括残留马歇尔稳定度和冻融劈裂强度比，见表5-11。

橡胶沥青混合料水稳性检验技术要求　　表5-11

年降水量(mm)	>1 000	500~1 000	250~500	<250
气候分区	潮湿区	湿润区	半干区	干旱区
残留马歇尔稳定度(%)	>85	>85	>80	>80
冻融劈裂强度比(%)	>80	>80	>75	>75

对于密级配橡胶沥青混合料的低温性能技术要求，该指南根据年最低气温划分的气候分区来确定，并以弯曲试验的破坏应变指标加以评定，其技术要求见表5-12。

橡胶沥青混合料低温破坏应变技术要求　　表 5-12

年极端最低气温(℃)	< -37.0	-21.5 ~ 37.0	-9.0 ~ -21.5	> -9.0
气候分区	冬严寒区	冬寒区	冬冷区	冬温区
弯曲破坏应变(με)不小于	3 000	2 800	2 500	2 500

此外该指南对于用作上面层的橡胶沥青路面的构造深度还规定不小于 0.65mm,渗水系数不大于 100mL/min。

(2)2005 年 11 月,江苏省交通科学研究院中心实验室提出了《断级配橡胶沥青混合料(AR-AC-13)施工指南》。该指南就上面层间断级配橡胶沥青混合料 AR-AC-13 规定了马歇尔技术标准。2009 年江苏交院在总结几年实践经验的基础上,又对该技术标准进行了修改,见表 5-13。其中对马歇尔稳定度和流值不予要求,并且在进一步改进级配减少细料的情况下,将矿料间隙率提高到大于 20%,增加了混合料的骨架结构的检验,此外对橡胶沥青混合料的抗车辙性能和低温抗裂性能也提出了更高的要求。

江苏交院橡胶沥青混合料技术标准　　表 5-13

技 术 指 标	单　　位	2005 年技术要求	2009 年技术要求
击实次数	次	75 × 2	75 × 2
稳定度	kN	≥4.5	报告
流值	0.1mm	20 ~ 50	报告
空隙率	%	5.5 ± 1.0	5.5 ± 1.0
沥青饱和度 *VFA*	%	70 ~ 85	70 ~ 85
矿料间隙率 *VMA*	%	≥19	≥20
VCA_{mix}	%	—	$< VCA_{DRC}$
油石比	%	—	7 ~ 9
动稳定度	次/mm	≥2 800	≥3 000
低温弯曲破坏应变	με	≥2 000	≥2 500
残留稳定度	%	≥85	≥85
冻融劈裂强度比	%	80	≥80

(3)四川正中路面科技公司根据我国现行《公路沥青路面施工技术规范》(JTG F40—2004)的有关规定,结合几年来的工程实践经验,并参考美国 ARIZ 815(Marshall Mix Design Method for Asphaltic Concrete (Asphalt-Rubber Gap Graded Mix)),提出了用作表面磨耗层的 AR-AC-13 橡胶沥青混合料的技术要求,见表 5-14。

四川正中橡胶沥青混合料马歇尔试验技术要求　　表 5-14

试验项目	单　　位	技术要求	试验项目	单　　位	技术要求
击实次数	次	75 × 2	矿料间隙率	%	≥19
稳定度	kN	>4.5	动稳定度 *DS*	次/mm	>1500
流值	0.1mm	20 ~ 50	残留马歇尔稳定度	%	>85
空隙率	%	4.5 ~ 6.5			

(4)广东交通实业投资公司根据在广东兴畲高速公路上铺筑的橡胶沥青试验路,针对广东气候湿热、降雨量大、道路超载运输现象普遍的实际情况,为适合高速公路沥青面层的上、中、下层橡胶沥青混合料设计方法和施工技术,开展了试验研究,提出了三种橡胶沥青混合料的技术要求,见表5-15。

广东交通实业橡胶沥青混合料技术标准　　表5-15

技术指标	单位	RAC-13	RAC-20	RAC-25
空隙率	%	4~6	4~6	3~6
矿料间隙率	%	≥12+设计空隙率	≥10+设计空隙率	≥8+设计空隙率
沥青饱和度	%	70~80	65~75	65~75
稳定度	kN	≥8.0	≥8.0	≥8.0
流值	0.1mm	15~40	15~40	15~40
马歇尔残留稳定度	%	≥85	≥85	≥85
冻融劈裂强度比	%	≥80	≥80	≥80
动稳定度	次/mm	≥3000	≥3000	≥3000
渗水系数	mL/min	<120	<120	<120
构造深度	mm	0.8~1.1	—	—

从以上所列几家橡胶沥青混合料技术标准可以看出,各个单位不仅所列的技术指标有很大差异,而且就同一指标在数值上也有所区别,这反映了人们对橡胶沥青的认识和理解上有所不同,而且在做法上也有所区别。因此还需要通过实践不断总结成功的经验,纠正和改进不足或缺点,逐渐达成共识,才能够制定出全国统一的技术标准和规范。

第三节　间断级配橡胶沥青混合料性能

间断级配橡胶沥青混合料是按照骨架密实结构设计的,试验与实践应用表明,因为它的粗集料形成了石—石接触的骨架结构,因而对车轮荷载具有很好的支撑作用,表现出良好的高温抗车辙性能;又由于它橡胶沥青结合料用量高达7%以上,甚至有人设计达到9%,而橡胶沥青的高黏韧性,赋予了混合料良好的低温柔韧性和耐疲劳性能;也正是因它橡胶沥青含量高,增强了它的阻尼性能,所以使它还具有一定降低交通噪声的功能;它的密实结构能够阻止雨水下渗,避免沥青路面出现水损害。也正是因为断级配橡胶沥青混合料的这些优点,在美国亚利桑那州、加州多年来得以广泛应用,近年来在我国很多地方应用收到非常好的效果。

一、间断级配橡胶沥青混合料性能

江苏省交通科学研究院曹荣吉曾经对间断级配橡胶沥青混合料AR-AC-13S进行了深入试验研究,并与常规SBS改性沥青SMA混合料及AC-13C进行了性能对比,对于深入了解橡胶沥青混合料性能很有帮助。现择其要点介绍如下。

1.橡胶沥青混合料的体积参数试验

试验用的粗集料采用玄武岩轧制的碎石,橡胶沥青是在中海70号沥青中外掺18.5%的

20 目胶粉。作为对比，SMA-13 和 AC-13C 采用 SBS 改性沥青，其等级为 PG70-22，并添加适量抗剥落剂。三种混合料的集料级配列于表 5-16。AR-AC-13S 中外掺 2% 水泥。

对比试验混合料的三种级配 表 5-16

级配类型	16	13.2	9.5	4.75	2.36	1.18	0.6	0.3	0.15	0.075
AR-AC-13S	100	95.6	65.8	27.9	18.1	12.3	7.9	4.4	3.1	2.3
SAM-13	100	92.9	57.6	27.1	23.2	19.6	16.4	14.4	13.0	10.4
AC-13C	100	92.7	73.3	45.9	35.2	23.1	16.8	11.0	8.5	6.4

对三种不同级配类型混合料进行了马歇尔试验，然后测试了试件的体积参数，作为对比将其结果列于表 5-17。从表所列数值可以看出，间断级配橡胶沥青混合料其油石比很高，达 8.6%，马歇尔稳定度最低，仅 7.55kN，这是间断级配混合料的特点之一，但这并不说明它的性能不好；AC-13C 油石比最低，仅 5.2%，而马歇尔稳定度为最高，达 13.26kN，这也是连续密级配混合料的特点之一，但并不说明它的性能最好；SMA 混合料居其中。仅从表 5-17 看，橡胶沥青混合料并无优势可言，相反由于橡胶沥青用量很大，则大大增加了成本。然而通过以下试验比较，橡胶沥青混合料的优势则能显示出来。

三种混合料马歇尔试验结果 表 5-17

技术指标	AR-AC-13S	SMA-13	AC-13C
油石比(%)	8.6	6.2	5.2
密度(g/cm^3)	2.358	2.469	2.447
空隙率(%)	5.45	4.10	5.23
稳定度(kN)	7.55	10.7	13.26
流值(0.1mm)	34.5	25.7	25.6
矿料间隙率(%)	21.84	16.79	16.89
沥青饱和度(%)	75.03	75.04	69.05

2. 高温抗车辙试验

(1)动稳定度试验。动稳定度试验直观反映沥青混合料抗车辙能力。三种混合料动稳定度试验结果列于表 5-18。由表中数据可以看出，虽然 AC-13C 混合料的马歇尔稳定度数值很高，但是其动稳定度却是最低，这说明骨架结构确实具有支撑作用；另外尽管 AR-AC-13S 的油石比 8.6% 比 SMA-13 油石比 6.1% 高出很多，但是橡胶沥青混合料照样表现出良好的抗车辙性能。

三种混合料动稳定度试验结果 表 5-18

混合料类型	动稳定度(次/mm)				技术要求
	1	2	3	平均	
AR-AC-13S	4 846	4 846	4 846	4 846	>3 000
SMA-13	7 000	5 727	5 250	5 992	
AC-13C	3 038	3 706	3 500	3 715	

（2）车辙因子 $E^*/\sin\delta$ 试验。试件采用旋转压实仪成型，并按 ASHTO 的规定在试件中取芯，芯样尺寸为 ϕ100mm×150mm。试验采用正弦荷载，应力控制方式。试验温度为 55℃。每种温度下采用 7 个不同加载频率，即 25Hz、20Hz、10Hz、5Hz、1Hz、0.5Hz、0.1Hz 和三种围压条件（无围压、100kPa 围压及 200kPa 围压）。

三种混合料在 55℃和两种围压条件下的车辙因子 $E^*/\sin\delta$ 与频率的关系表明，在围压条件下，AR-AC-13S 在小于 1Hz 的低频条件下，其车辙因子小于 SMA-13，而在大于 1Hz 的高频条件下，其车辙因子比 SMA-13 要大。在 100kPa 围压条件下，AR-AC-13S 与 SMA 的车辙因子相当。在 200kPa 围压条件下，AR-AC-13S 的车辙因子则大于 SMA-13。无论在何种加载条件下，AC-13C 的车辙因子均小于 AR-AC-13S 和 SMA-13 两种混合料。显然围压对于间断级配混合料的力学性能有明显影响。在无围压条件下，混合料的约束作用弱，间断级配混合料的承载能力不能得到有效发挥，表现出强度偏低，模量偏小。然而随着围压的提高，混合料的侧向约束增强，间断级配混合料的骨架作用得以发挥，表现为承载力增大，模量显著提高。由此可见，对于间断级配混合料，必须采用黏度高的沥青材料，使之获得较高的凝聚力，其支撑作用得以增强，即使在高温条件下仍能表现出很高的抗车辙性能。

3. 低温抗裂性试验

（1）小梁弯曲试验。小梁弯曲试验是现行规范评价沥青混合料低温抗裂性的主要试验。一般认为弯曲应变越大，混合料的低温变形能力越强，抗裂性能也就越好。试验温度为-10℃，三种混合料低温弯曲试验结果列于表 5-19。

小梁弯曲试验结果（-10℃）　　表 5-19

混合料类型	弯拉强度（MPa）	劲度模量（MPa）	极限应变（$\mu\varepsilon$）	规范要求（$\mu\varepsilon$）
AR-AC-13S	9.17	1 923	4 823	>2 000
SMA-13	10.69	2 768	3 270	
AC-13C	8.61	2 960	2 912	

三种混合料的极限弯曲应变都大于 2 000$\mu\varepsilon$，满足规范要求，显然橡胶沥青混合料的弯曲应变最大，这与它的结合料含量高不无关系。因此按照低温性能评价，以橡胶沥青混合料最好，SMA 次之，AC-13C 再次之。

（2）约束试件温度应力试验。约束试件温度应力试验（TSRST）是美国俄勒冈州立大学开发的，后来收入 AASHTO 试验规程 TP10，用于沥青混合料温度开裂问题的研究。TSRST 可以同时考虑沥青混合料的应力松弛能力、线收缩系数、破坏特征以及降温速率等因素，可以合理地模拟现场状况，因而是一种有效评价与分析手段。

TSRST 试验装置见图 5-2，试件尺寸为 50mm×50mm×250mm 棱柱体。试验时用环氧树脂将试件的两端黏结在试验系统的两端，放入环境箱中保温。环境箱按照 10℃/h±1℃/h 的降温速率逐渐降温，当试件再降温过程中产生收缩时，由 TSRST 装置中的计算机控制马达拉伸试件，使其恢复到初始的长度。随着温度的降低，试件中的温度应力逐渐增大，直至试件断裂。温度—应力曲线的斜率逐渐增大（图 5-3），达到一定温度后变为线性增长。将温度应力—温度曲线分成有松弛和无松弛两部分的温度，称之为转化温度。当温度达到转化温度时，沥青变硬，降温产生的温度应力不松弛。TSRST 试验以转化温度、直线段斜率、断裂温度、断裂强度四个指标评价沥青混合料的低温抗裂性。三种混合料的 TSRST 试验结果列于表 5-20。

图 5-2 TSRST 试验装置

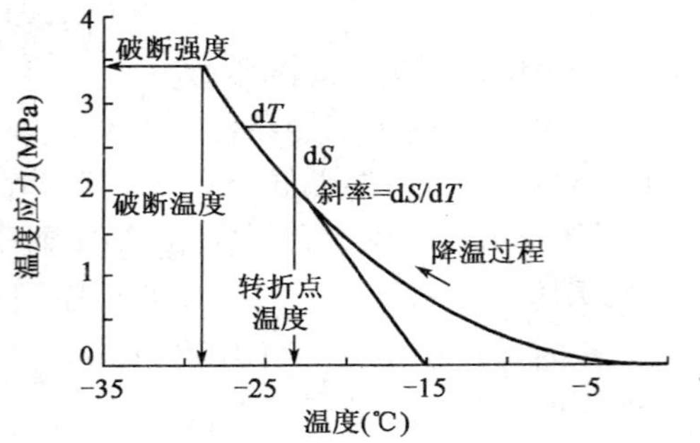

图 5-3 TSRST 试验温度应力曲线

TSRST 试验结果 表 5-20

技术指标	AR-AC-13S	SMA-13	AC-13C
断裂温度(℃)	−26.0	−20.3	−15.7
断裂应力(kPa)	378.6	246.4	184.7
转化温度(℃)	−16.0	−11.0	—
直线段斜率	−18.3	−15.4	—

表 5-20 数据表明,三种混合料的低温抗裂性能的优劣依次为 AR-AC-13S > SMA-13 > AC-13C。显然高沥青含量有利于提高混合料低温抗裂性。橡胶沥青还具有明显的增韧作用,大大增强了沥青混合料的低温柔韧性。

4. 耐疲劳性能试验

沥青混合料的耐疲劳性能,反映沥青路面承受车辆荷载引起的弯拉应力与应变作用的能力。疲劳试验按照美国 AASHTO P8-94 四点弯曲疲劳试验进行的,根据设计的级配和油石比采取静压成型试件,然后切割成 280mm × 63mm × 50mm 的梁式试件。试验采取应变控制模式,应变分别设定 200με 和 300με,试验温度为 15℃。疲劳试验的结果列于表 5-21。

三种沥青混合料疲劳试验结果 表 5-21

应变水平	疲劳次数		
	AR-AC-13S	SMA-13	AC-13C
200με	1 717 436	—	—
300με	249 188	213 441	133 259

由疲劳试验可以看出,橡胶沥青混合料的耐疲劳性能最好,比 SMA-13、AC-13C 混合料分别提高了 17% 和 87%,这不仅与 AR-AC-13S 中的橡胶沥青含量高有关,而且也与橡胶沥青混合料有很好的韧性有密切的关系。

5. 抗水损害性能试验

(1)残留马歇尔试验。残留马歇尔稳定度是直接采用设计空隙率的试件进行试验,三种沥青混合料的残留稳定度试验结果列于表5-22。试验结果表明,三种混合料的残留稳定度均满足规范大于85%的要求,AR-AC-13S与SMA-13相对略优于AC-13C,但还在试验误差范围之内。

残留马歇尔稳定度试验结果 表5-22

混合料类型	试件空隙率（%）	马歇尔稳定度（kN）	浸水马歇尔稳定度（kN）	残留稳定度（%）	规范要求（%）
AR-AC-13S	5.4	8.63	7.97	92.4	≥85
SMA-13	4.1	10.03	9.26	92.3	
AC-13C	5.2	13.15	11.82	89.9	

(2)冻融劈裂强度比试验。冻融劈裂强度比试验是比较严厉的一种评价沥青混合料抗水损害试验。试验采取两面各击实50次的马歇尔试件,空隙率相对较大。三种沥青混合料冻融劈裂强度比的试验结果列于表5-23。

冻融劈裂强度比试验结果 表5-23

混合料类型	试件空隙率（%）	非条件劈裂强度（MPa）	条件劈裂强度（MPa）	冻融劈裂强度比（%）	规范要求（%）
AR-AC-13S	6.0	1.00	0.82	82.0	≥80
SMA-13	5.3	1.02	0.83	81.4	
AC-13C	6.3	1.06	0.90	84.9	

三种沥青混合料的冻融劈裂强度比都满足规范要求,但AC-13C最高,AR-AC-13S与SMA-13相对较低,这可能与间断级配混合料依赖侧向约束有关,但它们基本上都还是在试验误差范围之内。

二、橡胶沥青混合料性能的影响因素

1.级配的影响

如前所述,目前橡胶沥青混合料采用的级配虽然在名义上都称之为间断级配,但是实际上存在一定的差别。如以公称最大粒径13.2mm为例,比较2.36mm通过率,也就是看细料所占的比例,若以其规定级配范围的中值进行比较,通过率高的达到24%,而少的仅为13%,相差达11%。再看矿粉的用量差别就更大,有的主张不使用矿粉,认为使用矿粉会影响橡胶沥青对集料的黏附,而有的矿粉用量则达到6%~10%。有的单位将添加的消石灰仅作为抗剥落剂看待,而不认为是替代矿粉,实际上消石灰是无机矿物料,它既起到抗剥落剂的作用,同时又可以作为矿粉,起到填料的作用,因此消石灰应看作集料的一部分。

集料中粗细集料的比例,以及矿粉用量的多少,它们所构成的空隙可以用矿料间隙率*VMA*的大小来反映。对于不同数值*VMA*的橡胶沥青混合料可以分成以下两种情况:

(1)高VMA橡胶沥青混合料。对于表5-5中的级配,也就是四川正中公司和江苏交院采用的级配,粗集料占有很大的比例,而且矿粉用量较少,甚至不用矿粉,体积参数矿料间隙率*VMA*要求大于19%,甚至大于20%(表5-13、表5-14)。在这种情况下需要较大用量的橡胶沥青来填充,才能获得密实的结构,故橡胶沥青用量常达到8%,甚至高达9%。在这样的条件下又可以分为以下两种情况：

①当采用高黏度的橡胶沥青。当所采用的橡胶沥青是高胶粉剂量，如超过18%以上，则橡胶沥青具有较高的黏度，软化点可以达到65℃以上，这样所铺筑的橡胶沥青路面不仅具有良好的高温稳定性，而且也具有很好的低温抗裂性和耐久性，使用寿命可明显延长。因此由粗级配构成高*VMA*时，必须采用高黏度的橡胶沥青，并用高的油石比，这样可以收到很好的路用效果。尽管因油石比高，初期建设成本会高一些，但是与常规沥青用量（如5%左右）的沥青混合料相比，最终的性价比还是要高得多。

②当采用黏度偏低的橡胶沥青。当所用橡胶沥青的胶粉掺量较低，或胶粉质量不好，橡胶沥青的黏度较低，软化点低于60℃，在高橡胶沥青用量的情况下，橡胶沥青混合料则有可能在夏季高温下失稳，表现为泛油、车辙等严重病害。2009年重庆某橡胶沥青路面工程就曾经出现过这样的现象，分析其原因就是橡胶沥青的黏度偏低。

（2）低*VMA*橡胶沥青混合料。当橡胶沥青混合料的集料中，细集料比例相对比较高，又使用比较多的矿粉，如表5-4所示，甚至采用完全悬浮式连续密级配，如现行规范表5.3.2-2中所列的级配，其*VMA*数值比较低，以公称最大粒径13.2mm为例，其*VMA*值仅要求大于14%，由于粗集料相对较少，不可能形成骨架结构，对荷载的支撑作用就差，因而抗车辙性能相对较弱，而且矿料间隙率小，故橡胶沥青用量也少，低温抗裂性和耐久性也可就相对较差。

2.矿粉使用与否的影响

由于橡胶沥青混合料是否采用矿粉，剂量是多少，都是在橡胶沥青混合料设计时考虑确定的，而不是通过试验确定的，因此需要对矿粉在混合料中的作用有所认识和了解。

一般认为矿粉在混合料中起着填充料的作用，这是不全面的。矿粉除有填充作用外，更重要的是矿粉与沥青结合料所形成的胶浆在混合料中起着重要的黏结作用，使混合料形成强度并保持足够的稳定性与耐久性。因此在混合料中是否使用矿粉，对混合料的性能有着重大影响。

有的橡胶沥青施工单位不主张使用矿粉，但这应该是有前提的。研究表明，只有当所配制的橡胶沥青含有高剂量胶粉而具有很高的黏度，软化点超过65℃以上，在高温下不至于失稳，并且在橡胶沥青混合料设计时通过析漏试验验证，才可以不使用矿粉。

笔者以为，橡胶沥青混合料中添加一定比例的矿粉，如用量为4%～5%，对于提高橡胶沥青混合料的性能是非常有利的。添加适量矿粉可以提高沥青胶浆的黏度，有利于提高混合料的强度和稳定性，同时在某种程度上可以适当降低对橡胶沥青本身黏度的要求，降低胶粉的掺加量。

3.橡胶沥青质量的影响

橡胶沥青的质量优劣对混合料性能有很大影响是不言而喻的。制备橡胶沥青的胶粉采用货车轮胎磨细的胶粉可获得良好的性能。如果采用其他橡胶制品，如自行车轮胎、球鞋等生活用橡胶制品的杂胶粉，则橡胶沥青的质量将达不到要求。

胶粉的细度可在20～60目范围选择。

高黏度的橡胶沥青可使混合料获得良好的高温稳定性，在夏季高温下表现出足够的抗车辙性能。但是需要注意的是如果混合料使用较多的矿粉，则有可能造成混合料过分干涩，而影响橡胶沥青对碎石表面的浸润而影响黏附性，导致混合料水稳性降低。反之，如果橡胶沥青黏度不足，级配设计时又未考虑使用矿粉，则可能导致混合料高温稳定性不良，夏季出现泛油、推挤或车辙。因此橡胶沥青的配方与混合料级配设计必须相匹配。

橡胶沥青的用量一般比传统混合料要高，这有利于提高混合料的性能，主要表现为沥青混合料的耐久性大大改善，路面不易老化，使用寿命明显延长。有人曾对某路段橡胶沥青路面表示过这样的评价："虽然已经使用了3年，却仍然好像新铺的路面一样"，其原因就在于此。因此用寿命周期成本分析，使用橡胶沥青的效益是很好的。但也有人从节省建设成本考虑，要求橡胶沥青的用量与常规混合料沥青用量差不多，这实际上没有真正认识橡胶沥青的特点，充分发挥其优势，因而是得不偿失的。因为橡胶沥青膜太薄而容易导致路面出现裂缝、坑洞、松散等病害，使用寿命降低，反而加大了养护维修成本，造成资金和资源的浪费。

第四节　橡胶沥青路面施工技术

一、施工前的准备

橡胶沥青路面施工与常规改性沥青相比，并没有太多的差别。但是因为橡胶沥青毕竟与普通改性沥青不同，因此在施工前需要做好相关的准备工作，其中包括生产配合比设计，铺筑试验段，以及机械设备的调试，现场下承层的验收与整理，橡胶沥青的生产等。

在沥青拌和厂进行生产配合比设计，应从二次筛分后进入各热料仓时取样，进行筛分，通过计算使集料级配接近目标配合比设计级配，而不要偏离过远，并以此确定各热料的用料比例，提供给拌和机控制室作为生产控制。同时要反复调试冷料仓进料比例，以达到供料均衡。

生产配合比试验所确定的橡胶沥青用量，与目标配合比设计用量可能不完全相等，但相差一般不能超过0.2%。如超过0.2%，应分析其原因，并进行调整和试验。在确定生产配合比的橡胶沥青用量后，可以进行拌和楼试拌和，并铺筑试验路。通过试拌和试铺，检验上料速度、拌和时间、拌和温度，冷料仓与热料仓均衡状况，橡胶沥青用量，以及混合料性能等。

橡胶沥青生产装置应靠近拌和机的位置，一般在摊铺施工前几个小时进行生产，生产后取样进行黏度检测。如遇下雨，橡胶沥青要降温保存。

通过试验段试铺，确定摊铺机的操作方式，包括摊铺温度、摊铺速度、初步振捣夯实的强度、自动找平方式；确定压实机具的选择与组合，压实的顺序，碾压温度、碾压速度，以及碾压遍数等；掌握施工纵缝与横缝的处理方法等。

在试验段试铺过程中，沥青混合料设计人员、监理人员都应在施工现场，一起检查施工工艺和技术措施是否符合要求，并测试混合料温度，观察混合料色泽，并取样带回实验室进行检测试验，对发现的问题提出改进意见。

在正式摊铺前，现场下承层需要进行清扫整理，个别泥土严重污染部位用水清洗，并令其风干。喷洒乳化沥青黏层油，洒布时注意对路缘石的保护，防止污染。

二、橡胶沥青混合料拌和

拌和橡胶沥青混合料必须采用间歇式拌和机。拌和时要注意以下几个关键问题：

（1）温度控制。橡胶沥青混合料对拌和楼温度控制要求更为严格。由于橡胶沥青比普通沥青更为黏稠,故拌和温度比普通沥青混合料要高。通常橡胶沥青加热温度为180~190℃,集料加热温度为190~200℃,混合料出厂温度为175~185℃。具体还与天气的气温高低,拌和站与工地现场的距离,以及集料的潮湿状况等因素有关。

(2)计量控制。施工前对拌和机各热料仓、粉料仓以及沥青等计量装置(电子秤)进行标定,计量精度应符合要求。拌和时严格按照生产配合比进行设定控制,不要随意改变。随时注意拌和机有无溢料现象。生产完毕要对集料、粉料以及橡胶沥青用量进行总量校核。

(3)拌和时间控制。橡胶沥青拌和周期时间约为65~70s,其中干拌时间不少于10s,湿拌时间不少于40~50s,但以橡胶沥青均匀裹覆集料为度。与生产普通沥青混合料相比其生产率有所降低,安排生产计划时应考虑到这一情况,为此应尽量采用拌和能力大的拌和机。

(4)检验控制。拌和生产应严格按照配合比通知单进行控制,不得随意改变。一般一个台班取样一次,进行相关试验,包括橡胶沥青含量、集料级配,混合料体积参数试验等,以便用以指导沥青混合料后续生产。

三、运输与摊铺

混合料运输应采用大吨位自卸车。装料时应按前、后、中移动车辆,使装料均匀。混合料不要装得太满而造成外溢。料车应予覆盖保温,到现场等候时不要过早翻起保温帆布,以免料温散失。运输途中不得随意停歇,要保证及时运输到现场。到场后采用插入式温度计进行料温测试。

摊铺温度不低于170℃,摊铺速度一般控制在2~3m/min,视供料速度、摊铺厚度与宽度而定。松铺系数可取1.2。摊铺机熨平板振动频率设定为4~6级,夯锤振捣频率设定为4级,以使初始压实度达到85%以上。摊铺过程中要调节摊铺机运行状态,使料门开度、链板送料器的速度与螺旋送料器的转速相协调。螺旋送料器中混合料以略高于螺旋送料器的2/3为度,并使熨平板的挡板前混合料的高度在全宽范围内保持一致,避免混合料出现离析。尽量减少拢料次数,以防料车最后卸料离析。由于橡胶沥青混合料比较黏滞,摊铺后尽量避免手工翻耙,以免影响平整度。

四、压实

压实是保证施工质量十分重要的环节,应给予充分的重视。初始压实应在摊铺后立即进行,采用紧跟慢压、高频低幅的碾压方式。具体来说,振动频率宜为50~70Hz(3 000~4 000r/min),振幅宜小于1mm。这是因为高频振动对路面的冲击间距较小,避免表面产生波纹。较小的振幅可以减少碎石压碎的可能,但如果摊铺层较厚(如大于6cm),则宜采用较大的振幅。碾压时压路机的驱动轮面向摊铺机。为防止混合料过快降温,宜采取间歇喷水方式,即前进时喷水,后退时关闭。

压实工艺可采用5台双钢轮振动压路机。初压采取两台压路机静压一遍,振动碾压3遍。复压用两台压路机振动碾压3遍,终压用一台压路机以静压方式碾压1~2遍。碾压时压路机应缓慢匀速,速度控制在2~5km/h。由于橡胶沥青很黏,轮胎压路机碾压会引起粘轮,破坏表面的平整性,同时在高温下碾压,对轮胎损伤比较严重,因此往往不主张采用轮胎压路机碾压。但是在温度已经大幅降低时,使用轮胎压路机碾压能明显提高压实度,降低路面渗水性。压实完成后需等到次日路面完全冷却方可开放交通。

五、工程应用实例

采用橡胶沥青铺筑沥青路面，近年来在许多地方得到了广泛的应用，最突出的是应用于水泥混凝土路面改造，即在旧水泥路面上加铺橡胶沥青罩面，经过改造后路况得到很大提升，收到很好的社会效益和经济效益。

2008 年 2 月，对四川成都与龙泉的连接路段的水泥路面进行维修改造。该路段是成都通往龙泉四大主要通道之一，交通流量很大，混凝土路面多有损坏，不进行大修改造将严重影响交通运输，经过研究确定采取在原路面上加铺橡胶沥青路面的改造方案。具体方案是在原混凝土板块经过整修稳定后，先加铺 1cm 橡胶沥青应力吸收层，然后上面铺设 5cm 橡胶沥青混合料 AR-AC-13 面层（图 5-4）。与此同时，将原有道路进行了拓宽，由原来的双向 6 车道改造成为 8 车道。该路段经过改造后，不仅道路技术状况得到了很大改善，有效地缓解了老成渝路交通拥堵的状况，提高了道路通行能力和行车安全性，而且道路环境也大为改观，使这条路成为成都一条景观道路（图 5-5），社会反响良好。

图 5-4　橡胶沥青混合料摊铺

图 5-5　老成渝路改造成景观道路

第六章　橡胶沥青 SMA 路面

第一节　概　　述

沥青玛蹄脂碎石(SMA)路面是20世纪60年代由德国开发的。由于它优良的路用性能,逐渐在欧洲国家得到广泛应用,以后美国等国家也学习欧洲经验,大面积铺筑 SMA 路面。90年代中期引进我国,许多地方开展了研究,并广泛铺筑试验路,逐渐掌握适合我国气候与交通条件的 SMA 技术关键。近十年来 SMA 路面几乎成为我国很多地区高等级公路、城市主干道以及大桥桥面铺装的主要路面结构类型。

SMA 混合料为间断级配,粗集料多,细集料少,矿粉用量多,沥青用量也多。粗集料颗粒石—石接触,形成骨架结构,由沥青矿粉和纤维组成的玛蹄脂填充其空隙,成为一种骨架密实结构的沥青混合料。国内外大量工程实践表明,SMA 路面与传统沥青路面相比较,具有以下优良特性:

1. 优良的高温稳定性

SMA 混合料粗集料石—石接触形成了骨架结构,因而使车轮荷载获得有效的支撑,并将荷载传递至下层结构,路面不易产生挤压变形而始终保持良好的平整度,表现出优良的稳定性。然而传统的沥青路面由于粗集料成悬浮状态,不能有效地起到支承荷载的作用,荷载主要由细集料和沥青组成的砂浆所承受,在高温下路面自然容易产生推挤变形。观察表明,一些双层式 SMA 桥面铺装就很少出现车辙现象。

2. 良好的表面特性

SMA 混合料粗集料所占比例大,且石料质量要求高,使路面表面具有足够大的构造深度,从而赋予了良好的抗滑性能,减轻了雨天高速行车溅水现象,提高了行车的安全性。与此同时,SMA 路面良好的宏观构造和高的沥青含量,还赋予了 SMA 路面吸收车轮滚动噪声的性能。欧洲曾对许多国家 SMA 路面的降噪性能进行过检测,均证明它具有明显的降噪效果,平均约降低噪声 2 ~ 3dB。因而在靠近城市的高速公路或在城市的主干道中铺设 SMA 路面,对于降低交通噪声污染,保护环境具有特别重要的意义。

3. 优良的耐疲劳性能

SMA 混合料粗集料所形成的空隙由沥青、矿粉和纤维组成的玛蹄脂所填充,成为密实结构,空隙率小,集料颗粒表面的沥青膜厚,不仅使混合料具有很好的耐疲劳性能,而且所铺路面具有良好的耐久性。欧洲一般认为 SMA 路面的使用寿命比传统沥青路面长 20% ~40%。德国等国家早期所铺筑的 SMA 路面,使用期已达 20 ~30 年而不需要大修,德国一条道路的 SMA 路面使用了 18 年仍然处于良好状态,因此尽管铺筑 SMA 路面的初期投资要高 20% ~25%,但由于 SMA 路面使用寿命的延长,使路面的周期投资费用反而大大减低,同时维修和养护工作量减少,反而提高了投资效益。

4. 良好的低温抗裂性

SMA 混合料骨架空隙中所填充的沥青玛蹄脂,使混合料具有良好的柔韧性,增强了低温抗裂性能。在北方寒冷地区,尽管冬季气温低,但高速公路所铺的 SMA 路面几乎见不到有什么裂缝,这说明 SMA 路面确有很好的低温抗裂性。美国威斯康星州在 6 条试验路上对 SMA 的抗裂性与传统沥青路面作了对比,3 年后在 SMA 路面上出现的裂缝明显少于传统沥青路面。美国研究还发现,在旧路上铺筑 SMA 路面还具有很好的抗反射裂缝的能力,即便出现反射裂缝,由于 SMA 富含的玛蹄脂也不会发生松散。

目前在我国铺设 SMA 路面,都必须采用 SBS 改性沥青,因此消耗量逐年增加。据统计从 2002 年开始改性沥青的消耗量就超过 100 万吨,2008 年增加到 222 万吨,占整个沥青消耗量的 18.5%。聚合物 SBS 是石油化工产品,仅就用于生产改性沥青,一年将要消耗石油约三、四十万吨之多。研究采用废旧轮胎橡胶制备橡胶沥青,用于取代 SBS 改性沥青铺设 SMA 路面是非常有意义的。

第二节 材　料

一、粗集料

铺筑 SMA 路面必须采用石质坚硬的碎石,以便颗粒之间相互接触、挤压而不会发生碎裂,这是 SMA 混合料与普通悬浮式沥青混合料不同之处。通常可以采用玄武岩、辉绿岩、安山岩等硬质岩石轧制的碎石。由于这些硬质石料开采、加工难度较大,故往往价格较高。花岗岩、砂岩其实也是很好的石料,但因为岩石呈酸性,故与沥青黏附性较差,不过只要采取抗剥落措施也是可以使用的。石灰石质量变化较大,而且相对质地较软,一般不宜作为 SMA 混合料的粗集料。

我国关于碎石材料的技术要求并不比国外低,但是我国很多碎石开采与加工企业在设备与管理方面比较落后,碎石粉尘多,针片状含量高,在这一点上与国外发达国家有很大差距。用作 SMA 路面的集料其针片状颗粒含量应严格控制。针状和片状的粒料,在车轮荷载的作用下,极其容易折断碎裂,结果使混合料的细料增多,级配发生变化。不仅如此,碎石破裂面没有沥青裹覆,成为混合料的内部损伤。美国研究认为,石料中针片状颗粒含量对混合料通过 4.75mm 颗粒含量的变化有直接关系(图 6-1)。由于 SMA 混合料的性质对集料 4.75mm 通过率十分敏感,所以我国对于用作 SMA 路面的集料其针片状颗粒含量常要求不超过 10%。

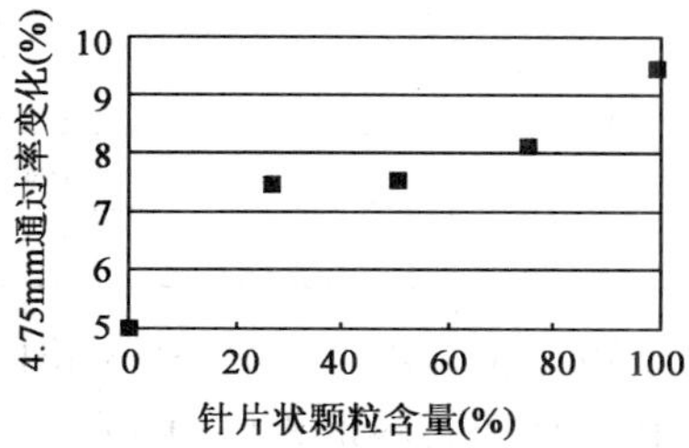

图 6-1 针片状颗粒含量与 4.75mm 通过率变化的关系

美国要求针片状颗粒(1∶3)不超过 20%,可见要求并不高。德国主张采用辉绿岩、闪长岩等岩石,要求细长比大于 1∶3 的颗粒也不超过 20%。瑞典要求 4mm 以上的集料其颗粒性状系数小于 1.4。

很多国家对集料的性质都有各自的一套测试方法和标准,例如瑞典用表面磨耗试验测抗磨性,用冲击试验测耐久性,格栅试验测集料性状;德国则采用冲击破碎试验,冻融试验,水中膨胀试验和分解阻力试验,形状系数试验等。

表6-1是我国现行《公路沥青路面施工技术规范》(JTG F40—2004)有关粗集料的技术要求。表6-2是美国AASHTO粗集料技术标准。就我国高速公路表面层用集料的技术要求与美国相比,基本上是接近的,有些技术指标,如针片状颗粒(1:3)含量、坚固性、破碎颗粒的含量,我国标准比美国标准还略高一些。

沥青混合料用粗集料质量技术要求 表6-1

指　　标		单位	高速公路及一级公路		其他等级公路	试验方法
			表面层	其他层次		
石料压碎值	不大于	%	26	28	30	T 0316
洛杉矶磨耗损失	不大于	%	28	30	35	T 0317
表观相对密度	不小于	t/m³	2.60	2.50	2.45	T 0304
吸水率	不大于	%	2.0	3.0	3.0	T 0304
坚固性	不大于	%	12	12	—	T 0314
针片状颗粒含量(混合料)	不大于	%	15	18	20	T 0312
其中粒径大于9.5mm	不大于	%	12	15	—	
其中粒径小于9.5mm	不大于	%	18	20	—	
水洗法<0.075mm颗粒含量	不大于	%	1	1	1	T 0310
软石含量	不大于	%	3	5	5	T 0320

美国AASHTO粗集料技术标准 表6-2

技术指标		测试方法	技术标准(%)
洛杉矶磨耗值		AASHTO T96	<30
针片状颗粒含量	1:3	ASTM D4791	<20
	1:5	ASTM D4791	<5
吸水率		AASHTO T85	<2
坚固性损失(5个循环)	硫酸钠	AASHTO T104	<15
	硫酸镁	AASHTO T104	<20
轧制颗粒含量	1个破裂面以上		>100
	2个破裂面以上		>90

我国很多地方修建SMA路面,比较多地采用玄武岩、辉绿岩、安山岩、砂岩。实际上在一些缺乏优质石料的地区,也可以采用花岗岩。橡胶沥青对各种岩石均有很好的黏附性,因此有利于采用花岗岩等酸性岩石轧制的碎石。

二、细集料

在SMA混合料中细集料用量不多,仅为10%~20%,但也要求具有良好的品质,在有条件的情况下可采用机制砂。其岩性一般宜为碱性,所以大多宜采用石灰石轧制的细集料。我国现行规范对细集料的质量技术要求列于表6-3。

沥青混合料用细集料质量要求　　表 6-3

项　目		单位	高速公路、一级公路	其他等级公路	试验方法
表观相对密度	不小于	t/m^3	2.50	2.45	T 0328
坚固性(>0.3mm 部分)	不小于	%	12	—	T 0340
含泥量(小于 0.075mm 的含量)	不大于	%	3	5	T 0333
砂当量	不小于	%	60	50	T 0334
亚甲蓝值	不大于	g/kg	25	—	T 0346
棱角性(流动时间)	不小于	s	30	—	T 0345

细集料应洁净、干燥、无风化、无杂质，并有适当的颗粒级配。细集料颗粒形状宜呈立方形，且富有棱角。细集料的棱角性对于确保混合料高的内摩阻力和抗车辙性能至关重要，我国《沥青路面施工技术规范》(JTG F40—2004)对细集料的棱角性已提出要求，但其试验方法与国外不同。美国 SHRP 对细集料的棱角性定义为：通过 2.36mm 筛孔集料的未压实(松方)空隙率。这是因为较高的空隙率意味着更多的破碎面。其试验方法是将细集料通过标准漏斗倒入一个经标定的小圆筒内，测试充满已知体积(V)圆筒的细集料重量(W)，根据圆筒体积与圆筒中细集料体积之差，即可算出其空隙率，用细集料的毛体积密度(G_{sb})计算出细集料体积。

细集料的洁净程度，天然砂以小于 0.075mm 含量的百分数表示，石屑和机制砂以砂当量(适用于 0 ~ 4.75mm)或亚甲蓝值(适用于 0 ~ 2.36mm 或 0 ~ 0.15mm)表示。如果缺乏砂当量试验的仪具，在这种情况下可通过控制小于 0.075mm 颗粒的含量，并控制其塑性指数，要求塑性指数不大于 4%。

三、矿粉

在 SMA 混合料中，矿粉用量高达 10% ~ 13%。矿粉与沥青结合料组成胶浆填充集料间隙，使混合料形成密实结构。其胶浆的性质对 SMA 混合料的高温稳定性、低温柔韧性以及抗水性有重要影响。矿粉应采用强碱性岩石，如石灰石、白云石等磨制而成，其粒度小于 0.075mm的部分应大于 75% 以上。回收粉尘、粉煤灰等粉料不宜使用。

四、纤维

为了防止沥青胶浆在高温下析漏，一般需要在 SMA 和混合料中添加纤维。但对于使用橡胶沥青的 SMA 混合料，由于橡胶沥青黏度比较大，在很多情况下可以不用纤维，当然最后还应该通过析漏试验加以验证。

五、橡胶沥青结合料

铺筑 SMA 路面必须使用黏度较大的改性沥青，仅使用普通沥青则其高温稳定性显得不足。我国东北地区铺筑的 SMA 路面，某些路段因使用普通沥青以至在夏天出现严重的车辙。近几年我国每年消耗约 200 万吨的 SBS 改性沥青，主要就是用于铺设 SMA 路面。采用橡胶沥青替代 SBS 改性沥青是道路建设的发展趋势，是实现“资源节约型、环境友好型”科学发展观的重要举措。

按照美国 ASTM 对橡胶沥青的定义，橡胶沥青中胶粉的剂量至少必须占总量的 15% 以上，如果换成外掺，则胶粉应为沥青质量的 17.6% 以上。其实这一规定只能认为是一种在某种用途条件下的要求，即当采用以粗集料为主，细集料很少，基本上不使用矿粉的情况下，要求橡胶沥青必须具有足够的黏度，以填充集料的空隙，否则有可能导致路面出现施工时发生析漏，路面高温稳定性不足等问题。正是在这样的要求下，橡胶沥青中胶粉的用量通常约占总量的 20% 左右。然而如果采用这种橡胶沥青于 SMA 混合料，虽然 SMA 混合料集料的级配也属于间断级配，但使用较多的矿粉，如果胶粉的掺量仍那么大，则使得橡胶沥青与矿粉形成的胶浆就显得过于黏稠，使得混合料难以拌和，摊铺后也难以压实。

分析用于铺筑 SMA 路面的 SBS 改性沥青，其 60℃ 黏度大多约在 800 ~ 2 000Pa · s 范围内，因此采用橡胶沥青其黏度也宜在这样的范围内。笔者采用 60 目轮胎胶粉，按外掺 15% 的剂量加入 70 号沥青中配制成橡胶沥青，测试其 60℃ 黏度为 1750Pa · s，可见这样的黏度已经处于通常 SBS 改性沥青黏度范围的上限，适合于拌制 SMA 混合料，而且即使不用纤维也不会出现析漏现象。由此可见，采用橡胶沥青铺设 SMA 路面，其黏度应在适当的范围内，这样胶粉的用量也就根据需要确定，而不是简单地套用某一种标准。

第三节　SMA 混合料级配

在现行的《公路沥青路面施工技术规范》中列出有 SMA 混合料的四种集料级配（表 6-4）。其中 SMA-10 适合用作为超薄磨耗层，有时也应用于行驶轻型车辆为主的桥面铺装，如上海卢浦大桥就是 7cm 厚双层 SMA-10，使用至今已经有 7 年时间，路况仍然良好。在高速公路、城市主干道大多采用 SMA-13 或 SMA-16，具体根据铺筑厚度确定，如铺筑厚度为 4cm，宜采用 SMA-13，铺筑厚度为 5cm 则可以采用 SMA-16。目前 SMA-20 应用较少，但不排除在某些场合采用。

沥青玛蹄脂碎石混合料集料级配范围　　表 6-4

级配类型		通过下列筛孔（mm）的质量百分率（%）											
		26.5	19	16	13.2	9.5	4.75	2.36	1.18	0.6	0.3	0.15	0.075
中粒式	SMA-20	100	90 ~ 100	72 ~ 92	62 ~ 82	40 ~ 55	18 ~ 30	13 ~ 22	12 ~ 20	10 ~ 16	9 ~ 14	8 ~ 13	8 ~ 12
	SMA-16		100	90 ~ 100	65 ~ 85	45 ~ 65	20 ~ 32	15 ~ 24	14 ~ 22	12 ~ 18	10 ~ 15	9 ~ 14	8 ~ 12
细粒式	SMA-13			100	90 ~ 100	50 ~ 75	20 ~ 34	15 ~ 26	14 ~ 24	12 ~ 20	10 ~ 16	9 ~ 15	8 ~ 12
	SMA-10				100	90 ~ 100	28 ~ 60	20 ~ 32	14 ~ 26	12 ~ 22	10 ~ 18	9 ~ 16	8 ~ 13

沥青玛蹄脂碎石（SMA）路面在德国发明后，其技术标准在 1998 年又经过修改（表 6-5），可以看出 SMA 级配基本上都是细级配，最大粒径也不过仅 8 ~ 11mm，而且还是用于重载交通道路的，一般道路最大粒径则仅为 5 ~ 8mm。之所以如此，估计与德国的气候条件有关。德国地处北纬 48 ~ 55 度，比我国哈尔滨（约北纬 46 度）还要以北，是一个高纬度国家。因此德国终年气温不高，即使在夏天超过 30℃ 日子很少，早晚也很凉，甚至在 20℃ 以下，所以德国办公室只安装有取暖的热水汀，而不见有制冷的空调机，电风扇也不需要。由于夏天不炎热，沥青路面自然不存在泛油或车辙的威胁。德国开发 SMA 路面主要目的，主要是为了防止冬季带链条的轮胎对沥青路面的磨损破坏。

德国 SMA 混合料集料级配　　表 6-5

SMA 类型	0/11S	0/8S	0/8	0/5
筛孔(mm)	高质量碎石、机制砂、矿粉		碎石、机制砂和天然砂、矿粉	
11.2	>90	—	—	—
8	≤60	>90	>90	—
5	30~40	30~45	30~55	>90
2	20~25	20~25	20~30	30~40
0.09	9~13	10~13	8~13	8~13

注:①S 表示重交通道路;
②机制砂与天然砂比例为 1:1。

德国 SMA 混合料粒径比较小,还可能处于对环境保护的考虑。因为较小粒径的 SMA 路面车辆行驶时的噪声小,有利于改善道路沿线的环境。

1990 年美国在学习了欧洲铺设 SMA 路面的经验之后,经过大量试验研究,提出了适合美国气候与交通条件的 SMA 混合料设计规范。表 6-6 是美国各州公路与运输工作者协会于 1998 年颁布的 SMA 设计于施工技术规范中的级配标准。

美国 SMA 混合料集料级配　　表 6-6

筛孔(mm)	通过百分率				
	25	19	12.5	9.5	4.75
37.5	100				
25.0	90~100	100			
19.0	30~86	90~100	100		
12.5	26~63	50~74	90~100	100	
9.5	24~52	25~60	26~78	90~100	100
4.75	20~28	20~28	20~28	26~60	90~100
2.36	16~24	16~24	16~24	20~28	28~65
1.18	13~21	13~21	13~21	13~21	22~36
0.6	12~18	12~18	12~18	12~18	18~28
0.3	12~15	12~15	12~15	12~15	15~22
0.075	8~10	8~10	8~10	8~10	12~15

对照德国规范可见,美国的 SMA 级配与德国由较大的差别,美国 SMA 最大粒径有 19、25mm,而且级配也比较粗,例如德国的 SMA-11,其 5mm 通过率为 30% ~40%,而美国仅为 20% ~28%,细料相对少了 10%。这可能是因为美国与德国的自然气候条件不同有很大关系。美国 SMA 最大粒径有 25mm、19mm,说明这两种类型的 SMA 是用于中、下面层的。

在我国目前所铺设的 SMA 路面,大多采用 SMA-13 或 SMA-16 这两种类型,而且习惯上级配常按规范的中值取用。其实,在具体工程设计中,还应该根据需要进行确定级配的走向。研究表明,对于交通量比较大的道路,为了提高 SMA 路面的抗车辙性能,适当降低 2.36mm 通过率,也就是增加粗集料,能有效提高 SMA 混合料的动稳定度。重庆交通设计研究院曾经对 7

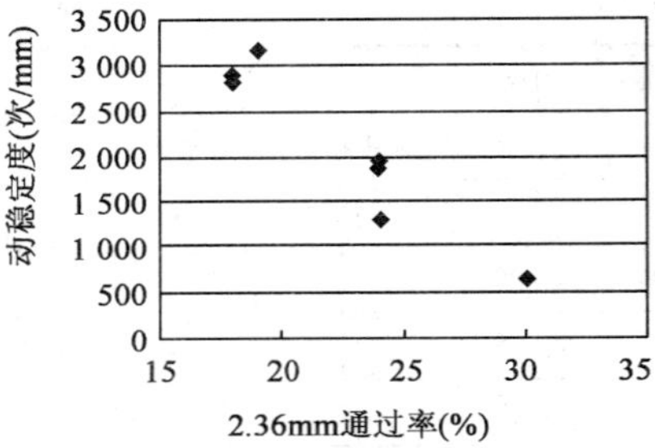

图 6-2　动稳定度与 2.36mm 通过率的关系

种不同级配的 SMA 混合混料进行了动稳定度试验，结果表明，动稳定度与 2.36mm 通过率之间存在很好的线性关系（图 6-2）。由图可见，当 2.36mm 通过率控制在不大于 20% 时，SMA 混合料可获得较高的动稳定度。

试验研究还表明，SMA 混合料的动稳定度还与矿粉用量有一定关系，适当增加矿粉用量，也能有效地提高动稳定度。这是因为增加矿粉用量，沥青胶浆稠度提高，黏结力增强的缘故。

近年来人们对 SMA-5 级配进行了试验研究和应用，其主要目的充分利用优质碎石在加工过程中大量剩余的小粒径碎石，同时作为沥青路面预养护，可以用这些材料拌制成小粒径 SMA 混合料，铺筑成超薄磨耗层，达到改善路面使用功能的目的。但是我国现行规范没有关于 SMA-5 的级配，对此可参考美国各州公路预运输工作者协会于 1998 年发布的 SMA 施工技术规范中关于 SMA-5 的级配（表 6-5），或者参考德国 SMA 级配与技术要求（表 6-6）。但是美国规范所列 SMA-5 级配，其 2.36mm 筛孔通过率为 28% ~ 65%，显得过于宽泛，不便于施工控制，建议将 2.36mm 筛孔通过率修改为 28% ~50%，以便于工程应用控制。

第四节　SMA 混合料的技术要求

一、橡胶沥青用量的确定

沥青用量如何确定是混合料设计的关键环节。对于 SMA 混合料结合料用量的确定方法，人们已经比较熟悉。就目前来说，主要还是通过成型马歇尔试件，根据试件的体积参数确定大体的用量，然后再根据析漏试验、飞散试验进行校验，同时再根据粗集料间歇率 VCA_{DRC} 与混合料的粗集料间歇率 VCA_{mix} 两者的比较，以判别粗集料是否形成石—石接触，也就是判别是否形成了骨架结构。

虽然采用 Superpave 方法确定沥青用量也是可以的，但由于很多单位不具备旋转压实仪，同时由于旋转压实的实际压实功比马歇尔锤击功大得多，因而压得比较密实，使得沥青用量偏低，另一方面施工时压实也比较困难，必须格外提高压实温度，增加碾压次数。为此现在美国降低旋转压实次数的倾向，以便使沥青用量不致明显偏低。

我国现行规范根据德国的经验，规定锤击次数为正反面各 50 次，主要是考虑到增加锤击次数可能造成碎石压碎。然而根据我国实际情况，SMA 路面基本上都铺筑在交通量比较大的道路，而且所使用的碎石也都是要求比较坚硬的碎石，因此在很多情况下我们认为压实次数还是宜采用 75 次。室内试验证明，SMA 混合料在不同的压实次数下，其空隙率是不同的，随着锤击次数的增加，密度增大，空隙率减小（图 6-3）。只要采用坚硬的

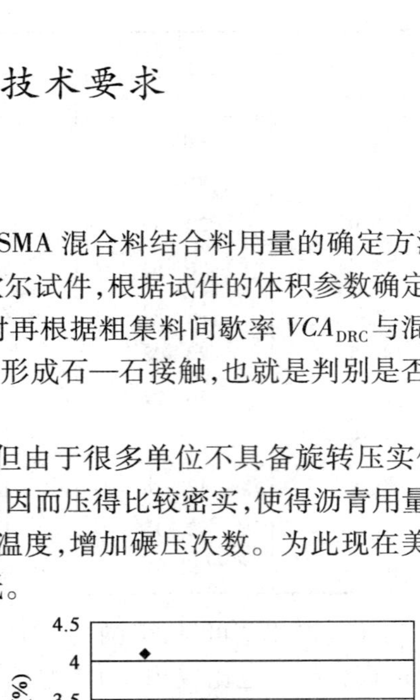

图 6-3　空隙率与锤击次数的关系

碎石，即使锤击次数大于 75 次，将试件切开的剖面也未见明显压碎现象。

实际上各个国家对于锤击次数的规定也有很大的差别。美国规定为 50 次，但也有的国家规定为 75 次，如北美的加拿大、欧洲的挪威，捷克则规定 50 次，也可采用 100 次，但锤击次数不同，要求的空隙率也不同。这说明锤击次数不同，试件的密度是不同的。

由于气候条件的差别，不同地理位置的国家对于 SMA 沥青用量要求也是有区别的。德国要求 SMA 沥青用量不得低于 6.5%（油石比 6.95），这是因为德国的纬度高，常年气温相对较低，夏天天气不很炎热，无需担心路面泛油或出现车辙。美国学习欧洲经验后，则根据美国的具体情况进行了试验和调整，规定沥青用量大于 6%。我国在引进 SMA 初期，由于简单地按照德国的规范进行设计，未充分注意我国气候的特点，以至于在南方某地铺设的 SMA 路面大面积出现泛油，造成路面光滑，以至于雨天发生严重车祸。通过大量的工程实践以及改性沥青的应用，我国很多工程对于 SMA-13 沥青用量控制在 5.8% 左右，油石比则为 6% 左右，沥青用量较德国有明显减少，路面不再出现严重泛油或油斑等现象。橡胶沥青由于特别黏稠，油石比有所增大，一般约为 6.5% 左右。

SMA 是间断级配，粗集料应石—石接触，形成骨架结构。为了检验是否形成骨架结构，规范要求检验 $VCA_{DRC} \geqslant VCA_{mix}$，其中：

$$VCA_{DRC} = \left(1 - \frac{\gamma_S}{\gamma_{CA}}\right) \times 100 \tag{6-1}$$

式中：VCA_{DRC}——粗集料捣实状态下间隙率（也称松装间隙率）（%）；

γ_S——粗集料骨架的松方毛体积相对密度；

γ_{CA}——粗集料骨架的毛体积相对密度，$\gamma_{CA} = \dfrac{P_1 + P_2 + \cdots + P_n}{\dfrac{P_1}{\gamma_1} + \dfrac{P_2}{\gamma_2} + \cdots + \dfrac{P_n}{\gamma_n}}$。

其中：P_1、P_2、$\cdots P_n$ 为粗集料骨架部分各种集料在全部集料中的配合比。

混合料在压实状态下 4.75mm 粗集料颗粒骨架间隙率 VCA_{mix} 按下式计算：

$$VCA_{mix} = \left(1 - \frac{\gamma_f}{\gamma_{CA}} \times P_{CA}\right) \times 100 \tag{6-2}$$

式中：γ_{CA}——粗集料骨架部分平均毛体积相对密度；

γ_f——沥青混合料试件毛体积密度，即表干法测定的密度；

P_{CA}——沥青混合料中粗集料所占的比例（%）。

混合料设计时，要求满足 $VCA_{DRC} \geqslant VCA_{mix}$，证明骨架未被细料撑开，形成了石—石接触，但两者相差也不能太大，一般其差值以不大于 2% 为宜。

在沥青用量初步确定以后，还需要通过谢伦堡析漏试验与肯塔堡飞散试验来检验是否合适，这些也都是人们所熟知的，这里不再赘述。

二、SMA 混合料技术标准

SMA 混合料技术要求与标准，各个国家由于自然和交通条件的不同而有所差别。德国与美国的技术要求分别列于表 6-7 和表 6-8。由德国的技术要求可以看出，他们认为 SMA 混合料关键在于控制其空隙率和沥青用量。在美国不同部门所制订的技术要求略有差别，而且美国同时列有旋转压实成型试件的技术要求。美国技术要求中，其沥青用量是按照所用碎石的合成密度不同而有所不同,表 6-8 中沥青用量是集料合成碎石密度为 2.65 时所对应的要求值。碎石合成密度越大,则对应的沥青用量随之降低。铺设 SMA 路面常采用质地比较坚硬的岩石,如玄武岩,其密度高达 2.90 左右,按美国标准则 SMA 混合料最低沥青用量应降为 5.7%,这是科学合理的。

德国 SMA 级配与技术要求 表 6-7

SMA 类型	0/11S	0/8S	0/8	0/5
沥青结合料种类	B65(PmB45)	B65(PmB45)	B80	B80 (B200)
结合料用量(%) (油石比)(%)	≥6.5 (6.95)	≥7.0 (7.53)	≥7.0 (7.53)	≥7.2 (7.76)
混合料空隙率(%)	3.0~4.0		2.0~4.0	
铺筑厚度(cm)	3.5~4.0	3.0~4.0	2.0~4.0	1.5~3.0

美国 SMA 混合料技术要求 表 6-8

技术指标	NAPA		AASHTO(1998 年)	
	马歇尔锤击成型	旋转压实成型	马歇尔锤击成型	旋转压实成型
空隙率 (%)	3.5~4	3~4		
VMA (%)	>17	>17	>17	>17
VCA_{mix} (%)	≤VCA_{DRC}	≤VCA_{DRC}	≤VCA_{DRC}	≤VCA_{DRC}
稳定度 (kN)	≥6.2		≥6.2	
流值 (mm)	2~4			
TSR (%)	≥70	≥70	≥70	≥70
析漏率 (%)	≤0.3	≤0.3	≤0.3	≤0.3
沥青用量 (%)	≥6.2	≥6.2	≥6.2	≥6.2

我国现行 SMA 混合料技术标准是在借鉴美国标准并结合自己的经验而制订的(表 6-9)。沥青用量在主要依据体积参数确定后,通常还要进行物理力学性能的检验,当然马歇尔稳定度并不是主要指标,而且马歇尔稳定度在数值上比密级配沥青混合料低得多,但是它还是能在某种程度上反映材料的性能。人们比较关注的是混合料抗车辙的动稳定度试验,以及抗水损害的冻融劈裂强度比试验。按规范对于夏炎热地区动稳定度要求大于 2 400~2 800 次/mm,冻融劈裂强度比则要求大于 80%。

规范中规定的技术要求,通常适合一般高速公路,对于某些工程则应根据道路交通的特点来确定。例如用于机场高速公路,由于所行驶的车辆主要是轻型小汽车,则其动稳定度就不必追求太高,满足规范要求就足够了。但如果行驶的车辆重车占有很大比重,如上海东海大桥的桥面铺装上面层 SMA,由于该桥是上海海港的专用通道,其集装箱卡车占 85% 以上,而且交通量较大,又完全渠化,则按规范标准则明显偏低,故将设计标准提高为 5 000 次/mm。

SMA 混合料马歇尔试验配合比设计技术要求　　表 6-9

试验项目		单位	技术要求		试验方法
			不使用改性沥青	使用改性沥青	
马歇尔试件击实次数			两面击实 50 次		T 0702
空隙率 *VV*		%	3～4		T 0708
矿料间隙率 *VMA*	不小于	%	17.0		T 0708
粗集料骨架间隙率 VCA_{mix}	不大于		VCA_{DRC}		T 0708
沥青饱和度 *VFA*		%	75～85		T 0708
稳定度	不小于	kN	5.5	6.0	T 0709
流值		mm	2～5	—	T 0709
谢伦堡沥青析漏损失率		%	不大于 0.2	不大于 0.1	T 0732
肯塔堡飞散损失率(或浸水飞散试验)		%	不大于 20	不大于 15	T 0733

三、SMA 混合料组成设计的调整

在 SMA 混合料设计过程中，常会出现某些指标不能满足要求的情况，这就需要查找原因，并对原设计进行必要的调整，有时甚至需要调换材料，重新进行试验和设计。表 6-10 是美国 AASHTO 就 SMA 混合料设计与施工中所出现的问题提出调整的方法，可以供我们借鉴参考。

SMA 混合料配合比设计的问题与调整方法　　表 6-10

问题	原因分析	解决方法
VMA 低	(1)4.75mm 通过率太高； (2)0.075 mm 通过率太高； (3)集料过分破碎； (4)集料毛体积密度不正确	(1)检查试验结果的正确性； (2)降低 4.75mm 的通过率； (3)减少矿粉用量
VMA 高	(1)4.75mm 通过率太低； (2)0.075 mm 通过率太低； (3)集料毛体积密度不正确	(1)集料毛体积密度不正确； (2)提高 4.75mm 通过率； (3)提高矿粉用量
空隙率低	(1)*VMA* 低； (2)沥青用量高	(1)检查试验结果的正确性； (2)减少沥青用量或增大 *VMA*
空隙率高	(1)*VMA* 高； (2)沥青用量少	(1)检查试验结果的正确性； (2)增加沥青用量或降低 *VMA*
VCA 高	(1)4.75mm 通过率高； (2)集料毛体积密度不正确	(1)检查试验结果的正确性； (2)降低 4.75mm 通过率
析漏率太高	(1)混合料温度太高； (2)矿粉用量少； (3)纤维稳定剂不足； (4)粗集料比例太高； (5)混合料中含有水分	(1)增加纤维稳定剂用量； (2)改变纤维稳定剂品种； (3)减少混合料水分； (4)调整级配； (5)减低温度

续上表

问　　题	原 因 分 析	解 决 方 法
油斑	(1)析漏严重； (2)运输距离太长； (3)储存时间过长	(1)检查每一步骤，减少析漏； (2)尽量减少储存时间
施工现场密度低	(1)碾压不足； (2)碾压不及时； (3)气温低或风大； (4)厚度太薄	(1)厚度应为公称最大粒径的3倍； (2)正确地操作压路机； (3)增大养路机的吨位或增加碾压遍数

在SMA混合料设计中，就其级配而言控制4.75mm通过率是最重要的技术关键。实践经验表明，取用规范级配的中值并不一定都能保证取得好的效果，往往需要根据所用碎石的岩性、交通量大小、结合料性质，或采用偏级配范围上限，或偏级配范围下限。在缺乏经验时只能通过反复试验来确定。

第五节　橡胶沥青SMA工程实例

目前我国在高速公路和城市快速干道中，采用SMA铺设表面层已经非常普遍，虽然采用橡胶沥青铺筑SMA路面尚不多，但是实践表明采用橡胶沥青铺筑SMA路面(AR-SMA)同样能取得很好的效果。因此用橡胶沥青完全可以取代SBS改性沥青。下面介绍北京和上海的两个工程实例。

一、北京首都机场南线橡胶沥青SMA路面工程

北京首都机场南线高速公路长18.2km，表面层采用橡胶沥青SMA混合料铺设。橡胶沥青是采用滨州A-90道路沥青，掺加20%的40目胶粉，在180℃以上的高温条件下，搅拌60min制备而成。经测试橡胶沥青符合《北京市废胎胶粉沥青及混合料设计施工技术指南》的相关要求，具体见表6-11。

北京机场南线SMA路面用橡胶沥青技术性能　　表6-11

试 验 项 目	测 试 结 果	技 术 要 求	试 验 方 法
黏度175℃　(Pa·s)	3.72	1~4	T 0625
针入度　(0.1mm)	68.8	40~80	T 0604
软化点　(℃)	58.6	≥47	T 0606
延度5℃　(cm)	17	≥10	T 0605
弹性恢复25℃　(%)	67	≥55	T 0662
旋转薄膜烘箱试验后			
质量损失　(%)	0.19	≤0.4	T 0610
针入度比25℃　(%)	94.9	≥80	T 0604
延度比5℃　(%)	89.1	≥40	T 0605

橡胶沥青黏度是按伯勒克菲德(Brookfield)旋转黏度计50%扭矩内插而得,作为比较还测试了滨州 SBS 改性沥青(I－C)175℃黏度,结果为0.29Pa·s,显然橡胶沥青黏度比 SBS 改性沥青黏度要高。集料采用质地较好的岩石所轧制的碎石,其密度约为 2.8t/m³。根据经验先初步预定油石比为6.0%,并初选三种 SMA 级配,通过马歇尔试验(锤击75次),试验测得橡胶沥青 SMA 混合料的体积参数。在此基础上再经过调整与比选,确定采用的级配(表6-12)和最佳油石比为6.2%。

北京机场南线 SMA 混合料级配　　表6-12

筛孔(mm)	16	13.2	9.5	4.75	2.36	1.18	0.6	0.3	0.15	0.075
通过率(%)	100	97.9	63.5	29	20.3	16.6	14	11.8	10.7	9.2

为了验证6.2%油石比的合理性,又做了谢伦堡析漏试验和肯塔堡飞散试验,结果测得析漏率为0.08%,飞散损失率为6.8%,均满足规范要求。

按照橡胶沥青6.2%的配合比例和表6-12的级配,对橡胶沥青 SMA 混合料试件的体积指标以及路用性能进行了试验,结果列于表6-13。

橡胶沥青 SMA 混合料体积参数与路用性能　　表6-13

技术指标		测试值	技术要求
空隙率(%)		4.0	3～4
粗集料间隙率	(%)	41.6	$\leq VCA_{DRC}$
矿料间隙率	(%)	17.3	≥17
饱和度	(%)	77.2	75～85
稳定度	(kN)	7.2	≥6
流值	(0.1mm)	29	20～50
动稳定度	(次/mm)	5318	≥3000
低温弯曲应变	(με)	2996	≥2800
残留稳定度	(%)	88.4	≥80
冻融劈裂强度比	(%)	85.1	≥80

采用橡胶沥青铺筑 SMA 路面,其性能都能满足有关规范要求。由于橡胶沥青的高黏稠性,可以不使用纤维,不仅使得成本有所降低,而且节约了资源,保护了环境。经测试 AR-SMA 路面基本上不透水,具有良好的密水性,同时构造深度达到1mm以上,保证了抗滑的要求。因此采用橡胶沥青与 SBS 改性沥青一样,所铺设的 SMA 路面可以获得同样良好的路用效果。

二、上海浦东新区高科东路橡胶沥青 SMA 路面工程

上海浦东新区高科东路(曾名为滨州路)是一条2006年新建道路,双向四车道,中间设置绿化隔离带。橡胶沥青 SMA 路面作为沥青路面的表面层铺设在右侧车道。粗集料采用浙江产辉绿岩碎石,该岩石石质坚硬,有利于保证路面的抗滑性;细集料采用石灰石轧制的细碎石。集料级配按现行规范执行,但控制4.75mm筛孔的通过率在28%～30%范围,矿粉用量确定为10%。

橡胶沥青是采用60目的轮胎胶粉和70号沥青配制而成,胶粉用量是根据所配制橡胶沥

青黏度确定的。一般用于拌制 SMA 混合料的 SBS 改性沥青，其 60℃ 黏度在 800～2 000Pa·s 范围内，经试验当胶粉掺量为 15% 时其黏度已达到 1 750Pa·s（表 6-14），满足拌制 SMA 混合料的要求。

橡胶沥青的主要性质 表 6-14

材　料	针入度（0.1mm）	软化点（℃）	针入度指数 PI	黏度（60℃）（Pa·s）	弹性恢复（25℃，%）
基质沥青	69	48.5	-1.02	210	—
胶粉改性沥青	47	60	+0.93	1 750	68

采用橡胶沥青拌制的 SMA 混合料，其沥青用量可以在较大的范围变动，最小为 5.5%，最大可以达到 7%。根据马歇尔试件的体积参数，最后确定橡胶沥青的油石比为 6.4%。

橡胶改性沥青能否用于 SMA 混合料，其关键是考察混合料的性能是否能满足现行规范技术指标的要求。采用橡胶沥青拌制的 SMA 混合料所测马歇尔稳定度、动稳定度、冻融劈裂强度比等指标，将其结果列于表 6-15 中。作为比较，表中还列出 SBS 改性沥青 SMA 混合料的相应指标。

橡胶沥青 SMA 混合料主要技术性能 表 6-15

技 术 指 标	橡胶沥青 SMA	SBS 改性沥青 SMA	规范技术要求
马歇尔稳定度（kN）	8.8	8.7	≥6.0
动稳定度（次/mm）	4156	3900	≥3000
冻融劈裂强度比（%）	91.6	96.2	≥80

由表 6-15 不难看出，利用胶粉改性沥青拌制的 SMA 混合料，其性能完全符合规范技术要求，与目前常用的 SBS 改性沥青 SMA 混合料性能相比，应该说处于同一水平。因此，铺筑 SMA 路面，使用橡胶沥青完全可以取代 SBS 改性沥青。

2006 年 6 月进行了橡胶沥青 SMA 路面施工。胶粉改性沥青的配制采用现成的 SBS 改性沥青加工设备，但只进行搅拌，不用胶体磨研磨，制备温度 180～190℃。SMA 混合料拌和、出料温度 180～185℃。摊铺温度 175℃ 左右。采用钢轮压路机碾压。图 6-4 是橡胶沥青摊铺于碾压施工时的情形，整个施工过程与常规 SMA 施工基本相同。

a)摊铺SMA混合料

b)碾压

图 6-4　橡胶沥青 SMA 路面现场施工

通过对现场 SMA 路面的检测，其平均构造深度达到 1.01mm，表面构造纹理丰富；压实度达到要求，路面渗水试验，30 点中仅有 2 点渗水。至今已经过 5 年的通车运行，路面表面状况还处于良好状态。

第六节　述　　评

自 SMA 路面技术在 20 世纪 90 年代引进我国以来，以其良好的路用性能得到人们的普遍认可，SMA 路面在公路和城市道路中得以广泛应用。从本章论述可以看出，采用橡胶沥青铺筑 SMA 路面与间断级配 AC 类路面，有其相似之处，又有所不同，各有其特点，现具体比较如下：

（1）集料级配的相似但又有所不同。AR-AC 是间断级配，粗集料多，细集料少，形成以粗集料为骨架的结构，不用或少用矿粉；AR-SMA 也是间断级配，同样是粗集料多，细集料少，也形成了骨架结构，但矿粉用量较多，一般达到 10% 左右。

（2）无论 AR-AC 还是 AR-SMA，它们均可以形成密实结构，剩余空隙率在 3% ~5% 范围内，所铺设的路面不透水，但是它们集料形成的空隙所填充的材料是不同的。AR-AC 混合料的空隙主要是由高剂量胶粉的橡胶沥青所填充，故橡胶沥青不仅要求黏度高，而且用量（油石比）也大，通常在 7.0% ~8.5% 范围内，有的甚至达到 9%；而 AR-SMA 则是由较低剂量胶粉所配制的橡胶沥青与高用量矿粉组成的胶浆所填充，橡胶沥青本身黏度相对比较低，用量（油石比）也相对比较小，约为 6.5% 左右。

（3）在形成骨架密实结构的前提下，AR-AC 与 AR-SMA 两种路面都具有良好的抗车辙性能和良好的低温抗裂性，AR-AC 路面因其沥青用量高，耐久性更好。AR-SMA 路面具有较大的构造深度，抗滑性能更好。

（4）AR-AC 路面由于沥青用量高，使得建设成本明显增加，而 AR-SMA 路面由于沥青用量与用 SBS 改性沥青铺筑的 SMA 路面相当，而橡胶沥青价格应该比 SBS 改性沥青低，故用橡胶沥青铺筑 SMA 路面成本较低。

为了便于一目了然直观地进行比较，现将它们各自的特点列于表 6-16 中。此表可以为业主和道路设计者选择路面结构类型的决策提供参考。

AR-SMA 路面与 AR-AC 路面性能比较　　表 6-16

项　目	橡胶沥青 SMA 路面	橡胶沥青间断级配 AC 类路面
级配	间断级配	间断级配
矿粉用量（%）	8 ~ 12	0 ~ 3
橡胶沥青黏度	黏度较高，胶粉用量 15% ~18%（外掺）	黏度高，胶粉掺量 18% ~25%（内掺）
橡胶沥青用量（%）	6% ~6.5%	7.5% ~8.5%
空隙率（%）	3% ~5%	3% ~5%
纤维用量（%）	可用，可不用	不用
路面结构	骨架密实结构	骨架密实结构
建设成本	相对较低	相对较高
路面耐久性	耐久性较好，使用寿命较长	耐久性好，使用寿命长

第七章　橡胶沥青开级配抗滑磨耗层

第一节　概　　述

人们乘车出行最重要的就是安全。雨天路面湿滑经常是引起交通肇事的主要原因,如某路段在三年中共发生交通事故71起,其中由于雨天路滑原因为27起,占38%。国际驾驶安全调查显示,雨天驾车的交通事故率比晴天高出大约5倍。沥青路面的抗滑性能一般以摩阻系数表示,提高路面的摩阻系数将有效地改善行车安全。如英国在M4高速公路上修建了抗滑面层后,使路面的摩阻系数提高了0.15,结果雨天的交通事故从原来的56次/亿车公里降低至29次/亿车公里。为此他们研究认为,路面摩阻系数每提高0.1(SCRIM仪测定),雨天事故率可降低13%。日本对多个具有排水功能的沥青路面雨天前后的事故调查对比,发现使用排水沥青路面雨天事故减少达80%左右。美国的研究也同样指出,潮湿路面相对于干燥路面交通事故的比率,随路面的抗滑值 SN 的增加而降低。由此可见,提高路面的摩阻系数,加速路面排水是改善道路行车条件,保证交通安全的重要措施。

沥青路面的摩阻系数与其表面的纹理构造有关。车辆在低速行驶时,细纹理表面摩阻系数较高,但高速行驶时则粗纹理表面摩阻系数较高。这是由于低速行驶时,细纹理表面的构造深度来得及排除表面水,故仍能保持与轮胎有较好的接触;而高速行车时,路表面水来不及从高速滚动的车轮下排除,因而在轮胎与路面表面之间形成一层水膜,以至导致车轮产生漂滑现象。粗纹理构造提供了较大的排水通道,使轮胎下的水能迅速排除,从而使轮胎与路面表面保持良好的接触,因而有很好的抗滑性能。路面的这种粗纹理构造,通常称之为宏观构造。

在雨水来不及排走时,路面表面形成的水膜厚度,美国Gallaway经对多种不同路面状况测试后获得如下经验公式:

$$WFT = \frac{0.003726 l^{0.519} i^{0.562} MTD^{0.125}}{S^{0.364}} - MTD \tag{7-1}$$

式中:WFT——水膜厚度(mm);

l——路面水路长度(m);

i——降雨强度(mm/h);

S——路拱坡度(m/m);

MTD——路面构造深度(mm)。

英国学者Jone Anderson于1995年进行人工降雨坡面试验,提出的预估路面水膜厚度的经验公式为:

$$WD = 0.015(L \cdot I)^{0.2} N^{0.2} \tag{7-2}$$

式中:WD——水膜厚度(cm);

L——径流长度(m);

I——降雨强度(cm/min);

$\frac{1}{N}$——坡度斜率,N 为不大于 100 的正整数,如 30、60、100 等。

近年国内也对雨天路面水膜厚度进行了试验研究,东南大学季天钊等人通过对不同沥青路面 195 组现场试验,回归得到水膜经验公式为:

$$h = 0.1258 l^{0.6715} i^{-0.3147} r^{0.7786} TD^{0.7261} \tag{7-3}$$

式中:h——水膜厚度(mm);

l——坡面长度(m);

i——坡面坡度;

r——降雨强度(mm/min);

TD——路面构造深度(0.1mm)。

研究表明,路面的宏观构造主要与以下因素有关:

(1)粗集料的抗冲击性与耐磨性。路面在车轮荷载的作用下,粗集料表面裹覆的沥青将被磨去而裸露出来,其良好的耐冲击和耐磨性能够长期保持棱角而不被磨损,从而使路面长期保持优良的抗滑性,因此很多国家将石料的耐冲击和耐磨性作为集料的主要技术要求。

(2)集料级配。传统的连续密级配,混合料呈悬浮结构,其表面宏观构造深度很浅。粗集料比例高,混合料形成骨架结构,其表面宏观构造大。

(3)沥青用量。混合料沥青含量过高,多余的自由沥青在高温季节会在车轮反复作用下被挤到路面表面上来;或者沥青黏度偏低,容易自由流动,都能使路面形成光面,使纹理深度减小。

雨天水膜厚度增大时,高速行驶车轮必然打滑,因此必须减速行驶,以策安全。Gallaway 等人建立的打滑车速与路面水膜厚度的关系如下:

$$HPS = 26.04 WFT^{-0.259} \tag{7-4}$$

式中:HPS——发生打滑时的车速(km/h);

WFT——水膜厚度(mm)。

我国台湾中华大学根据当地的降雨强度和在高速公路上测得的平均构造深度(1.26mm),按公式(7-4)计算的打滑车速列于表 7-1。由表可见,一般在路拱为 2% 的路段,雨天车速超过 70km/h,就有打滑的危险;为安全起见,车速不应超过 55km/h。由于一般道路的构造深度都不会大于 1mm,故打滑的车速还应该比表 7-1 所列数值要低很多。

按经验公式计算的打滑车速(km/h)　　表 7-1

路拱坡度		2%			4%		
设计水路长度 l (m)		30	40	50	30	40	50
降雨强度(mm/h)	50	72	69	66	80	75	72
	100	63	60	58	69	65	63
	150	59	56	54	64	61	57

对于沥青路面抗滑性能的要求,在《公路沥青路面设计规范》(GTG D50—2006)中有明确的规定,具体技术指标见表 7-2。

抗滑技术指标　　表7-2

年平均降水量(mm)	交工检验指标值	
	横向力系数 SFC_{60}	构造深度 TD(mm)
>1000	≥54	≥0.55
500~1000	≥50	≥0.50
250~500	≥45	≥0.45

在我国为了提高沥青路面的抗滑性能,过去曾进行过大量的研究,以前规范中的AK类沥青混合料,就是常用的磨耗层。但这种抗滑磨耗层其空隙率为6%~10%,排水效果并不很显著,而其下卧层不设防水层,以至造成雨水下渗,所以后来干脆被淘汰,现在代之以粗级配密实结构的面层。

开级配抗滑磨耗层在国外早已得到应用。美国在洲际公路上大量铺筑厚度为19~25mm的开级配抗滑磨耗层(Open-Graded Friction Course, 简称OGFC)。OGFC的空隙率一般约为15%,所以与我国过去的AK类路面有很大的区别。早在1973年美国联邦公路管理局就通知全国建议使用OGFC,并采取提供补贴的方式积极推广应用。据1982年调查,美国累计OGFC铺筑里程已达15 000km,且大多铺筑在交通量很大的洲际公路上,大多数州对它的使用性能感到满意。由于路面抗滑性能的提高,许多州的交通事故大大降低。根据各州的气候和交通情况,结合料通常采用针入度40/60(0.1mm)或80/100(0.1mm)沥青。美国使用的经验认为,OGFC路面的使用寿命与交通量和下承层的强度有关,一般可按7~12年考虑。为避免路面发生水漂,OGFC在民用和军用机场也得到广泛使用,其铺筑厚度一般也仅为19~25mm。联邦航空局认为,沥青中掺入磨细轮胎粉是有好处的;并且还认为,如果水泥道面质量很好,在上面加铺一层OGFC面层也是很好的抗滑措施。

在欧洲和日本,为保证雨天的行车安全,已广泛采用排水性沥青路面(Draining Asphalt),其空隙率达20%~25%。雨水能够从排水性沥青路面的空隙中迅速从横向排向边缘,再由纵向排水通道排走,在路面表面不会形成水膜而引起水漂和水雾。排水性沥青路面单层通常厚40mm。荷兰等国家为防止空隙被堵塞,有铺筑成双层结构,则厚度可达60mm。为了防止排水性沥青路面出现松散,日本等国家要求采用黏度大于2×10^4Pa·s的改性沥青,但是实际上所使用的黏度常大于10×10^4Pa·s。

开级配抗滑磨耗层(OGFC)与排水性沥青路面还是有所区别的,这主要表现为:

(1)路面的作用不同。OGFC主要是为了增强路面的抗滑性,排水性路面则主要是加强排水,通过排水以减少喷雾和溅水,达到安全行车的目的。

(2)空隙率要求不同。OGFC空隙率只要求15%甚至更低,排水性沥青路面则要求空隙率达到20%左右。

(3)铺筑厚度不同。OGFC铺筑厚度仅20~25mm,而排水性路面一般在40mm以上。

(4)OGFC不承担荷载,排水性路面可以作为路面结构层,承担荷载。

(5)排水的主要通道不同。排水性路面内部能形成明显的排水通道,而OGFC内部则不一定能形成排水通道,雨水主要不是从路面内部而是沿表面纹理构造中排走。

(6)采用的结合料要求的黏度不同。排水性沥青路面必须采用高黏度改性沥青,而OGFC

则可采用一般改性沥青，同时因为OGFC很薄，不用担心被继续压密。近年来许多研究认为采用橡胶沥青铺筑OGFC可取得更好的效果。

开级配抗滑磨耗层，因为其厚度仅20mm左右，因此实际上它是一种超薄磨耗层，不仅可以用作高等级道路路面的养护和预养护，而且也可以作为低等级道路的面层。本章就早年我们采用橡胶沥青铺筑开级配抗滑磨耗层的过程，以及某些国家和地区关于橡胶沥青抗滑磨耗层的做法和经验予以介绍，然后在此基础上归纳总结得出开级配橡胶沥青磨耗层设计的技术要点。

第二节　橡胶沥青超薄磨耗层

在20世纪80年代后期，同济大学曾经与浙江省杭州市公路管理处（现杭州市公路管理局）进行合作，就沥青薄层罩面开展了研究。初始研究是为了减少沥青路面开裂，延长路面使用寿命，以后逐渐形成了开级配橡胶沥青抗滑磨耗层。

一、问题的由来

在20世纪80年代，杭州到萧山二级公路是薄层路面，实际上其强度明显不足。而那时所用的沥青材料基本上是胜利100号沥青，尽管在当时来说已经是最好的沥青，但随着经济的发展，道路交通量迅速增加，双向日混合交通量达到10 000车次左右，致使路面不堪负荷，很快出现疲劳裂缝，雨水进入引起路面损坏。日常的维修养护，通常是加铺20mm的薄层沥青罩面，但一般只能维持半年或一年时间，就又再次出现大面积裂缝，勉强维持两年就又要加铺新的沥青罩面，所以日常养护工作量很大。在这样的情况下，为了减少沥青路面疲劳开裂，延长使用寿命，开展了试验研究。研究的主要目的并不是为了提高路面的抗滑性，因为在那时车辆行车的速度较低，路面的抗滑性并不是主要矛盾。

研究表明，汽车在路面上行驶，路面表面处于反复受拉和受压的状态之中，即轮前受拉，轮下因路面弯曲而受压，轮后又出现受拉。行车反复作用至一定次数时路面表面出现疲劳开裂。路面强度越差，弯沉值越大，路面受到的拉应力和压应力就越大，与之相应的拉应变和压应变也随之增大，路面能够承受的行车反复作用次数也就越少，以至在较短时间内出现网裂，甚至龟裂破坏。

虽然防治沥青路面开裂，根本的办法是提高路面强度，但是限于当时经济条件，不可能都采取补强措施，这样防治沥青路面荷载型裂缝只能从提高沥青面层材料本身性能着手。根据对沥青路面的调查和观察，发现沥青路面中“光面”就很少有裂缝，究其原因是因为“光面”的主要特征就是沥青含量特别高，因而赋予了沥青面层以高的应变能力。因此增加沥青混合料的用油量，提高其柔韧性，是有效防治路面裂缝的主要措施。显然使用普通沥青不可能大幅度增加其用量，否则将出现严重泛油，更何况那时使用的还是100号沥青。学习国外使用橡胶沥青的成功经验，于是尝试采用橡胶沥青铺筑沥青磨耗层。

二、橡胶沥青的室内试验研究

1.橡胶沥青的制备

试验用基质沥青为100号，采用粒度为30目胶粉，添加剂量为15%。制备时先将沥青加热至150～160℃，加入胶粉后搅拌均匀，同时加入少许活化剂（苯酚二硫化物），在热和机械力的作用下，胶粉吸收油分而溶胀，沥青逐渐变得比较黏稠，持续搅拌60min，即制备成橡胶沥青。

2. 橡胶沥青的基本性质

取样测试橡胶沥青的针入度、软化点等基本性质，并采用滑板黏度计测试25℃的黏度，结果见表7-3。

橡胶沥青的基本性能 表7-3

沥青材料	针入度（0.1mm）		软化点（℃）	延度（25℃）（cm）	黏度（25℃）*（Pa·s）
	0℃、200g、120s	25℃、100g、5s			
基质沥青	27	102	46	94	2.81×10^5
橡胶沥青	37	92	52	9	6.07×10^5

注：* 剪变率为 $0.1s^{-1}$ 条件下的黏度。

由表7-3可见，在沥青中添加胶粉后，针入度减小，软化点增大，黏度大幅度提高，这些都说明沥青的高温性能得到改善。一般沥青的延度可以反映其低温性能，但橡胶沥青因其橡胶颗粒的存在而不能确切地反映。通过测试低温条件下的针入度，按下式计算针入度比 *PR* 值：

$$PR(\%) = \text{Pen}(0℃、200g、120s)/\text{Pen}(25℃、100g、5s) \quad (7\text{-}5)$$

由式（7-5）计算得基质沥青 *PR* 为26.4%，橡胶沥青 *PR* 为40.2%。可见在常温（25℃）下，虽然橡胶沥青比基质沥青硬一些，但是在0℃低温条件下反而比基质沥青软，其 *PR* 值大得多。这说明橡胶沥青的低温性能有了改善。

通过测试不同温度下的针入度，按 $\log P = AT + B$ 关系式回归，则可以分别得到基质沥青和橡胶沥青的关系式如下：

基质沥青 $\log P = 0.0508T + 0.7109$

橡胶沥青 $\log P = 0.0403T + 0.9241$

根据有关研究，认为当针入度为1.4（0.1mm）时，其所对应的温度可认为是该材料的脆点温度，它大体上与Fraass脆点相当。按此方法计算得基质沥青的当量脆点为－11℃，橡胶沥青的当量脆点为－19℃，由此也说明橡胶沥青的低温性能优于基质沥青。

3. 橡胶沥青混合料的主要性能

作为薄层磨耗层的橡胶沥青混合料，除了进行了马歇尔试验外，还专门进行了蠕变试验和疲劳试验，以观察其抗车辙和耐疲劳性能。由于是用于薄层罩面，故混合料最大粒径（当时规范规定采用圆孔筛）取为10mm，级配为连续密级配，具体见表7-4。沥青混合料的沥青用量均为6%。

薄层磨耗层用集料级配 表7-4

筛孔（mm）	10	5	2.5	1.2	0.6	0.3	0.15	0.075
通过率（%）	100	54	36	30	18	12	9	6

蠕变试验的试件尺寸为 ϕ7cm×14cm，端面经整平处理。试验在MTS（Material Testing System）机上进行。试验温度为40℃。试验前先施加荷载预压。试验时压缩荷载为 10^5Pa，加

载45min后卸载45min，由计算机记录荷载与时间。根据试验结果计算得到的蠕变劲度模量列于表7-5。

蠕变劲度模量(40℃)(MPa)　　表7-5

卸载时间(s)	0.02	1	5	10	20	50	100	500	1 000	2 000
基质沥青混合料	471	224	165	145	127	107	93	69	60	52
橡胶沥青混合料	710	331	242	211	184	154	135	98	86	74

蠕变试验结果表明，混合料的劲度模量随时间而减小。在长时间荷载作用下，如2000s，它相当于汽车以60km/h行驶通过了10^5轴次，在这种情况下橡胶沥青的劲度模量为74MPa，为基质沥青混合料劲度模量52MPa的1.5倍。

沥青性质、集料级配、沥青用量等对沥青混合料的疲劳寿命都有较大影响。对于常应力疲劳试验，其基质沥青与橡胶沥青两种混合料的结合料用量均为6%；当进行常应变疲劳试验时橡胶沥青用量则提高到7.2%（基质沥青混合料其沥青用量是不能增加的）。试验温度为15℃，荷载频率为5Hz。常应力控制疲劳试验仅做了一个0.5*P*应力比水平的试验，而应变控制则进行5个不同应变水平下的疲劳试验，以完全断裂时作用次数作为试件疲劳寿命。试验结果列于表7-6。

橡胶沥青混合料疲劳寿命(次数)　　表7-6

控制模式	应力控制	应 变 控 制				
控制水平	0.5P	20×10^{-4}	10×10^{-4}	8×10^{-4}	6×10^{-4}	5×10^{-4}
基质沥青混合料	18 369	221	2 015	4 022	11 204	21 092
橡胶沥青混合料	22 908	852	10 024	20 014	52 023	101 236

由表7-6可见，在常应力疲劳试验条件下，橡胶沥青混合料的疲劳寿命基本上与基质沥青相当，差别不大，可以认为在同一水平上。但是在常应变疲劳水平下，则橡胶沥青混合料的疲劳寿命则要大得多，基本上为基质沥青混合料疲劳寿命的4～5倍，这说明橡胶沥青混合料因为沥青含量高，其耐疲劳寿命确实能够得到有效提高。

三、橡胶沥青薄层磨耗层的应用

橡胶沥青薄层罩面技术于1988年首先在杭州—萧山二级公路上扩大试用，一方面为满足路面养护之需要，另一方面通过实践对它进行检验。实际应用证明，一项技术需要在实践中不断加以修正和完善。

当年铺筑的橡胶沥青薄层罩面，所用沥青为胜利100号沥青，胶粉剂量为沥青质量的15%，集料级配为连续密级配（表7-4），橡胶沥青用量为6%。使用实践表明，采用橡胶沥青的薄层罩面，其路用性能有了很大提高，虽然裂缝出现有所减缓，但最后还是会出现。根据室内试验，将橡胶沥青用量增加至7.2%，则路面裂缝有了大幅减少，证明增加沥青用量确能抑制裂缝的出现。由于沥青用量增加，路面表面比较光滑，路面构造深度不够，抗滑性不足，因此需要研究提高路面的抗滑性。为此调整了集料级配，增加粗集料，减少细集料，不用矿粉，以形成较大的矿料间隙率，容纳较多的橡胶沥青。调整后的级配见表7-7。

橡胶沥青薄层罩面集料级配　　表 7-7

筛孔(mm)	15	10	5	2.5	1.2	0.6	0.3	0.15	0.075
通过率(%)	100	85~100	40~55	25~35	10~20	—	—	—	0~2

由表 7-7 可见,其级配实际上变成为开级配,矿料间隙将被橡胶沥青所填充。由于不用矿粉,橡胶沥青必须要有较高的黏度或软化点,才不致在气温升高时软化,因此需要提高胶粉剂量。为此将胶粉剂量增加至 20%,橡胶沥青软化点提高到 55℃。与此同时橡胶沥青用量可增加至 7.0%~8.0%。经过这样调整后,所铺橡胶沥青薄层罩面不仅抗裂性有了很大提高,而且路面的纹理构造也有了很大改善,抗滑性明显提高,满足了雨天行车安全的要求。

橡胶沥青薄层罩面在杭州得到推广应用,1991 年杭州—萧山二级公路全部铺筑了橡胶沥青路面,路况大为改善,裂缝明显减少,经交通厅组织检查裂缝率仅为 0.41%,尤其在雨季与其他道路相比路面大为改观。此后在杭温线、104 国道、320 线等公路上推广应用,累计铺筑面积达 16 万平方米。当时萧山城区的主要道路也几乎全部铺上橡胶沥青路面,铺筑面积达 7.5 万平方米,路容明显改观,为此曾在全省城市道路路况评比中获得好评。

四、评述

1990 年前后研究开发橡胶沥青薄层罩面,初衷是为了减少沥青路面裂缝,从开始采用密级配,进而研究形成了开级配橡胶沥青抗滑磨耗层路面。实践证明,开级配橡胶抗滑磨耗层,因沥青含量高而耐疲劳性能好,又因粗集料多而纹理构造好,提高了抗滑性能,所以将它作为沥青路面养护是很好的。但是总的来说,那时的交通量相对较小,100 号沥青添加 20% 的胶粉,软化点达到 55℃还能适应,但现在交通量增大,尤其是重载车辆增多,而且由于地球变暖,夏季时间延长(如 2009 年上海气象意义上的夏天时间长达 156 天),也需要提高橡胶沥青的软化点;同时考察沥青混合料的高温稳定性,如动稳定度,考虑夏季路面可能达到 60℃的温度,因此混合料试验温度确定为 60℃;开级配抗滑磨耗层不使用矿粉,橡胶沥青结合料直接充当胶浆的作用,因此橡胶沥青本身就需要具有较高的黏度,其软化点必须达到 60℃以上,才不至于在高温下流淌。为此橡胶沥青胶粉添加剂量可以其软化点大于或等于 60℃作为确定的依据。目前国内有的单位对橡胶沥青软化点提出大于或等于 54℃,其依据是参照了美国亚利桑那州的标准,显然在我国大部分地区来说还是偏低的。

对于混合料的级配(表 7-7),现在看起来其中的粗集料还是偏少,还应该作必要的调整,以便能够填充更多的橡胶沥青。

第三节　美国开级配橡胶沥青抗滑磨耗层

美国早在 20 世纪 50 年代就开始使用 OGFC,主要用于干线公路,个别还用于县道。联邦公路管理局通过提供补贴的方式全力推广应用,因为同传统沥青路面相比,在铺筑了 OGFC 后许多州的交通肇事率大为降低。OGFC 的组成各州不尽相同,起初结合料根据当地气候与交通状况一般采用针入度 40/60(0.1mm)或 80/100(0.1mm)的沥青,铺筑厚度通常为 19mm。大多数州对于 OGFC 的使用性能感到满意,但东部有些州有不同意见,认为不能再继续使用。

到1998年只有22个州铺设，其他的州则不再使用。

美国停止使用OGFC的州认为主要存在以下问题：①OGFC的空隙在不长的时间内就会被粉尘堵塞，丧失透水功能，这在城市道路中更为严重；②OGFC路面因为空隙率大，路面容易出现掉粒，进而松散(Raveling)，周期寿命只有传统沥青路面的一半；③路面一旦出现掉粒，发展极快以致来不及修补，就形成大面积损坏。

研究分析上述OGFC出现的问题，关键在于初期使用的沥青材料黏度太低，除美国采用普通沥青外，欧洲一些国家也采用高针入度的沥青，如丹麦、比利时采用100号沥青，荷兰甚至用200号沥青。这样做的原因主要是认为OGFC空隙率大，沥青容易老化，故采用针入度大的沥青。以后逐渐认识到，要防止出现掉粒、松散，必须提高沥青黏度，于是开始转向采用黏度大的沥青。在欧洲为防止雨天喷雾、溅水而研究和发展起来的排水性沥青路面，铺筑厚度增加至4cm左右，并注意使用改性沥青。日本研究认为必须使用高黏度改性沥青，并成为技术规范中重要的技术指标。美国将排水性路面称之为新一代OGFC。

为获得长久的使用寿命，现在美国很多州采用改性沥青铺筑OGFC，其中亚利桑那州、新泽西州则采用橡胶沥青作为结合料，表7-8是亚利桑那州橡胶沥青的技术要求，唯有怀俄明州还是采用普通沥青材料。

亚利桑那州橡胶沥青技术要求 表7-8

技术指标	黏度(177℃)(Pa·S)	针入度(25℃,100g,5s)(0.1mm)	软化点(℃)	弹性恢复25℃(%)
要求值	1.5~4.0	≥25	≥54	≥60

新泽西州采用两种不同橡胶沥青铺筑开级配抗滑磨耗层，一种橡胶沥青所用胶粉剂量为15%，粒度小于180μm；另一种橡胶沥青胶粉剂量也为15%，但粒度较粗，为小于425μm。用这两种橡胶沥青所拌制的混合料在运输时均未发生析漏。

亚利桑那州在现有道路或新建道路上采用橡胶沥青铺筑的开级配抗滑磨耗层(用AR-ACFC表示)，铺筑厚度为1~2cm，既提高了路面的抗滑性，又保护下面沥青层不受环境老化影响。AR-ACFC用油量较高，通常为9%~9.5%。亚利桑那州交通局的工程师认为，只要不发生析漏，用油量可以再提高2%左右，这样有利于提高抗反射裂缝和疲劳性能。在联邦60号公路上，由于交通量较大，AR-ACFC的厚度增加到2.5cm，使用性能长期表现良好，而且经检测，该路的交通噪声也明显降低。不难看出，这种开级配橡胶沥青磨耗层，实际上应该是属于超薄磨耗层。

OGFC的级配组成中粗集料占60%~80%，细集料很少，几乎不用矿粉，这样其矿料间隙率很高，所以能够提供足够大的空隙填充橡胶沥青结合料。表7-9是美国几个州OGFC的级配。

美国OGFC级配规范 表7-9

粒径(mm) \ 地区	亚利桑那州		加利福尼亚州	佛罗里达州	乔治亚州	怀俄明州	得克萨斯州
12.5	100	100	100	100	100	100	95~100
9.5	100	100	78~89	85~100	85~100	97~100	50~80

续上表

粒径(mm)\地区	亚利桑那州		加利福尼亚州	佛罗里达州	乔治亚州	怀俄明州	得克萨斯州
4.75	30~45	35~55	28~37	10~40	20~40	25~45	0~8
2.36	4~8	9~14	7~18	—	5~10	10~25	0~4
2.00	—	—	—	4~12	—	—	—
1.18	—	—	—	—	—	—	—
0.075	0~2.5	0~2.5	0~3	0~2.5	2~4	2~7	0~4
结合料	橡胶沥青	沥青	改性沥青	橡胶沥青	改性沥青	沥青	橡胶沥青
结合料用量(%)	9~10	—	—	5.5~7	5.5~7.3	6.3~6.8	8~10

从表7-9对比可以看出,采用橡胶沥青或改性沥青作为OGFC结合料的,其集料级配比较粗,而采用纯沥青作为结合料的,则集料级配中细料相对较多,怀俄明州因一直使用纯沥青,故矿粉用量比较大。

美国各个州对用作OGFC的材料要求也不尽相同,这可能与各州的气候与交通等条件有关。表7-10是美国几个州对OGFC材料的要求。其中亚利桑那州对于采用橡胶沥青的OGFC,其材料要求比较全面而详细。

美国几个州对OGFC材料的要求 表7-10

地区	亚利桑那州		加利福尼亚州	佛罗里达州	乔治亚州	怀俄明州
相对密度	2.35~2.85	—	—	—	—	—
吸水率(%)	≤2.5	—	—	—	—	—
砂当量(%)	≥55	≥45	—	—	—	—
破裂面(%)	≥95	≥70	≥90	100	—	≥95
L.A.磨损率(100转)(%)	≤9	—	≤10	—	—	—
L.A.磨损率(500转)(%)	≤40	—	≤40	—	—	≤35
碳酸盐(%)	≤30	—	—	≤88	—	—
坚固性(%)	—	—	—	—	—	—
结合料等级	PG64-16 +20%胶粉	PG64-16	AR4000 AR8000 PBA-6	AC-30 +12%胶粉	PG64-22 PG76-22 +SBS/SB	PG64-22 PG70-28

得克萨斯州公路局对于采用橡胶沥青铺筑开级配抗滑磨耗层,其橡胶沥青结合料要求胶粉的掺量大于沥青质量的15%,其用量确定方法如下:拌和3组不同橡胶沥青用量的混合料,在压实温度下置于烘箱中老化2h,然后用旋转压实仪成型试件(压实50次),试件直径150mm、高115mm,每组平行成型2只试件。以达到目标密度的橡胶沥青用量为最佳用量。最少橡胶沥青用量大于6%,以保证足够的沥青膜厚度。最佳橡胶沥青用量确定后,要进行析漏

试验、水敏感性试验以及耐久性试验。析漏试验要求析漏率不大于0.2%。水敏感性试验是将松散的橡胶沥青混合料在沸水中煮10min，立即观察粒料颗粒表面沥青剥落的情况，然后静止24h后再进行观察，并填写在报告中。耐久性试验即肯塔堡飞散试验，试验值要求不大于20%。

值得注意的是，表7-9中得克萨斯州所用橡胶沥青的用量要求高达8%～10%，而其空隙率则要求18%～22%，之所以能做到这一点，其关键在于它的集料级配中主要是4.75mm以上的粗集料，4.75mm以下的细集料（包括矿粉）仅占8%，因此即使橡胶沥青用量很高，也难以完全填充粗集料所形成的空隙，仍然可以剩留高达20%左右的空隙率。同样表7-9中亚利桑那州橡胶沥青之所以能高达9%～10%，其原因也在于此。显然，橡胶沥青用量太大，无疑使成本大为上升，若能适当减少橡胶沥青用量，以降低成本，在集料级配中适当增加细料的配合比例也还是可取的技术方案。

亚利桑那州公路局在高速公路中大面积铺设OGFC，以提供路面的良好抗滑性、行驶质量和雨天的能见度。他们对采用橡胶沥青和普通沥青的OGFC进行长达10年的调查研究，监测其裂缝率、车辙深度、平整度、摩阻系数以及养护费用等，结果表明无论裂缝率还是抗车辙性能，橡胶沥青OGFC均占优；在使用周期费用方面，虽然使用橡胶沥青成本比普通沥青要高出30%，但是其使用寿命几乎要延长一倍，所以使用周期费用反而有所降低。实践表明，橡胶沥青OGFC除了表现出良好的抗裂性、抗车辙性能外，经检测它还有良好的降噪功能，可降低噪声达5.7dB。

第四节　其他国家橡胶沥青抗滑磨耗层

一、西班牙橡胶沥青磨耗层

2006年西班牙马德里大学Gallego，J；Prieto，J. N；Vassallo，J. M在TRB年会上发表了关于橡胶沥青混合料温度敏感性与疲劳寿命研究的论文，介绍了西班牙采用橡胶沥青铺设薄层罩面的试验研究情况。

他们制备橡胶沥青所采用的基质沥青针入度为62（0.1mm），胶粉是由70%货车轮胎和30%小汽车轮胎磨细混合而成。胶粉粒度分为两种，一种为通过1mm筛孔（18目），另一种为通过0.5mm筛孔（35目）。通过在沥青中添加沥青质量25%的18目胶粉，经在190℃温度下搅拌1h而成的橡胶沥青称为高剂量橡胶沥青。由于所用橡胶粒度较粗，在储存过程中有沉淀现象。而在沥青中添加沥青质量10%的35目胶粉，并掺加适量增溶剂，制备而成的橡胶沥青称为低剂量橡胶沥青。低剂量橡胶沥青由于所用胶粉较细，在储存过程中则无沉淀现象。这两种橡胶沥青的基本性质如表7-11所示。

橡胶沥青的性质　　表7-11

技术指标	基质沥青	低剂量橡胶沥青	高剂量橡胶沥青	SBS改性沥青
针入度（0.1mm）	62	65	30	60
软化点（℃）	50.3	55.8	81	73.1
弹性恢复（%）	—	39	21	82
黏度（175℃）（10^{-3}Pa·s）	245	450	4500	650

作为比较,在表7-11中还列出了基质沥青与SBS改性沥青的基本性能。

在西班牙通常用作磨耗层的沥青混合料是一种间断级配(表7-12)。为测定橡胶沥青混合料模量,其高剂量橡胶沥青混合料采用A型级配,其油石比一般为9%~10%。其他几种沥青混合料均为B型级配,油石比一般为5%~6%。由表7-11可以看出,采用高剂量橡胶沥青的混合料,其矿粉用量很少,集料空隙主要是由橡胶沥青所填充。为了保证混合料的高温稳定性,则橡胶沥青必须要有高的软化点,表7-11所示其软化点高达81℃,即使在夏季高温下也不用担心泛油。低剂量橡胶沥青软化点仅为55.8℃,所以就需要用较多的矿粉(8%)与橡胶沥青形成胶泥来填充集料空隙,而且橡胶沥青的用量也不能太多(5.75%)才能保证高温稳定性。这就是不同集料级配橡胶沥青混合料之间的区别。

集料级配 表7-12

筛孔(mm)	20	12.5	10.0	4.0	2.0	0.5	0.063
高含量橡胶沥青混合料(A型)	100	95	89	34	20	12	3.5
其他几种沥青混合料(B型)	100	100	86	30	25	17	8

经过具体配制的高剂量橡胶沥青混合料和其他几种沥青混合料其体积参数列于表7-13。由表7-13可以看出,西班牙的薄层磨耗层空隙率不大,一般在5%左右,其目的主要是改善路面的抗滑性,因此与排水性路面空隙率达20%左右有很大的区别。同时在施工工艺上也有其特点,采用高剂量橡胶沥青拌制混合料,其拌和温度与压实温度比采用低剂量橡胶沥青反而低,差不多要低15℃左右。分析其原因,可能与它们的油石比有关。高剂量橡胶沥青混合料的油石比高达9.2%,高油石比使得混合料反倒便于拌和与压实;相反采用低剂量橡胶沥青,由于油石比小,仅为5.75%,混合料显得干涩,拌和与压实变得比较困难,故需要提高施工温度来解决。这说明采用高剂量橡胶拌制的橡胶沥青混合料,尽管橡胶含量高,橡胶沥青黏度大,但因为油石比高,碎石颗粒易于滑动反而便于施工。

橡胶沥青混合料技术参数 表7-13

技术指标	低剂量橡胶沥青混合料	高剂量橡胶沥青混合料	干法橡胶沥青混合料	AC混合料	SBS改性沥青混合料	西班牙规范
拌和温度(℃)	180	165	165	165	165	<180
压实温度(℃)	165	153	153	153	153	>135
油石比(%)	5.75	9.2	5.8	5.5	5.75	>5.5
稳定度(kN)	6.9	10.0	6.9	9.9	10.0	>7.5
空隙率(%)	6.9	5.1	7.9	3.8	4.0	>4
间隙率(%)	19.4	24.8	20.4	15.8	17.3	—

高剂量橡胶沥青混合料高油石比,因为空隙率仅为5.1%,路面基本上不透水,可以避免水的侵害。同时高油石比还能够避免碎石的脱落,防止路面坑洞的出现。当然橡胶沥青用量高,使混合料的成本大为增加。但是室内疲劳试验表明,开级配橡胶沥青混合料的疲劳寿命比其他沥青混合料(如SBS改性沥青混合料、AC混合料)要高得多,高剂量橡胶沥青混合料则又

比低剂量橡胶沥青疲劳寿命高。因此橡胶沥青混合料铺设的磨耗层,能大大延长使用寿命,降低养护费用,结果其周期寿命费用还是比较低的。

二、法国橡胶沥青磨耗层

1982年法国开始研究橡胶沥青(ARB),其方法是在针入度80/100(0.1mm)或60/70(0.1mm)沥青中添加沥青质量的15%~20%磨细橡胶粉,并添加适量(2%~10%)的芳烃油,在200℃高温下经过搅拌制备而成。这种橡胶沥青的特性如下:25℃针入度为50~80(0.1mm);软化点大于60℃;针入度指数(道路桥梁试验中心)为+1.5~+5;相对密度(18℃)为1.03。拉伸试验表明,甚至在低温和薄膜(3mm)状态在50℃温度下老化后,仍有高的延伸度和良好的弹性恢复性能。橡胶沥青与碎石料还具有非常好的黏结性能。

法国铺设多孔隙沥青混凝土路面,原来都采用聚合物改性沥青(PMA),然而他们研究发现,PMA初期具有良好的流变力学性能,但这些性能随时间而变化,会很快发生老化,结果在低温下变成脆性。橡胶沥青(ABR)在低温时仍具有较高的黏附力和柔韧性,又因为其软化点高达60~75℃,所以还具有很好的抗蠕变性能。由于橡胶中含有抗氧剂,从而提高了橡胶沥青的抗老化性能。起初橡胶沥青主要在干线公路、机场跑道等道路上用作应力吸收薄膜(SAM)或应力吸收夹层(SAMI),在6年中累计达到300万平方米。由于橡胶沥青具有上述良好特性,因此铺设多孔型沥青路面也开始采用橡胶沥青。

法国Exxon公司曾采用针入度60/70(0.1mm)沥青、聚合物改性沥青(PMA)和橡胶沥青(ARB)三种结合料进行了多空隙混合料的试验研究。混合料采用的集料级配列于表7-14。

混合料级配　　表7-14

筛孔(mm)	12.5	10	6.3	4	1.25	0.5	0.08
通过率(%)	100	88	26	16	10	6	3.2

研究比较三种混合料,其结合料用量分别为:对于针入度60/70(0.1mm)沥青为4.7%,PMA为5.5%,ARB为6.8%。混合料拌和温度分别为:对于针入度60/70(0.1mm)沥青为150℃,PMA为160℃,ARB为180℃。试验过程中测试了它们的劲度模量,结果表明,橡胶沥青混合料在低温下劲度较低,柔韧性较好.这在寒冷的冬季是很大的优点。单轴抗压蠕变试验则证明橡胶沥青混合料具有较强的抗车辙蠕变性能。拉压疲劳试验结果,在7×10^{-5}的应变水平下,橡胶沥青混合料的疲劳寿命比针入度60/70(0.1mm)沥青混合料大13倍,比PMA混合料大23倍。可见橡胶沥青混合料具有较好的力学性能。

1984年以来,在法国北部一条日交通量达40000辆(其中35%是重车)的A1收费公路上,采用橡胶沥青铺设的多孔路面已超过100万平方米。经过5年使用后观察,即使在慢车道上也未见明显的车辙,路面仍保持良好的抗滑性,这表明橡胶沥青路面具有优良的耐久性。

此外,欧洲的奥地利、比利时等国家也采用橡胶沥青铺筑开级配抗滑磨耗层,其主要目的是增加沥青膜的厚度,以减少路面松散现象。

三、澳大利亚橡胶沥青磨耗层

澳大利亚铺筑橡胶沥青路面,通常采用AC-14和AC-10两种级配类型,它们均为间断级配,具体见表7-15。

澳大利亚橡胶沥青混合料级配　表 7-15

筛孔(mm)	19	13.2	9.5	6.7	4.75	2.36	1.18	0.6	0.3	0.15	0.075
AR-AC-14	100	90~100	65~75	40~50	30~40	15~25	10~19	7~15	5~10	4~8	3~5
AR-AC-10	100	100	90~100	64~74	36~46	20~30	12~22	8~17	6~11	4~8	3~5

澳大利亚橡胶沥青混合料所采用的橡胶沥青，其胶粉剂量一般为25%左右(内掺)，因此橡胶沥青非常黏稠。橡胶沥青用量一般在7.5%~9.0%范围内，集料表面沥青膜的厚度很厚，按其要求为19~25μm，差不多是普通沥青混合料沥青膜厚度的3倍。澳大利亚橡胶沥青混合料技术要求见表7-16。

澳大利亚橡胶沥青混合料技术要求　表 7-16

技术指标	AR-AC-14	AR-AC-10
稳定度(kN)	≥3.0	≥2.5
流值(mm)	3.0~5.5	3.0~5.5
空隙率(%)	5.0~6.5	5.0~6.5
矿料间隙率(%)	≥17	≥17
沥青膜厚度(μm)	19~25	19~25

由表7-15和表7-16可见，澳大利亚橡胶沥青路面是铺筑在表面层的磨耗层，且是空隙率较小的密实结构。由于橡胶沥青用量非常高，油膜厚，柔性较好，能够有效地抵御路面裂缝的出现，耐久性好，使用寿命也较长。

第五节　台湾地区开级配橡胶沥青磨耗层

台湾地区属于高温湿热多雨的亚热带，高速公路路面大都加铺1.5cm开级配抗滑磨耗层，一般平均使用年限为5~7年。这种开级配抗滑磨耗层破坏大部分是典型的剥落松散，以致给养路单位带来相当大的麻烦。最近几年开始研究采用改性沥青及添加纤维等加以改善，通常采用添加高分子聚合物的改性沥青，这些改性沥青确实具有增加OGFC黏结性，防止过早发生松散破坏的效果，但由于价格较高以至使养护成本大为增加。因此在此种状况下，尝试采用废旧轮胎橡胶沥青铺设抗滑磨耗层。

台湾地区铺设开级配抗滑磨耗层已有较长的时间，对集料级配制定有相应的规范，要求碎石料洁净，不含杂质及其他有害物。粗集料至少90%的颗粒有两个破碎面，洛杉矶磨耗损失(500转)不大于35%，硫酸钠坚固性试验质量损失不大于9%，针片状颗粒含量不大于7%。其集料级配规范列于表7-17。

台湾开级配抗滑磨耗层集料级配　表 7-17

筛孔尺寸(mm)	通过百分率(%)	
	最大粒径9.53mm(3/8in)	最大粒径6.35mm(1/4in)
19	—	—
12.5	100	—

续上表

筛孔尺寸(mm)	通过百分率(%)	
	最大粒径9.53mm(3/8in)	最大粒径6.35mm(1/4in)
9.5	90～100	100
4.75	30～50	—
2.36	15～32	15～32
1.18	0～15	0～15
0.075	0～3	0～3

为确认所生产的废旧轮胎橡胶粉(CRM)能否拌制符合橡胶沥青规范的产品，台湾行政院公共工程委员会配合环保署，曾委托财团法人台湾营建研究院进行废旧轮胎再利用研究，针对所配制的CRM与沥青胶泥，进行性质检测，并参考国外橡胶沥青制备方法，于实验室内进行拌制。然后在现场进行橡胶沥青路面的试铺，并于2001年进行试铺路面的评估。依据实验室与现场实际应用的结果，制定了橡胶沥青混凝土铺面作业要点与施工规范。两年试验研究表明，将台湾本地回收轮胎采用适当的处理技术可以拌制符合ASTM规范的橡胶沥青，同时经由工地试验也证明厂商已有生产及施工能力。实地观察表明，所铺筑的橡胶沥青路面优于传统沥青路面。在室内外试验过程中，其主要做法如下：

拌制橡胶沥青时，为使橡胶与沥青能够充分发生反应，要求在175～190℃的温度下搅拌1h以上。抽样检测橡胶沥青的性能，以确保所生产的橡胶沥青混合料能符合配比设计的要求。制备橡胶沥青的作业必须采用特殊设备，目前台湾已有组装该项设备及制备橡胶沥青的成功经验。

开级配橡胶沥青混合料的施工温度较传统工艺要高，出厂温度必须大于160℃，工地初压温度大于135℃，完成终压的温度大于110℃，并以钢轮振动压路机进行初压和复压，以不振动的两轮钢轮压路机进行终压，可达到压实度的要求。不使用轮胎压路机碾压。此种碾压方式铺筑后路面压实沉陷量只有10%左右，而传统密级配压实沉降量25%。

橡胶沥青混合料的沥青含量试验，可采用溶剂分离法，也可采用燃烧法，但在判定数据时，溶剂分离法需要考虑无法被溶剂溶解的橡胶粉含量，而燃烧法则应考虑无法被燃烧的炭黑含量。

对于混合料的技术要求，则参考了日本道路协会的《铺装试验方法便览》和美国FHWA的OGFC设计程序提出，具体数值见表7-18。

台湾OGFC混合料建议规范　　表7-18

技术指标	空隙率(%)	透水系数(cm/s)	磨耗率(%)	抗压强度残留比(%)
要求值	15～20	≥10^{-2}	≤25	≥60

根据试验研究获得的数据进行评估，与传统沥青路面比较，橡胶沥青路面具有空隙率较低、劲度较大，且路面平整、抗滑性好、行车噪声又较低等优点。因此采用橡胶沥青铺设开级配抗滑磨耗层将逐渐在台湾地区推广应用。

第六节　开级配抗滑磨耗层设计与施工

一、抗滑磨耗层混合料类型

综上所述,采用橡胶沥青铺设开级配抗滑磨耗层,能够提高路面抗滑性,保证行车安全。它与排水性沥青路面不同,是属于一种20mm左右的超薄层路面,适合于高速公路以及其他等级道路,甚至可用于农村道路路面养护或预养护。按其功能和组成结构可以分为以下两种类型:

(1)骨架密实型磨耗层。这一种类型的磨耗层,其主要目的是为了提高沥青路面在雨天的抗滑性,并不具有排水功能。其特点是具有良好的宏观构造,足够大的构造深度。由于不需要具有排水功能,因此尽管它的集料为开级配,但却添加比较多的矿粉,结果形成空隙率仅为5%左右的密实结构。这种类型的抗滑磨耗层能够阻止水的渗入,减少路面水损害的出现,故下层不需要专门设置防水层。

(2)骨架孔隙型磨耗层。铺设多孔隙型磨耗层其目的不仅是为了提高表面构造深度,增强抗滑性,同时要求具有一定的排水功能,以减少水漂、水雾,故混合料应具有较高的空隙率。为此设计空隙率常要求达到15%左右。尽管如此它还是不同于空隙率达到20%的排水性沥青路面。多孔隙型磨耗层厚度为20mm左右,而排水性沥青路面厚度则为40~50mm,所以这种多孔隙型磨耗层的排水能力不能与排水性沥青路面相比,而是明显低得多。

二、材料

1. 集料

作为抗滑磨耗层用集料,粗集料必须采用耐磨性能高的碎石。由于抗滑磨耗层仅作为路面表面的磨耗层,无需铺得很厚,所以一些国家仅铺20mm左右,因此混合料最大粒径采用9.5mm(或者为10mm)。粗集料可以分为3~5mm与5~10mm两档碎石。粗集料的石质应坚硬,通常可以采用辉绿岩、玄武岩、安山岩。花岗岩虽然是酸性岩石,但质地坚硬,且与橡胶沥青具有良好的黏附性,或者在采取适当抗剥落措施后,花岗岩仍可以使用。某些地方产的砂岩,如质地坚硬也可以应用。粗集料的颗粒形状宜呈立方形,针片状颗粒含量应不超过10%,表面清洁,不沾染污泥或石粉。细集料比表面积大,宜采用碱性岩石轧制的碎石,其中以采用石灰石最好。细集料最好采用机制砂,而不宜使用碎石加工过程中剥落下来的薄片状石屑。应注意控制细集料的含泥量,要求不大于3%。

2. 集料级配

抗滑磨耗层混合料的集料级配,宜采用间断级配或开级配,我国现行《沥青路面施工技术规范》(JTG F40—2004)给出了SMA—10和OGFC—10的级配范围,详见表7-19。

现行规范SMA—10和OGFC—10的级配范围　　表7-19

筛孔(mm)	13.2	9.5	4.75	2.36	1.18	0.6	0.3	0.15	0.075
SMA—10	100	90~100	28~60	20~32	14~26	12~22	10~18	9~16	8~13
OGFC—10	100	90~100	30~50	18~32	6~18	4~15	3~12	3~8	2~6

虽然 SMA—10 属于骨架密实结构，但是规范级配范围比较宽泛，例如 4.75mm 通过率为 28% ~60%，范围太宽不便于实际操作。为此从便于工程可操作性，应予适当调整。同样对于多孔隙型混合料其集料级配采用规范 OGFC—10 开级配，也宜进行适当调整，以适应橡胶沥青结合料的特性。参考国内外经验，现将骨架密实型结构与骨架孔隙型结构推荐集料级配列于表 7-20，当然也可以直接采用自己认为成熟的级配，不必受条条框框的限制。

橡胶沥青磨耗层集料推荐级配　　表 7-20

筛孔(mm)	13.2	9.5	4.75	2.36	1.18	0.6	0.3	0.15	0.075
骨架密实型结构级配范围	100	95 ~ 100	32 ~ 48	20 ~ 30	16 ~ 24	14 ~ 20	12 ~ 18	9 ~ 14	6 ~ 10
骨架孔隙型结构级配范围	100	95 ~ 100	30 ~ 50	15 ~ 32	6 ~ 18	4 ~ 14	3 ~ 10	2 ~ 6	0 ~ 3

为了使所铺设成的路面具有很好的宏观构造，较大的构造深度，混合料中的粗颗粒必须占有较大的比例。根据西班牙的经验，可以做成骨架密实型结构和骨架孔隙型结构。笔者认为，在我国年降水量较多的南方地区，建议多采用密实型结构，以减少雨水下渗，避免路面出现水损害等现象；而在年降水量较少的干旱地区，则可以采用孔隙型结构，因为作为超薄磨耗层不同于排水性路面，无需担心孔隙被尘埃堵塞的问题。

我们并不主张采用橡胶沥青铺设高空隙率(≥20%)的磨耗层(Porous Asphalt)，也即排水性路面，其原因是橡胶沥青即使其黏度很高，但与高黏度 SBS 改性沥青相比，它的动态剪切模量仍较低，在重载交通作用下有可能逐渐被压密而失去高空隙的排水性能。

3. 橡胶沥青结合料

虽然都是采用橡胶沥青铺设薄层磨耗层，但是由于用途的不同，以及所采用的集料级配有明显区别，故对橡胶沥青结合料的性能也有不同的要求，尤其是黏度有很大的差别。

(1)用于骨架密实型结构的橡胶沥青混合料，与 SMA 混合料十分相似，其集料以粗集料为主，且形成骨架，孔隙率比较大，由于使用较多的矿粉，这样与 SMA 混合料一样，其孔隙将由橡胶沥青与矿粉所组成的胶浆填充，使混合料整体形成密实结构。在这种情况下如果参照美国亚利桑那州的经验，采用 20 目的胶粉，胶粉与沥青的配合比例按照 20:80 进行配制，则橡胶沥青的黏度很高，在矿粉用量又比较高的情况下，所形成的橡胶沥青胶浆过于黏稠，使得混合料不仅难以拌和，而且也难以压实。根据国内外铺筑橡胶沥青磨耗层的经验，尤其是西班牙的经验，以及国内铺筑 SMA 的经验，橡胶沥青 60℃黏度宜控制在 2000 ~ 3000Pa · s 范围内，软化点在 60℃以上，这样胶粉的掺量相对较少；如果使用 70 号沥青，40 目胶粉，则胶粉的掺量宜控制在沥青质量的 15% ~18% 范围内。

(2)对于骨架孔隙型结构的橡胶沥青混合料，其集料虽然也以粗集料为主，并形成骨架，但细集料较少，而且不用或少用矿粉，孔隙比较大，需要用比较黏稠的橡胶沥青填充一部分孔隙，这就是美国亚利桑那州采用高剂量胶粉(胶粉: 沥青约为 20: 80)的主要原因。其目的是为了防止夏天橡胶沥青发软，防止路面出现松散、坑洞等病害。因此，如采用 70 号沥青，胶粉添加剂量可以达到沥青质量的 25% 左右，软化点达到 70℃以上。

因此，关于用作超薄磨耗层的橡胶沥青的配制，基本上可以分别按照第五章与第六章橡胶沥青的要求指标予以控制。

三、橡胶沥青用量的确定方法

对于骨架密实结构橡胶沥青混合料，其结合料用量基本上可以参照第六章，也就是SMA设计方法加以确定，估计大体上橡胶沥青混合料的油石比在6.5%～7.0%范围内。

对于骨架空隙型橡胶沥青混合料，其橡胶沥青的用量主要取决于空隙率的要求。如前所述，应用橡胶沥青铺筑空隙率达20%的排水型路面，因为橡胶沥青的劲度模量还不足够大，路面在运营过程中可能会较快地被压密，空隙率明显降低而失去排水功能。但是利用橡胶沥青可以铺筑空隙率相对较小（如空隙率为15%左右）的抗滑磨耗层，因为它的主要功能并不在于排水，而在于提高抗滑性，这样即使空隙率有所降低，也不影响路面的抗滑功能。当然如能做到像美国得克萨斯州或亚利桑那州那样，集料几乎都是粗颗粒，又用十分黏稠的橡胶沥青，铺设成大空隙的薄层橡胶沥青抗滑磨耗层也是很好的，可以在运营过程中观察它的使用效果和周期寿命。

橡胶沥青的用量范围，可以采用析漏试验控制其最大用量，而以飞散试验控制其最小用量，取其两者之间的中值作为最佳沥青用量。

四、施工

橡胶沥青抗滑磨耗层的施工不同于其他路面，主要是由于摊铺厚度比较薄，在操作上有一定难度。为了能够做到摊铺厚度均匀，在摊铺前必须注意下层表面的平整度是否满足要求。如有局部不平整，则必须采取措施，如将凸出部位加以铣刨清除。

摊铺前下层表面应洒布黏层油，有条件最好采用改性乳化沥青，以提高上下层的黏结性能（图7-1）。

由于摊铺厚度较薄（图7-2），混合料温度散失很快，为此一方面应宜注意尽量选择在气温较高季节施工，另一方面摊铺后应尽快加以碾压。当然采用温拌技术应该是不错的选择。一般摊铺后不要用人工在表面翻耙，因橡胶沥青非常黏稠，极易造成表面不平整。摊铺的松铺系数控制在1.10～1.15。由于摊铺厚度很薄，碾压2～3遍即可，过度碾压反而不好。

图7-1　洒布黏层油

图7-2　摊铺作业

第八章　干法骨架密实降噪橡胶沥青路面

第一节　概　　述

所谓干法橡胶沥青路面，是指拌制沥青混合料时直接将废旧轮胎橡胶颗粒投入拌缸，拌和成混合料，经摊铺碾压而成橡胶沥青路面，为与湿法相区别，称之为干法橡胶沥青路面。干法具有工艺简单，施工方便的特点。采用干法铺筑橡胶沥青路面主要有以下不同目的：

(1)大量消耗废旧轮胎橡胶，并作为沥青混合料的填充料使用。

(2)将橡胶颗粒掺入沥青混合料，以提高路面的阻尼性质，达到降低车辆行驶滚动噪声的目的。

(3)将橡胶颗粒作为改性剂掺入沥青混合料中，达到改善沥青混合料性能，尤其是提高抗车辙能力的目的。

1978 年美国加州运输部第一条干法橡胶沥青路面在 Meyers Flat 的 SR50 铺设，它是在集料与沥青拌和之前，在集料中加入 1% 废旧轮胎橡胶粉。1985 年至 1994 年的 10 年中，俄勒冈州运输部共建成了 17 条试验路，分别采用干法和湿法铺筑橡胶沥青路面，经对干法间断级配橡胶沥青混合料进行检测，虽然这种混合料在施工中并没有遇到大的问题，但是施工结束后不久就出现了松散，在所有橡胶沥青混合料中，干法混合料性能表现为最差。然而，华盛顿州用干法所铺筑的橡胶沥青路面，无论是密级配还是间断级配，其性能均非常优良。不过华盛顿州在 1982 年到 1986 年期间用干法铺筑的 7 个项目中，有 4 个项目的路面发生了不同程度的损坏，主要表现为泛油、车辙、开裂、松散，其主要原因是施工不当所造成的。在阿拉斯加州，干法橡胶沥青混合料表现出很好的抗低温开裂和疲劳性能，而且抗冻能力和抗滑性能也得到了很大改善。

美国经验表明，干法工艺虽然也有获得成功的，但是总体来说干法容易出现病害，突出表现为路面容易出现松散。究其原因，主要是因为橡胶颗粒与沥青接触后，吸收了沥青中的油分，体积发生了膨胀，促使路面发生松散破坏。正因为如此，美国很多州逐渐放弃了干法工艺，只采用湿法工艺。

近年来美国为了提高干法橡胶沥青混合料的性能，采取在橡胶颗粒加入拌缸的同时，加入一种由德国 Degussa 公司开发研制的称之为维他联结剂(VESTENAMER)的添加剂，这是一种辛烯聚合物橡胶反应剂(Trans-Polyoctenamer Rubber，简称 TOR)，它能促进橡胶与沥青的反应，从而提高干法橡胶沥青混合料的性能。

干法工艺在我国也曾进行过研究和应用，其中交通运输部公路研究科学院从 2000 年开始对干法工艺进行试验研究，并在 2001 年至 2003 年期间先后在河北沧州、四川成都、广东中山、山东淄博等多地铺设了试验路。其所用的胶粉粒度为 40 ~ 80 目，掺量为 1% ~2%，也即相当于集料质量的 0.5% ~1%。试验结果认为，掺加胶粉可以使混合料的动稳定度有很大提高，但是长期使用寿命尚有待观察。

2003年同济大学承担了上海市科委重大科技攻关项目“都市交通噪声关键技术研究”中子课题:“低噪声沥青混凝土路面及混凝土材料研究与示范”的研究,其基本思路是设计一种骨架密实结构降噪沥青路面(Skeleton Dense Quiet Pavement,简称SDQP),希望达到既能承受重载荷载,克服多孔型路面不耐老化、使用寿命相对较短的缺点,又能明显降低交通噪声、改善道路环境的目的。采取的技术路线是借鉴SMA路面的骨架密实结构本身就具有一定的降噪功能,通过添加集料质量2%的橡胶颗粒,增大其阻尼性质,以进一步提高降低交通噪声的功能。曹卫东博士和周海生博士曾对此专门进行了深入的试验研究,解决了干法橡胶沥青混合料难以压实、力学强度不高、压实后会出现体积膨胀而容易引起松散的问题,提出了SDQP混合料组成设计的骨架嵌挤密实体积设计方法,指出这种路面降噪的机理主要在于轮胎—路面系统振动的衰减和路面的隔振(吸收冲击力),而不是吸声降噪。并在室内试验研究的基础上,曾先后在上海浦东新区五洲大道、晨阳路、南汇、青浦等地铺设了试验路段,收到了很好的效果。本章主要介绍在这方面所取得的研究成果,以供读者借鉴。

第二节　交通噪声与降噪机理

一、交通噪声的危害

随着经济的繁荣和持续增长,道路交通事业得到了迅速发展,道路交通流量增加,而且重载车辆比例大幅上升。然而与此同时道路交通噪声污染日趋严重,沿线居民的抱怨投诉增多,交通噪声已成为社会的主要公害之一。特别是近10年来,随着城市建设的发展,城市交通正向高速度、高架立体、地铁轻轨等现代化发展,而私有车辆的迅速增加,又促使了城市道路交通噪声污染的加剧。早在2002年国家环境保护总局发布的中国环境公报中就指出,在325个城市所作道路交通噪声检测结果表明,其中4.9%的城市交通声环境污染严重,17.2%的城市属中度污染,64.3%的城市属轻度污染,只有13.6%的城市道路交通声环境质量良好。一些大城市或特大城市交通噪声污染十分严重。国外的情况也大致如此。据了解,在欧洲约有20%的人口遭受不能忍受的噪声伤害,约有1.7亿城镇居民生活在所谓“灰色区”,即白天会受到噪声的严重干扰。

什么是噪声?噪声就是人们不需要的声音。噪声对人的危害好比是人患了一种慢性疾病。若长期生活在嘈杂的环境中,会使人的大脑皮层兴奋和抑制失去平衡,引起头痛、夜间失眠、记忆力减退等病症。噪声的干扰,使人心情烦躁,上火发怒,工作容易疲劳,效率下降。实验还证明,噪声会引起人心情紧张,使肾上腺素增加,继而引发心率加快,血压升高等病症,因此噪声会严重影响人体健康,对社会造成危害。

噪声对社会经济也会产生不利影响,造成经济损失,如对房地产业造成损失就是最直接的影响。在欧洲有文件披露,噪声对社会经济的影响,每年GDP将要损失0.2%,也就是说,每年约损失120亿欧元。

在我国,道路交通噪声污染的严重危害已经受到社会和政府有关部门的关注和重视,并积极着手采取多种措施降低交通噪声,其中开展研究降低轮胎—路面作用噪声就是一项重要措施。

二、道路交通噪声的影响因素

行驶车辆产生的噪声包括动力系统噪声、轮胎—路面作用噪声以及车辆周围的气流噪声。车辆的动力噪声主要取决于发动机的性能以及驾驶的技能。轮胎—路面作用噪声通常指滚动噪声，它主要取决于轮胎与路面的表面特性。只有当车速超过120km/h时车辆的气流才成为主要噪声源，同时在高速行驶条件下，轮胎—路面噪声增大也明显掩盖了动力系统噪声。

噪声的强弱（声压级）以分贝（dB）度量，人耳可以分辨的声压级约在120dB以内。距离快速行驶的载货汽车10m处噪声有85dB，洗衣机工作时约为55dB，树叶飘落时约为15dB。我们可以观测发现，车辆行驶速度越快，所产生的交通噪声也越大。测量研究结果表明，噪声与车速的对数呈比例关系：

$$L = A + B\log v \tag{8-1}$$

式中：L——声压级（dB）；

v——车速（km/h）；

A、B——常数。

汽车的载质量对噪声有很大影响，因为不同载质量对轮胎的挤压程度不同，从而影响车辆振动特性。载货汽车满载时所产生的轮胎噪声要比空车高5～6dB。同时轮胎的气压也有影响，气压增大，轮胎接地的挤压作用较小，噪声也就小。

路面表面的纹理构造对汽车振动及轮胎的泵气作用产生影响。纹理深度在一定范围内，有利于降低噪声，但路面过于粗糙，则又会产生较大的噪声。

沥青路面是黏弹性材料，受温度影响较大。当温度降低时，路面刚度增大，车辆行驶时振动增强，噪声增大。夏季高温下，路面模量降低，阻尼增大，车辆行驶噪声也随之减小。雨天路面排水不畅，会产生唧水噪声，使道路噪声增大。

轮胎表面的花纹对轮胎—路面噪声也有一定影响。一般而言，子午线轮胎比斜纹轮胎噪声水平低。轮胎表面块状花纹由于有较多的空气逃逸途径，故泵吸噪声较低。轮胎胎面橡胶的硬度对于轮胎噪声也有影响，显然硬度高的轮胎噪声大。为降低路面噪声，轮胎研究与生产部门已专门对此开展了研究。

三、降噪路面与降噪机理

为降低交通噪声，需要从多方面采取措施，其中包括降低轻型车辆的车速，禁止超载有利于降低动力噪声，提高路面的平整度，采用子午线一类的低噪声轮胎，都能在某种程度上降低交通噪声。从道路建设角度出发，铺设具有降低噪声功能的路面是重要的技术措施。近十几年来的研究表明，有几种路面，其中包括排水性路面、双层多孔性路面、多孔弹性路面、露石水泥混凝土路面、SMA路面等，都具有良好的降噪功能。它们各有其优缺点和适应性。在吸取不同类型降噪路面特点的基础上，同济大学研发的基于干法的骨架密实结构橡胶沥青路面有其创新性。

1. 排水性沥青路面

20世纪80年代中期，欧洲对排水性路面的优良特性引起了兴趣。开始使用排水性路面是因为它能减少雨天溅水和喷雾，改善潮湿条件下的抗滑性，并具有一定的储水性，后来发现它还具有降噪功能，从而更促进排水性路面在欧洲的广泛应用。现在欧洲许多国家的重交通道路都采用排水性路面作为面层，累计铺筑面积达到了195km^2，其中法国、意大利、西班牙以及荷兰等国家铺筑面积都超过25km^2，由此积累了丰富的经验。近年来我国高黏度改性沥青研究开发成功，促进了排水性路面的广泛应用。上海在浦东五洲大道、滨州路、机场北通道、外环线等路段上铺筑了排水性沥青路面。在西安咸阳机场高速公路、杭州城区以及萧山机场高速公路上也铺筑了排水性沥青路面。

排水性沥青路面之所以能降低噪声的排放，主要是由于它的纹理构造和孔隙可以吸收被压入的空气，并通过连通孔隙排放，从而减少了单极子噪声的产生。欧洲曾对不同国家干道网进行录音检测，证明排水性沥青路面与一般沥青路面相比较确实具有良好的声学性能。荷兰得出结论是排水性路面可降低噪声约4dB。排水性路面降噪性能的另一特性是噪声的频率发生了改变，1000Hz以上高频噪声减少，而低频噪声增多，由于低频噪声对人干扰不如高频噪声厉害，所以排水性沥青路面给人的感觉降噪效果比实测的好，甚至感到它的噪声还有一点“令人愉快”。

排水性沥青路面孔隙率高达20%或更高。由于降噪性能与其孔隙率有关，故孔隙率被灰尘堵塞将导致降噪效果的降低。为了能长期保持良好的降噪效果，关键是防止孔隙堵塞。实践表明，大量而快速行车由于轮胎的泵吸作用能形成一种自洁的功能，孔隙不易被灰尘堵塞，所以多孔性路面不宜在车速低于50km/h的慢速道路中使用。

排水性路面由于其多孔型结构，承载能力相对较差，故通常只适合于轻型交通道路，重载车辆比例特别高的道路和频繁刹车的交叉口路段不适合铺筑。还因为它空隙大也易老化，同时在冰冻地区路面因除冰也易造成损伤破坏，所以排水性沥青路面适用范围也有其一定的局限性。

2.基于干法的骨架密实结构橡胶沥青路面

自从SMA路面引进我国以后，十几年来已经在我国很多公路与城市道路中得到广泛应用。SMA路面为骨架密实结构，具有抗车辙、抗低温开裂、抗滑、耐久等良好性能，又因为它沥青含量高，所以还具有很好的降噪功能。在欧洲曾对许多国家SMA路面的降噪性能进行检测，均证明它确实具有明显的降噪效果，最大公称粒径为11mm或更小粒径(6mm)的SMA路面可降低2～3dB。我国大多采用SMA-13，普遍有2dB的降噪效果。如能进一步提高其阻尼性质，则它的降噪功能将得到提高。为此采取在其中掺加橡胶颗粒，也就是通过干法工艺，拌制成骨架密实型具有降噪功能的橡胶沥青路面。

从减振的角度来讲，阻尼是指物体耗损振动能量的能力，也就是将机械振动的能量转变成热能或其他可以耗损的能量，从而达到减振降噪的目的。阻尼材料有以下作用：

(1)阻尼有助于降低共振振幅(位移、速度、加速度)，因而各类结构在增加阻尼后可以避免因应力达到极限所造成的破坏。

(2)阻尼有助于机械结构在受到冲击后，于短时间内恢复到稳定状态。

(3)阻尼有助于减少因机械振动所产生的声辐射，降低机械噪声。

(4)阻尼可以降低结构振动，延长系统的疲劳寿命。

(5)阻尼有助于结构减少传递振动或声能的能力。

就能量的角度而言，阻尼就是将振动的能量转化为其他形式可以耗散的能量。然而就物理现象区分又可以分为以下几类：

（1）材料的内摩擦。材料的内摩擦又称为材料阻尼，它是由材料内部分子或金属晶粒在运动中相互摩擦而损耗能量所产生的阻尼。

（2）材料的外摩擦。摩擦耗能包括两个接合面在相对运动中的干摩擦或称库仑摩擦以及黏性流体（液体、气体）的摩擦。

（3）接合面阻尼。固体之间的接触面，除了一部分连接面之间产生相对运动并具有干摩擦耗能而产生阻尼情况外，绝大部分接合面阻尼来源于接合面的力与位移的非线形性质，是属于另一种阻尼形成的机理。

（4）能量的传输。不同阻尼材料耗能的机理是不同的，对于高分子黏弹性材料，它主要是大分子链间的内摩擦而消耗能量的。对于沥青混合料来讲，除了高分子材料的阻尼特性外，在碎石之间还存在着石与石之间的外摩擦和结合面的阻尼。

材料的阻尼性质可以用下式计算：

$$\beta = \frac{E''}{E'} = \tan\alpha \tag{8-2}$$

式中：β——材料的阻尼系数或损耗因子；

E'——复数拉伸模量（或复数剪切模量）的实数部分，代表着能量的储存；

E''——复数拉伸模量（或复数剪切模量）的虚数部分，代表着能量的耗散。

表 8-1 列举了几种常见材料的阻尼系数，由此可对阻尼有更直观的了解。

几种材料的损耗因子值（阻尼系数）　　表 8-1

材　　料	损耗因子 β 值	材　　料	损耗因子 β 值
金属	0.0001 ~ 0.001	砖	0.01 ~ 0.02
玻璃	0.001 ~ 0.005	砂	0.12 ~ 0.6
木材	0.01 ~ 0.05	阻尼橡胶	0.1 ~ 5
混凝土	0.015 ~ 0.05	高分子聚合物	0.1 ~ 10

由表 8-1 可以看出，混凝土、砂的阻尼系数 β 都很小，不能作为阻尼材料，这也就是为什么混凝土路面振动比较强的原因。高分子聚合物、橡胶均是良好的阻尼材料，这是因为高分子材料兼具某些黏性液体和弹性特性的黏弹性材料，黏性液体在一定力的作用下具有耗损能量的能力，但不能储存能量；相反，弹性材料能储存能量而不能耗损能量。

在沥青中加入橡胶粉，能改善沥青的低温柔性，对沥青做功需要克服沥青分子间的相互作用力以及橡胶分子间作用力。宏观上橡胶沥青的模量降低、变形增大、破坏能增加，意味着系统阻尼也增大了。

橡胶粉的加入改变了沥青中分子量的分布，平均分子量增大，因此分子间的平均作用力增大，宏观上表现为沥青变黏变稠，阻尼增大。相比之下，原样沥青黏度较低，分子间作用力小，阻尼也小。

沥青混合料是黏弹性材料，它的阻尼性能不仅与温度、频率等因素有关，而且还受混合料级配、沥青用量、外加剂的影响。

路面材料是一种复合材料，可以将它归为一种阻尼结构。但是其阻尼性质非常复杂，从理论上还无法对其作出确切的评价，只有通过实验来评定它的阻尼结构减振性能，其方法是对不同路面材料进行复数模量和阻尼系数的测试。

当将橡胶颗粒加入到沥青混合料中时，可以将沥青混合料看作刚相和柔相组合而成的一种阻尼结构。在混合料中碎石作为刚相，模量大、阻尼系数小，虽然石—石之间的摩擦，也会产生一定的阻尼，但是相对较小；沥青与橡胶颗粒形成的玛蹄脂属于柔相，模量低、阻尼系数相对较大，在结构中可以起到消耗能量的作用。当路面受外来振动力时，由于混合料中的碎石骨架的阻尼系数较小，能量消耗很少，而沥青玛蹄脂和橡胶颗粒的阻尼相对较大，它们填充于骨架空隙中，并包裹着骨架，消耗着骨架的振动能量，从而减小系统的振动。同时随着橡胶颗粒用量的增加，减振效果也更加明显。但是当橡胶颗粒用量过多时，则会显著影响混合料的强度和承载能力，因此刚、柔两种材料之间应有适当的配合比例。

在沥青混合料中，真正对阻尼特性有贡献的主要是沥青，沥青含量的多少影响着混合料的阻尼特性。对于 AC、OGFC、SMA 三类沥青混合料，可以根据它们沥青含量的多少简单地判断它们阻尼特性大小。SMA 沥青含量最多，AC 次之，OGFC 最少，因此可以认为这三种混合料的阻尼大小顺序依次为 SMA、AC、OGFC。在性能上 SMA 不论是高温性能还是低温性能都是最好的。橡胶颗粒有着较高的阻尼系数和相对较宽的阻尼区间，是一种较好的阻尼材料。但是它的模量低，不能作为承重材料，而只能作为一种柔性填料存在沥青混合料中，起到增强沥青混合料阻尼特性的作用。显然与多孔性路面不同，采取阻尼措施降低路面噪声的机理主要在于以下两个方面：

(1)减弱路面结构振动的强度。当汽车轮胎发生振动时，其振动能量迅速传递给路面表面层上的阻尼材料，引起阻尼材料内部的摩擦和互相错动，由于阻尼材料的内损耗、内摩擦大，使相当部分的轮胎振动能量被损耗而变成热能散掉，减弱了轮胎和车体的振动。

(2)缩短路面结构被激振后的振动时间，也就降低因振动辐射噪声的能量，达到了控制噪声的目的。

第三节　SDQP 混合料组成设计方法

骨架密实结构降噪沥青路面(Skeleton Dense Quiet Pavement，简称 SDQP)，其混合料设计基本上同 SMA 混合料，但是由于掺加一定数量的橡胶颗粒，使得问题变得复杂起来，因而需要专门研究与讨论它的设计方法。

一、SDQP 混合料组成设计思路

为使密实间断级配沥青混合料形成高的力学强度和优良的路用性能，必须注意掌握以下技术关键：

(1)粗集料主骨架要能够充分嵌挤以形成骨架结构，从而保证混合料具有足够支撑车辆荷载的能力。

(2)沥青胶浆应具有较大的黏结强度，所形成的黏聚力能使粗集料颗粒之间获得足够的紧固作用，使混合料不致出现松散。

(3)由沥青、细集料、矿粉等组成的胶浆必须充分填充主骨架的空隙，使混合料密实，以保

证混合料获得良好的耐久性。

据此形成了 SDQP 混合料的设计思路，即设计成间断级配骨架密实结构。由大于 4.75mm 的粗集料形成石—石接触的主骨架，沥青、细集料、橡胶颗粒和矿粉组成的混合物（可称为沥青胶砂）充分填充主骨架的空隙，以形成密实结构。为了避免颗粒的干涉，细集料、橡胶颗粒的尺寸不能太大，据此采取间断 2.36 ~ 4.75mm 档细集料，以利于主骨架充分嵌挤。同时，考虑到沥青与橡胶颗粒、集料之间的黏附性，必须采用改性沥青（如 SBS 改性沥青或橡胶沥青），以增强它们之间的黏结力，提高 SDQP 的整体强度与耐久性。

由于废橡胶颗粒的抗压强度远低于石料，它作为部分细集料，在沥青混合料中只能起到填充料的作用，而不能作为骨架材料。因此，在 SDQP 混合料中，废橡胶颗粒的最大尺寸不得超过 4.75mm，否则最终得到的混合料马歇尔稳定度不高，体积易发生膨胀，导致铺筑的路面产生松散、剥落等早期损坏。

经比较确定采用 1 ~ 3mm 粒度的废旧轮胎碎屑颗粒。

二、SDQP 混合料的体积设计方法

由于橡胶颗粒的密度不及石料的一半，其单位质量的体积大，因此在 SDQP 混合料设计时必须考虑这部分体积，即细集料体积、橡胶颗粒体积、沥青体积、矿粉体积及沥青混合料最终设计空隙体积之总和等于主骨架空隙体积。由于在大于 4.75mm 的粗集料骨架中即使添加 1% 的 2.36mm 颗粒，也会使骨架结构受到破坏。同时试验也已证明，增加 2.36mm 的颗粒含量将显著降低混合料的动稳定度。因此，为避免细集料和橡胶颗粒干涉粗集料的骨架结构，采取完全间断 2.36 ~ 4.75mm 档细集料，也即不采用通过 4.75mm 筛孔的集料作为细集料，而是采用通过 2.36mm 筛孔的集料作为细集料。试验证明 SDQP 混合料采用这种间断级配是非常适宜的。

沥青混合料配合比设计时，最重要的指标莫过于空隙率 V_a 了。参照国内外的研究成果和施工技术规范，选定目标设计空隙率为 4%，允许范围为 3.5% ~ 4.5%。

VMA 是一个非常重要的体积参数，只有足够大小的 *VMA* 值，才能容纳足够数量的沥青，使集料的沥青膜有足够的厚度，并保证混合料良好的耐久性。为此在体积设计时，首先必须确定合适的 *VMA* 值，然后向 *VMA* 中填充沥青结合料，除去有效沥青含量后剩下的部分就是空隙率。如果不管 *VMA* 的大小，都通过填充沥青来控制混合料的设计空隙率均为 4%，沥青用量就可能过多或者过少，这是不合理的。为此，在 SDQP 混合料设计时引入 *VMA* 参数，采取级配设计参数和验证参数相结合的方法。

若沥青混合料中有效沥青的体积为 *VA*，则 $VMA = VA + V_a$，那么确定了 *VMA* 和 V_a，即可以估算沥青的用量。

根据以上表述，SDQP 混合料体积设计计算公式如下：

$$\begin{cases} q_c + q_f + q_m = 100 \\ \dfrac{q_f}{\rho_{af}} + \dfrac{q_m}{\rho_{am}} + \dfrac{q_a}{\rho_a} + \dfrac{q_r}{\rho_{ar}} = \dfrac{q_c}{100\rho_{dc}}(VCA - V_a) \\ \dfrac{q_a}{\rho_a} = \dfrac{(VMA - V_a)}{100} \cdot \dfrac{q_c}{\rho_{dc}} \end{cases} \tag{8-3}$$

式中：q_c、q_f、q_m、q_a、q_r——分别为粗集料、细集料、矿粉、有效沥青和橡胶颗粒的质量百分数；

ρ_a——沥青的密度；

ρ_{af}、ρ_{am}、ρ_{ar}——分别为细集料、矿粉和橡胶颗粒的表观密度；

V_a——沥青混合料设计空隙率。

三、设计参数的确定

在公式(8-3)中，粗集料、细集料、矿粉、橡胶颗粒与沥青的密度可由试验测定。矿料间隙率 *VMA* 和混合料空隙率 V_a 是最重要的体积设计参数，参照施工技术规范，设计空隙率 V_a 确定为4%，矿料间隙率 *VMA* 确定为17%。

矿粉在沥青混合料中的作用至关重要，沥青只有吸附在矿粉表面形成薄膜，才能对粗、细集料产生黏附作用，所以沥青矿粉所形成的胶浆才是真正的沥青结合料。在 SDQP 混合料中，如果仅有粗集料的骨架作用而没有沥青胶浆的约束作用，粗集料骨架易发生失稳破坏。所以只有提高沥青胶浆的劲度，才能使 SDQP 骨架结构混合料的动稳定度和强度得到提高。因此，SDQP 混合料采用远高于普通沥青混合料的粉胶比，参照 SMA 的使用经验，矿粉用量确定为10%。依据国外废胶粉干法改性沥青混合料的使用经验，橡胶颗粒的掺量确定为集料质量的1%～3%。

SDQP 的粗集料嵌挤是通过石－石接触结构实现的，为此规定 4.75mm 以上粗集料骨架之间的间隙率 *VCA* 作为粗集料嵌挤作用的衡量指标，压实混合料中细集料、矿粉、橡胶颗粒、沥青等体积与空隙体积之和应不超过主骨架空隙体积。因此 *VCA* 的确定非常重要。美国国家沥青技术中心的 E. R. Brown 先生对此进行了深入研究。他分别采用了马歇尔击实法、旋转压实法、干捣实法、振动台法和振动击实法等五种击实方法来成型试件，用以测定粗集料达到石—石接触时的骨架空隙率。研究表明，马歇尔击实法和旋转压实法测定的 *VCA* 值最小，振动台法 *VCA* 值最大，干捣实法和振动击实法测定的 *VCA* 值介于二者中间。同时还就每种方法对粗集料级配的破坏情况进行了评估。马歇尔击实法对粗集料级配的破坏最大，约为旋转法的2倍，其次为旋转压实法，其余三种方法几乎没有影响。正是由于粗集料的级配被破坏（石料被压碎）引起 *VCA* 值降低。考虑到沥青混合料的现场压实状况和试验操作的简便性，推荐采用干捣实法。具体操作参见公路工程集料试验规程，计算公式如下：

$$VCA = \left(1 - \frac{\rho_{dc}}{\rho_{tc}}\right) \times 100 \tag{8-4}$$

式中：*VCA*——主骨架空隙率（%）；

ρ_{dc}——粗集料干捣实密度（g/cm^3）；

ρ_{tc}——粗集料的毛体积密度（g/cm^3）。

根据 SDQP 混合料的公称最大尺寸，粗集料可分为1～3档，主骨架可根据 *VCA* 值设计，选取 *VCA* 最小值对应的粗集料比例。细集料级配则依据最大密实度的填充理论来进行设计，亦可参照 SMA 对应的级配范围要求进行选取。

确定了以上设计参数，粗集料含量、细集料含量和油石比（有效沥青）可通过方程组(8-3)计算获得。采用以上方法可以很方便地计算出不同橡胶颗粒掺量的 SDQP 混合料的配合比例，而且重要的体积参数如 V_a、*VMA* 在设计过程中得到体现。

四、SDQP 混合料配合比设计实例

以 SDQP-13 为例,根据上述修正体积法进行配合比组成设计,并对混合料的体积参数加以验证。

(1)试验材料。粗集料采用辉绿岩,细集料为石灰岩,矿粉由石灰岩磨制而成,沥青结合料采用 SBS 改性沥青,废橡胶颗粒由废旧轮胎粉碎磨制而成,粒度为 1 ~3mm,并经处治改性。原材料密度测试结果列于表 8-2。

(2)设计粗集料主骨架。粗集料由 9.5 ~13.2mm 和 4.75 ~9.5mm 两档碎石组成,采用干捣实法测定两者不同比例组成的间隙率 *VCA*,测试结果列于表 8-3,其变化规律如图 8-1 所示。

原 材 料 的 密 度　　表 8-2

原材料	表观相对密度	毛体积相对密度	吸水率(%)	有效相对密度
9.5 ~13.2mm 碎石	2.768	2.741	0.4	2.763
4.75 ~9.5mm 碎石	2.768	2.724	0.7	2.755
0 ~2.36mm 石屑	2.700	—	—	—
矿粉	2.715	—	—	—
SBS 改性沥青	1.019	—	—	—
橡胶颗粒	1.15	—	—	—

***VCA* 测 试 结 果**　　表 8-3

碎石比例		合成毛体积密度(g/cm³)	捣实松方密度(g/cm³)	*VCA*(%)
4.75 ~9.5mm	9.5 ~13.2mm			
1	9	2.739	1.608	41.299
2	8	2.738	1.616	40.970
3	7	2.736	1.609	41.189
4	6	2.734	1.602	41.408
5	5	2.732	1.613	40.969
6	4	2.731	1.598	41.482
7	3	2.729	1.596	41.519
8	2	2.727	1.581	42.032
9	1	2.726	1.574	42.253

由图 8-1 可见,当两种规格材料的比例接近 1:1时,形成的粗集料主骨架 *VCA* 最小,这时骨架最稳定,$\rho_{dc}=1.613\text{g/cm}^3$,$VCA=40.969$。集料本身的性质(如表面纹理、颗粒形状等)与各档粗集料的比例决定粗集料间隙率 *VCA* 的大小。当料源发生变化时,需重新进行上述试验。

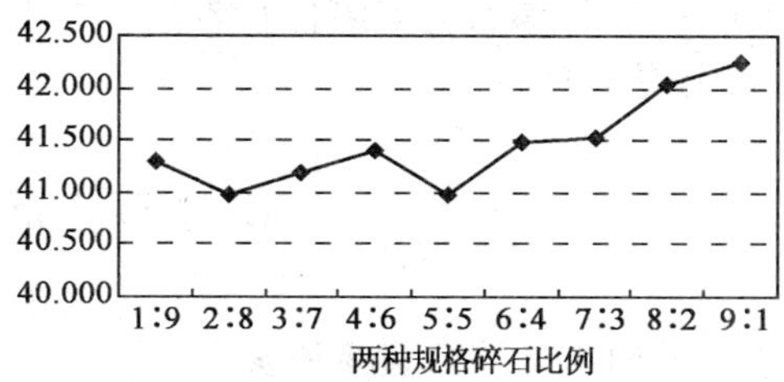

图 8-1　VCA 的变化规律

(3)确定 SDQP 混合料的设计参数。废橡胶

颗粒的掺量取为2%，矿粉的用量为10%。选取设计空隙率 $V_a=4\%$，$VMA=17\%$。

(4)确定沥青混合料的组成配比。将上述设计参数代入方程组(8-3)，即可计算得到粗集料用量、细集料用量和油石比(有效沥青)。

$$\begin{cases}10+q_c+q_f=100\\ \dfrac{q_c}{100\times1.613}\cdot(40.97-4.0)=\dfrac{10}{2.715}+\dfrac{2}{1.15}+\dfrac{q_f}{2.700}+\dfrac{q_a}{1.019}\\ \dfrac{q_a}{\rho_a}=\dfrac{(VMA-4.0)}{100}\cdot\dfrac{q_c}{1.613}\end{cases}$$

经计算获得如下结果：粗集料用量为75%，细集料用量为15%，油石比(不含吸收的沥青)为6.2%。

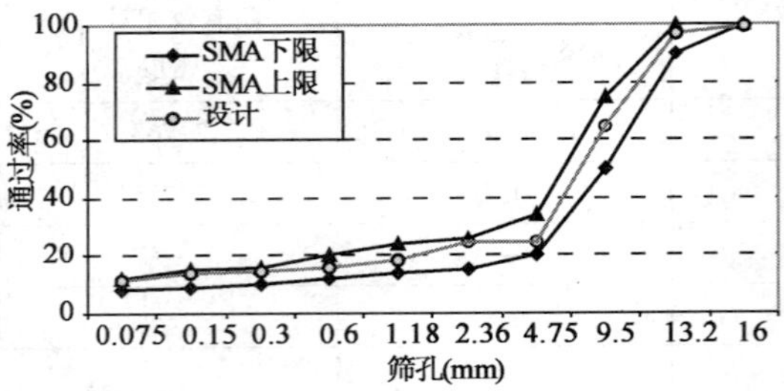

图8-2 集料合成级配曲线

(5)确定SDQP矿料的级配。根据计算的粗集料用量、细集料用量和预设的矿粉用量，并由原材料的级配可获得矿料的合成级配，级配曲线如图8-2所示。

由图8-2可以看出，与SMA相比较，SDQP的矿料级配基本落在SMA-13级配范围内，其主要区别在于2.36～4.75mm这一档集料完全间断，并且4.75mm筛孔的通过率接近于SMA级配线的下限。

(6)SDQP混合料体积参数验证。为验证压实混合料的体积参数，采用上述计算方法确定的各矿料组成用量，油石比为6.4%(考虑集料吸收的沥青)，橡胶颗粒的掺量为2%，按照试验规程制作马歇尔试件，双面击实75次，测得试件的体积参数见表8-4。

SDQP 混合料的体积参数 表8-4

试件编号	毛体积相对密度	理论相对密度*	空隙率(%)	*VMA* (%)	*VFA* (%)	*VCA* (%)
1	2.348	2.439	3.7	17.2	78.3	40.5
2	2.356	2.439	3.4	16.9	80.0	40.3
3	2.358	2.439	3.3	16.9	80.3	40.3

注：理论最大相对密度采用集料的有效相对密度计算。

由于材料的变异性、橡胶颗粒的受热膨胀、吸收沥青的不确定性，以及体积参数测定方法的变异性等原因，致使实测的混合料体积参数与设计参数略有出入。但从表8-4中的测试结果来看，设计参数与实测体积参数基本上比较接近，说明采用上述方法进行SDQP混合料的配比设计是合理的。

第四节 SDQP混合料的性能

一、SDQP混合料体积参数

根据上述混合料设计方法，预设目标空隙率 V_a 为4%，矿料间隙率 *VMA* 为17%，计算橡胶颗粒掺量为1% ~5%(5个水平)下的混合料配合比,结果列于表8-5。

不同橡胶颗粒掺量的混合料配合比　　表8-5

橡胶颗粒掺量(%)	粗集料用量(%)	细集料用量(%)	矿粉用量(%)	有效油石比(%)	采用油石比(%)
1	73	17	10	6.0	6.2
2	75	15	10	6.2	6.4
3	77	13	10	6.3	6.5
4	79	11	10	6.5	6.7
5	80	10	10	6.6	6.9

1. 标准马歇尔稳定度试验

按照表8-5确定的材料用量制备马歇尔试件,测定稳定度和流值,测试结果如图8-3所示。马歇尔稳定度和流值是一种经验指标,它虽不能确切地反映沥青混合料产生永久变形的机理,但也从某种程度上反映沥青混合料的高温性能和力学强度。图8-3试验结果表明,马歇尔稳定度达到峰值时对应的流值已经很大,差不多为5mm或更大。随着橡胶颗粒掺量的增加,马歇尔稳定度呈下降趋势,但流值也有所减小,这是掺加橡胶颗粒混合料的特点。

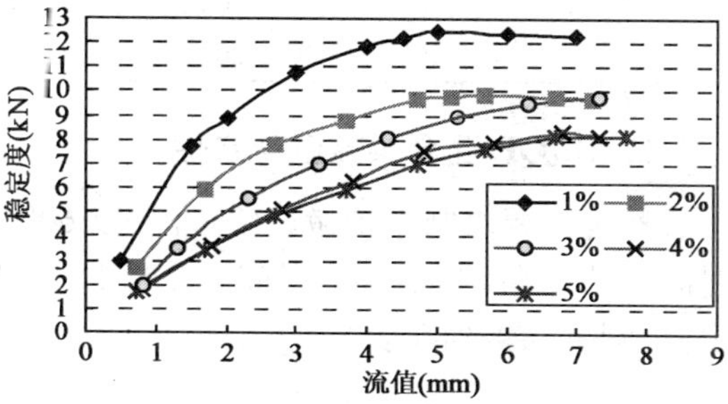

图8-3　马歇尔稳定度试验

2. SDQP混合料的体积特性

上述马歇尔试件的体积参数测试结果列于表8-6。由表8-6可以看出,橡胶颗粒掺量在1% ~3%时,SDQP混合料实测的体积参数与设计参数比较接近,且压实混合料的*VCA*小于设计的主骨架间隙率,说明粗集料形成了石—石接触的骨架嵌挤结构。当橡胶颗粒的掺量超过3%时,混合料实测的关键体积参数(如*VV*、*VCA*)与设计参数有一定差异,压实混合料的*VCA*大于设计的主骨架间隙率,说明填充料(包含橡胶颗粒)数量过大破坏了骨架的嵌挤结构。由于橡胶的高弹性和大变形特性,在交通荷载的重复作用下,这种结构有发生松散、剥落的危险性。因此,SDQP混合料中橡胶颗粒的掺量不宜超过3%。

SDQP混合料的体积参数　　表8-6

橡胶颗粒掺量(%)	试件编号	毛体积相对密度	理论相对密度*	空隙率(%)	*VMA*(%)	*VFA*(%)	*VCA*(%)
1	①	2.396	2.473	3.1	16.4	81.0	40.3
	②	2.383	2.473	3.6	16.9	78.5	40.6
	③	2.389	2.473	3.4	16.7	79.6	40.5
2	①	2.348	2.439	3.7	17.2	78.3	40.5
	②	2.356	2.439	3.4	16.9	80.0	40.3
	③	2.358	2.439	3.3	16.9	80.3	40.3

续上表

橡胶颗粒掺量（%）	试件编号	毛体积相对密度	理论相对密度*	空隙率（%）	*VMA*（%）	*VFA*（%）	*VCA*（%）
3	①	2.308	2.413	4.4	17.7	75.4	40.6
	②	2.314	2.413	4.1	17.5	76.5	40.5
	③	2.311	2.413	4.2	17.6	75.7	40.5
4	①	2.253	2.384	4.9	18.9	73.9	41.1
	②	2.252	2.384	5.0	18.9	73.7	41.2
	③	2.250	2.384	5.1	19.0	73.4	41.2
5	①	2.202	2.359	6.2	19.9	68.7	42.3
	②	2.206	2.359	6.1	19.8	69.2	42.2
	③	2.207	2.359	6.1	19.7	69.4	42.2

二、SDQP 混合料高温稳定性

按规程要求制作车辙试验试件，以 60℃ 作为车辙试验的标准温度，加载水平为 0.7MPa，时间持续 1h，测试试件的时间—变形曲线（图 8-4），根据第 45min 和 60min 时的变形计算动稳定度，测试结果列在表 8-7。

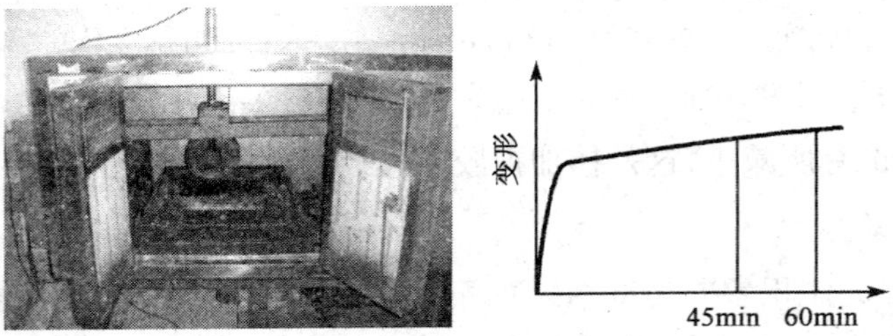

图 8-4　车辙试验仪与时间—变形曲线示意图

动稳定度是反映沥青混合料抵抗高温性能的一种指标，它较马歇尔稳定指标更为直观。动稳定度越高，混合料的抗车辙能力越强，高温稳定性越好。试验结果表明，橡胶颗粒的掺入改善了沥青混合料的抗车辙能力。一方面，从力学的观点讲，受压变形的橡胶颗粒内部产生内部反弹应力，相当于沥青混合料试样变成一个能量较小的预应力试样，其抵抗外力的能力表现为一定的提高。另一方面，从橡胶的特性来讲，在 60℃ 的情形下，它仍能保持高弹性和良好的变形特性，因此橡胶颗粒的加入改善了 SDQP 混合料的高温性能。

SDQP 混合料车辙试验　　表 8-7

橡胶掺量（%）	动稳定度（次/mm）			
	1	2	3	平均值
0	2236	2498	2356	2363
1	2287	2519	2662	2489
2	3007	3236	3418	3220
3	4272	4456	4659	4462

由表 8-7 可见，橡胶颗粒的掺量对 SDQP 混合料的动稳定度有显著影响，掺量越多，动稳定度越大，这表明掺加橡胶颗粒可以明显提高沥青混合料的抗车辙性能。橡胶颗粒掺量为 1% ~3% 时，混合料的动稳定度有显著性差异，而橡胶颗粒掺量为 1% 的混合料与无橡胶的混合料（SMA）相比，动稳定度的差异并不显著。

三、SDQP 混合料低温抗裂性

试验证明，沥青混合料和各种半刚性基层材料的劈裂强度与弯拉强度具有一定的相关关系，而劈裂试验比小梁的弯拉试验简单、方便，且更接近于路面结构的受力状态，为此采用 -10℃ 的劈裂试验（间接拉伸）来评价沥青混合料的低温抗裂性能。

劈裂试验在材料测试系统 MTS-810 上进行。MTS-810 材料试验机是美国 20 世纪 80 年代末 90 年代初推出的最新产品，它使用全数字化计算机控制，控制方法灵活、性能先进、测试结果可靠。与试验机配套的中、高、低温环境箱及相关的数据采集设备一起，组成一套完整的材料试验系统。MTS-810 的外观及劈裂测试如图 8-5 所示。根据测试规程，试验温度 -10℃ 的加载速率为 1mm/min。采用破坏劲度模量指标来反映混合料的低温抗裂性能，即模量值越低，混合料的抗裂性能越好，测试结果见表 8-8。

图 8-5　MTS-810 与低温劈裂试验

低 温 劈 裂 试 验　　表 8-8

橡胶颗粒掺量（%）	测试温度（℃）	极限拉伸应变 ε_T			极限劲度模量（MPa）		
0	-10	0.005 33	0.005 00	0.005 67	1 007	1 012	1 200
1		0.008 76	0.008 24	0.009 02	975	983	969
2		0.009 19	0.008 94	0.009 26	809	817	854
3		0.009 69	0.009 53	0.009 78	724.1	730	773

由表 8-8 可以看出，橡胶颗粒掺量对 SDQP 混合料的低温破坏劲度模量有显著影响，随着橡胶颗粒掺量的增加，低温极限劲度模量明显减小，同时极限拉伸应变随之增大，因而 SDQP 沥青混合料的低温抗裂性能获得改善。

四、SDQP 混合料的水稳性

采用冻融劈裂试验来检验沥青混合料的抗水损害能力，即水稳定性。测定指标为冻融劈

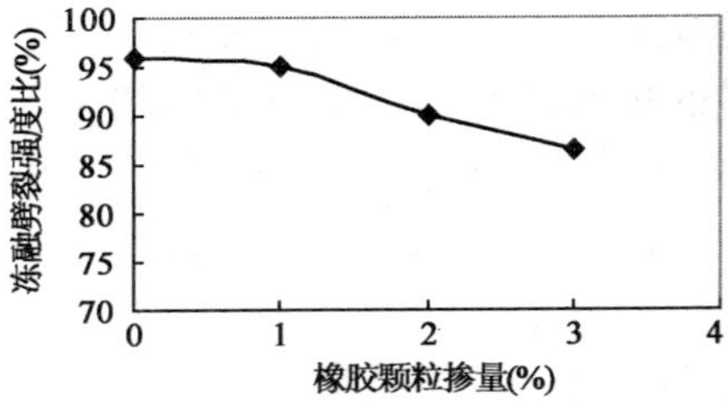

图 8-6　*TSR* 与橡胶颗粒掺量的关系

裂强度比(*TSR*),即冻融循环后的劈裂抗拉强度与未冻融循环的劈裂抗拉强度比值,*TSR* 值越大,水稳性越好,测试结果如图 8-6 所示。

从图 8-6 可以看出,随着橡胶颗粒掺量的增加,*TSR* 值有所降低,但幅度不大,说明掺加橡胶颗粒对其水稳性有所影响,但影响不很大,即使掺加 3% 橡胶颗粒,其水稳性尚能满足施工技术规范的要求。因此总体说明 SDQP 混合料的水稳定性能良好。

五、SDQP 混合料的表面性能

SDQP 混合料的表面性能(或称服务性能)主要表现为行车舒适性、安全性及低噪声等特性,这里测试沥青混合料表面抗滑性与宏观纹理,具体采用构造深度与摩阻系数两个指标表征。其方法是在室内按现场压实度 98% 的要求成型车辙试验板,然后在其试件表面采用铺砂法和摆式摩擦系数测定仪,测试三种橡胶颗粒掺量的 SDQP 试件的构造深度和摩阻系数,试验结果见表 8-9。

SDQP 试件的性能测试结果　　表 8-9

橡胶颗粒掺量(%)	摩阻系数[①]BPN	纹理深度(mm)
0	63	1.1
1	59	0.9
2	62	0.8
3	60	0.8

注:①BPN 为采用摆式仪测定的摩阻系数,无单位。

由表 8-9 可见,橡胶颗粒的加入对沥青混合料的表面性能有一定影响,但总体来说影响不大,均能满足规范要求。

第五节　SDQP 混合料的声振特性

为了解掺加橡胶颗粒的骨架密实结构沥青混合料(SDQP)的声振特性,在实验室进行了一系列的试验测试,其中包括 SDQP 混合料的复合模量、阻尼系数、轮胎—路面系统刚度等。

一、SDQP 混合料的动态复合模量

采用室内重复加载法和超声波法测试 SDQP 混合料与对比混合料的动态复合模量。

1. 重复加载法动态复数合量

重复加载法是按照路面材料静态模量的测试方法,通过适当地施加动载的测试系统,测试材料在周期性重复动荷载作用下所表现的应力应变幅值,据此计算材料的动态模量。测试是采用 MTS-810 材料测试系统来实现。

测试用的试件为 ϕ100mm × 100mm 的圆柱体试件。测试温度为 20℃,对试件施加半正弦连续荷载,最大轴向应力为 0.7MPa,加载频率分别为 1Hz、10Hz、16Hz 三种,采集最后 5 个波

形的荷载及变形曲线，记录并计算试件轴向可恢复变形、动态模量及相位角。

动态模量试验荷载与变形曲线如图 8-7 所示。量测最后 5 次加载循环的平均荷载和应变幅值，计算轴向应力 σ_0：

$$\sigma_0 = \frac{F}{A} \tag{8-5}$$

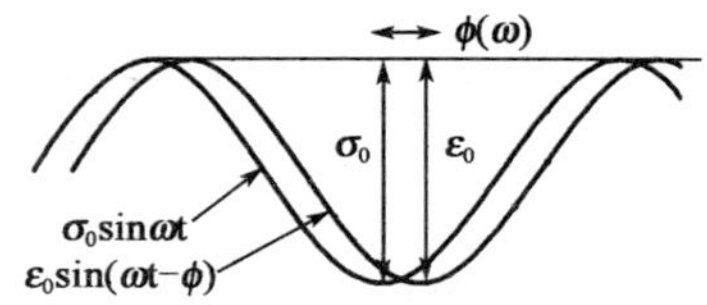

图 8-7　动态模量试验的荷载—变形曲线示意图

式中：σ_0——轴向应力幅值（MPa）；

F——试验所加荷载（kN）；

A——试件横截面面积（m^2）。

相位角 ϕ 按式（8-6）计算：

$$\phi = 360fS \tag{8-6}$$

式中：ϕ——相位角（°）；

f——荷载频率（Hz）；

S——最大荷载与最大应变的时间延迟（s）。

动态模量按式（8-7）计算：

$$E_0 = \frac{\sigma_0}{\varepsilon_0} \tag{8-7}$$

式中：E_0——动态模量（MPa）；

ε_0——轴向可恢复应变幅值。

按式（8-8）计算动态复合模量：

$$E^* = E_0\cos\phi + iE_0\sin\phi \tag{8-8}$$

式中：E^*——复合模量（MPa）；

i——虚数单位。

不同频率条件下几种沥青混合料的动态模量列于表 8-10。从表 8-10 看出，不同沥青混合料的动态模量基本上随荷载频率的增加而增大，但增幅有所不同，AC 增幅较小，SMA 与 SDRP-1 类似，SDRP-2 与 SDRP-3 的增幅较大，这说明随橡胶颗粒掺量的增加，荷载频率对混合料的动态模量影响更为显著。这也间接反映汽车行驶速度对路面材料动态的影响，行驶速度越高，路面材料的动态模量越高，因而引起的轮胎—路面振动噪声随之升高。

不同频率下混合料的动态模量（0.7MPa，20℃）　　表 8-10

材料＼频率	1Hz	10Hz	16Hz	备　注
AC	952	1003	1031	
SMA	813	957	1008	无橡胶颗粒
SDQP-1	805	946	981	橡胶掺量 1%
SDQP-2	800	893	952	橡胶掺量 2%
SDQP-3	787	887	932	橡胶掺量 3%

不同频率条件下几种沥青混合料的动态模量列于表 8-11。由表 8-11 与图 8-8 可以看出：随着荷载频率的增大，不同类型混合料的相位角都有明显下降的趋势，这说明行车速度越低，路面材料的相位角越大，其黏性部分增强，即内部阻尼增大，因而轮胎—路面的振动能量衰减

较快。

不同频率下混合料的相位角(0.7MPa,20℃)　　表8-11

材料＼频率	1Hz	10Hz	16Hz	备　注
AC	14.30	8.79	5.63	
SMA	14.30	10.54	8.40	无橡胶颗粒
SDQP-1	16.09	12.30	11.25	橡胶掺量1%
SDQP-2	17.87	14.07	13.52	橡胶掺量2%
SDQP-3	21.44	19.21	16.87	橡胶掺量3%

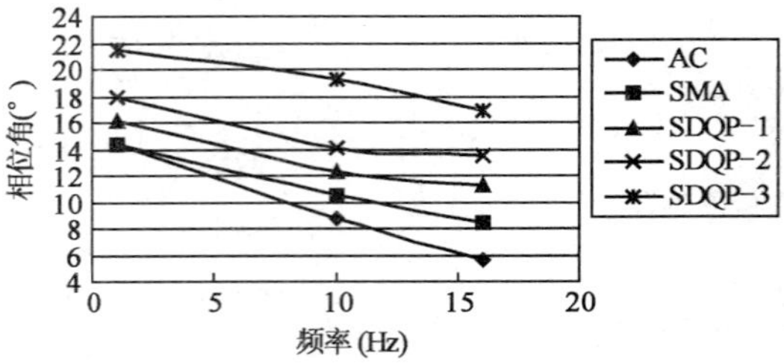

图8-8　相位角与频率的关系

显然,荷载频率越高,圆柱体试件表现的动态模量越大,相位角越小。这是因为沥青材料的黏弹性特性使混合料对荷载的反应有一个滞后的现象。在动态荷载作用下,加载时既不会完全瞬时压缩,卸载时也不会完全瞬时回弹,即应变较小,在力学性质上的表现比静态荷载作用下有更大的强度和模量。

随着荷载频率的进一步增加,动态模量及相位角的变化曲线有变缓的趋势,即动态模量不可能无限制地随着频率的增加而增长,相位角也不可能无限制地下降。这是因为当荷载频率相当高时,沥青混合料的黏性已表现不很明显,弹性性质逐渐占据了上风,这时频率对模量及相位角的影响已不如材料本身性质的影响显著。

以动态试验频率10Hz为例,分析不同类型材料的动态模量、内部阻尼和弹性劲度的变化规律。表8-12为不同类型材料的内部阻尼和弹性劲度计算值,图8-9是不同类型材料的内部阻尼和弹性劲度变化曲线。

不同类型材料内部阻尼和弹性劲度　　表8-12

材料类型	动态模量(MPa)	相位角(°)	内部阻尼(MPa)	弹性劲度(MPa)	备　注
AC	1003	8.79	153.27	991.22	
SMA	956.6	10.54	174.98	940.46	无橡胶颗粒
SDQP-1	946.3	12.30	201.59	924.58	橡胶掺量1%
SDQP-2	892.8	14.07	217.05	866.02	橡胶掺量2%
SDQP-3	887	19.21	291.85	837.61	橡胶掺量3%

从表8-12和图8-9可以看出:SMA同AC相比,动态模量下降,阻尼增加,弹性劲度降低;3种SDQP混合料相比,随橡胶颗粒掺量的增加,动态模量呈下降趋势,阻尼增加,弹性劲度下降,SDRP-3混合料的动态模量最小,阻尼最大。

由此可见,动态模量及阻尼与沥青混合料中的橡胶颗粒掺量、沥青用量(油石比)有关。橡胶颗粒掺量越大,油石比越高,沥青混合料的动态模量越低,阻尼越大。当然,橡胶颗粒的掺量与油石比必须首先满足路用性能的要求,根据SDQP混合料性能的分析,最佳橡胶颗粒掺量为 2% ~3% 。

2. 超声波法测试混合料的动态模量

为了验证不同类型混合料的动态模量变化规律，又采用超声波法进行了测试。从实验设备，实验操作的难易程度，以及所需时间和试件的可重复利用性上讲，超声波法都有着明显的优势。

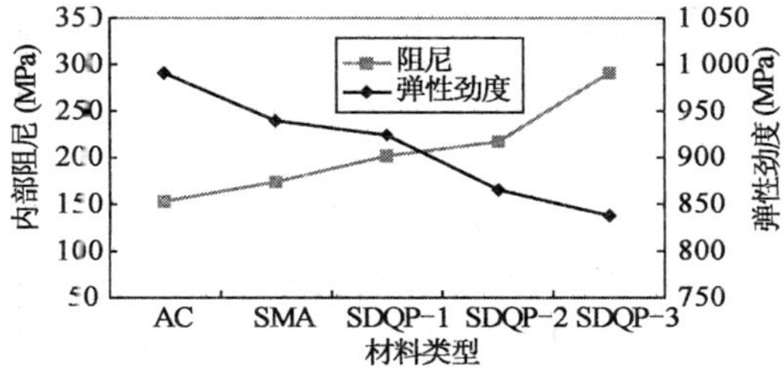

图 8-9　不同类型材料内部阻尼和弹性劲度变化趋势

超声波测定弹性模量是建立在弹性体的波动理论上，经理论分析研究，对于无限介质，其弹性模量按式(8-9)计算：

$$E = \frac{\rho(1+\mu)(1-2\mu)}{1-\mu}v^2 \tag{8-9}$$

式中：E——弹性模量(MPa)；

ρ——材料密度(kg/m^3)；

μ——泊松比；

v——速度(m/s)。

对于有限杆件则为：

$$E' = \rho v^2 \tag{8-10}$$

式中：E'——弹性模量，同上。

实验设备由以下几部分组成：BCL-2 型超声波检测仪，汕头 100k-P40F 超声换能器，便携式 Tektronix TDS1002 型示波器。实验装置见图 8-10。

实验所用换能器为超声纵波换能器，在其表面涂上黄油作为耦合剂，其目的是使换能器和试件接触良好，以保证声波能够正常地传递。换能器的布置可以从图 8-10 中看出，试件尺寸为 30cm×26cm×5cm，换能器在试件宽度方向中间位置选取相邻的 3 个位置进行测量。

在图 8-11 中可以清晰地看出触发脉冲和首波的位置，测出声波传播的时间 t，然后取 3 次的平均值。其中时间的读数已经扣除因为探头、电缆、仪器引起的电延时。被测试件长度 L 可以通过游标卡尺测量，由此可得试件中声速 C 为：

$$C = \frac{L}{t} \tag{8-11}$$

图 8-10　试验装置

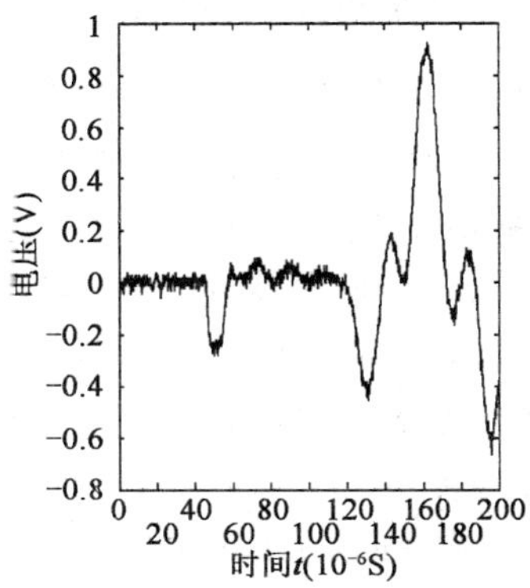

图 8-11　采集原始信号

被测试件的动态模量的计算公式为：

$$E_d = \frac{\rho C^2}{K} \tag{8-12}$$

式中：$K = \frac{1-\mu}{(1+\mu)(1-2\mu)}$。

根据经验值，沥青路面材料的泊松比 μ 一般取 0.35，由此可计算得 K 值为 1.605。

试验结果得到了传统的 AC 路面、SMA 路面以及橡胶颗粒掺量不同的 SDQP 路面（掺量从 1% ~3%）共 5 种不同路面材料的动态模量，结果列于见表 8-13。

不同材料类型的动态模量　　表 8-13

材料类型	时间 (10^{-6}s)	距离 (m)	密度 (kg/m³)	动态模量 (MPa)	备注
AC	72.3	0.261 1	2 477	20 052	
SMA	78.7	0.263 9	2 421	16 946	橡胶掺量 0%
SDQP-1	80.2	0.263 7	2 409	16 673	橡胶掺量 1%
SDQP-2	80.6	0.266 0	2 340	15 879	橡胶掺量 2%
SDQP-3	84.3	0.264 6	2 290	14 067	橡胶掺量 3%

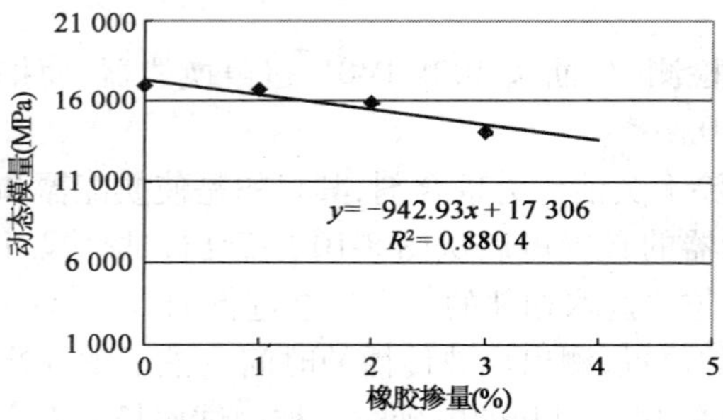

图 8-12　动态模量与橡胶颗粒掺量的关系

测试结果表明，与传统的 AC 路面相比，SMA 路面和掺入橡胶颗粒的 SDQP 路面的动态模量明显降低，且橡胶颗粒的掺量和动态模量之间呈线性关系，如图 8-12 所示。SDQP 路面的动态模量随着橡胶颗粒掺量的增加而减小，掺量为 3% 时动态模量为最小。

由于超声波法与重复加载法测试动态模量的原理、所用试件尺寸等不同，因而数值相差很大，但测试结果的规律是完全一致的，这表明橡胶颗粒的加入降低了材料的动态模量，即动态刚度减小。

二、轮胎—路面系统刚度测试与分析

为研究轮胎与不同路面材料组合的系统刚度，采用同济大学声学研究所研究开发的轮胎—路面系统刚度试验装置进行了模拟测试。

试验装置如图 8-13 所示。组件 1 用于人工施加荷载，组件 2 为测力计，轮胎后面即 4 处为固定的 2cm 厚钢板，轮胎与钢板之间即 5 处放置路面板。在 3 处布设位移传感器，测定两立柱间的位移，即可计算轮胎—路面系统在某荷载下产生的变形（假定轮胎前后的立柱和钢板为完全刚性，忽略其变形）。通过测定轮胎在某一充气压力下的荷载—变形曲线，求得轮胎—路面系统静刚度。

试验采用 HANKOOK（195/65 R15，MAX LOAD：615kg，MAX PRESS：300kPa）和 MICHELIN（195/65 R15 91V，MAX LOAD：615kg，MAX PRESS：350kPa）两种型号的小汽

图 8-13　轮胎—路面系统刚度测试装置

车轮胎。假定轮胎—路面系统的变形为线弹性，通过最小二乘法回归计算刚度，试验结果列于表 8-14。

轮胎—路面系统刚度测试结果　　表 8-14

轮压 材料类型	HANKOOK 轮胎		MICHELIN 轮胎	
	胎压:240kPa	胎压:300kPa	胎压:280kPa	胎压:350kPa
AC	217.4	232.0	202.2	219.8
SMA	215.1	223.2	199.6	204.5
SDRP-1	209.3	220.8	197.6	199.6
SDRP-2	201.6	219.3	194.6	198.8
SDRP-3	195.7	215.5	193.0	197.6

从表 8-14 的测试结果可以看出，轮胎—路面系统刚度与路面材料类型、轮胎种类、轮胎充气压力有关。与 AC 路面相比，两种轮胎在 SMA 路面上的系统刚度明显下降；掺加橡胶颗粒的 SDQP 路面的系统刚度比 SMA 路面低，且随着橡胶颗粒掺量的增加成下降趋势；两种轮胎在不同路面上的系统刚度均随着胎压的增加而增大，但轮胎—路面的组合不同，其增幅不同，范围在 1.02 ~ 1.10 之间。

两种轮胎—路面系统刚度随橡胶颗粒掺量的变化规律曲线如图 8-14、图 8-15 所示。

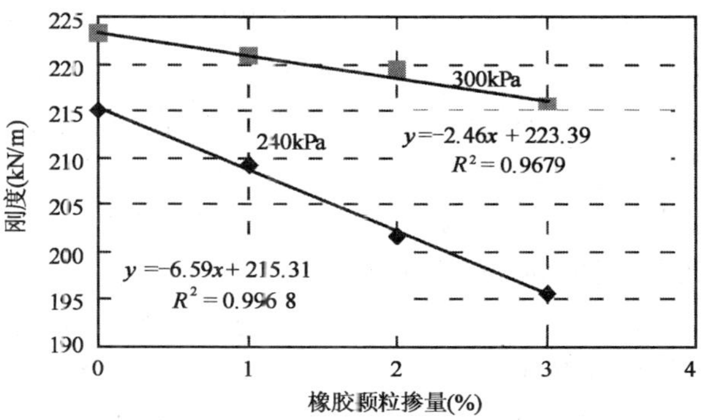

图 8-14　HANKOOK 轮胎系统刚度与橡胶颗粒掺量的关系

图 8-14 和图 8-15 表明，两种轮胎的系统刚度随橡胶颗粒掺量的增加而降低，且呈良好的线性关系，这与沥青混合料的动态模量与橡胶颗粒掺量的关系是一致的。因此可以推断，轮胎—路

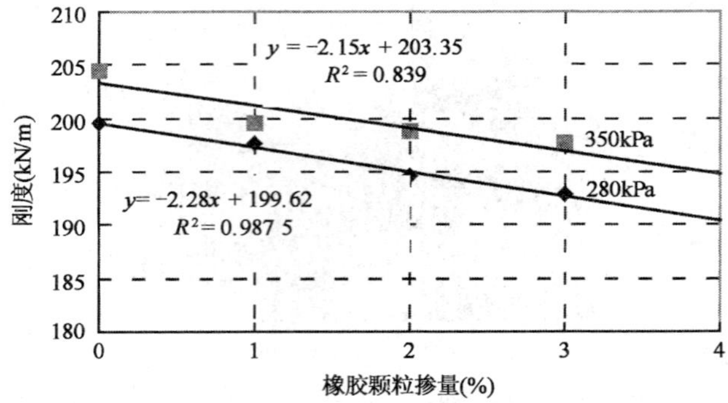

图 8-15　MICHELIN 轮胎系统刚度与橡胶颗粒掺量的关系

面的系统刚度与路面材料的动态模量也呈线性关系，即随着路面材料动态模量的减小，轮胎—路面系统刚度降低。同一轮胎的系统刚度随胎压的增加而增大，不同的轮胎增幅则有所不同。

第六节　SDQP 路面施工与工程应用

一、SDQP 路面施工

基于干法的骨架密实结构橡胶沥青路面，当主要目的为降低交通噪声，则可铺设在城市干道、高速公路等道路。其最大公称粒径可取 13.2mm，橡胶颗粒的掺加剂量宜为 1% ~3%，一般可取 2%。集料级配采用 SMA 规范级配，但细集料应采用通过 2.36mm 筛孔，改性沥青用量约为 6.3% ~ 6.7%。铺筑厚度一般为 4cm。SDQP 混合料还可以用作中面层，最大公称粒径可取 16mm。

干法橡胶沥青路面施工与常规施工没有太大差别，在施工前同样必须做好生产配合比设计，确定 SBS 改性沥青的用量，以及根据目标级配确定热仓料的配合比例。

拌和厂设备的准备，主要是要根据工程量的大小确定橡胶颗粒如何定量地送入拌缸，是采用人工添加的方式，还是采取专门输送装置。通常对于小型工程可采取人工在拌缸窗口投料的方式。由于橡胶颗粒数量比较多，若添加量为集料质量的 2%，则对于 3000 型拌缸一次就需要投入 50 ~60kg 橡胶颗粒，如果窗口不足够大，则装橡胶颗粒的塑料口袋不易投放，影响拌和作业。因此宜在拌缸观察窗口外面安装一只进料斗，将定量的橡胶颗粒倒入斗中，开启挡板使橡胶颗粒流入拌缸中。对于大型工程，则宜安装专用的螺旋推进器，按照需要的用量，调整转速，使之按时输入规定数量的橡胶颗粒。

由于橡胶颗粒数量大，加入拌缸后会使混合料温度大幅降低，故集料加热温度应予以提高约 10℃左右。同时适当延长拌和时间，保证混合料拌和均匀。

为了使干拌橡胶沥青混合料正常生产，事先要进行试拌作业，做到各个部位工作协调。因此在施工之前应安排一段试验路施工。

现场摊铺压实施工同 SMA 路面。一般认为 SMA 路面不宜使用胶轮压路机碾压，但为了使干法橡胶沥青路面得到充分的压实，在复压时可以采用胶轮碾压。根据工程实践，在温度稍低时采用胶轮碾进行复压有利于提高压实度，尤其对减少路面渗水有非常好的效果，而且也没有粘轮的麻烦。

二、SDQP 路面的应用

基于干法的骨架密实结构降噪橡胶沥青路面(SDQP),曾先后在上海的浦东新区南汇南果公路(南汇—果园乡)、青浦区青赵公路、五洲大道以及晨阳路等道路铺筑。现以南果路为例,简要说明 SDQP 路面设计施工及观测情况。

2004 年 7 月 10 日,为了检验 SDQP 路面的降噪效果和路用性能,在南汇南果公路铺筑了 500m 试验路。该公路为三级公路改建工程,双向两车道,路面结构为:20cm 水泥稳定碎石基层 +5cmAC-30 下面层 +4cmSDQP-13,邻近对比路面的表层为 4cmAC-13。

SDQP-13 混合料集料采用辉绿岩碎石,细集料为石灰石,矿粉为石灰石磨制的矿粉,沥青采用东海牌 SBS 改性沥青,不使用纤维材料。橡胶颗粒为通过 3mm 胶粉,按每袋 25kg 包装,添加剂量为 2%。人工添加胶粉颗粒,增加 10s 干拌时间。混合料拌和均匀,无花白料。现场摊铺采用一台摊铺机全幅摊铺,两台钢轮压路机碾压。

试验路段竣工后,对小轿车行驶时的降噪效果进行了测试,排除周边噪声的干扰,最大可降低噪声 3.2dB(图 8-16、图 8-17)。2005 年 10 月下旬又对试验路的性能和使用效果进行现场监测。SDQP 路面经过一个夏季高温和冬季严寒的考验,在 500m 的 SDQP 路段上,未发现裂缝现象,路面平整,纹理丰富,颜色深黑(因为橡胶中含有丰富的炭黑),减小了光反射,增加了路标线的对比度,提高道路安全性。图 8-18 是两种路面的路表状况对比图,表面的黑色颗粒为橡胶颗粒。然而在作为对比的 AC 路段上已有多处出现开裂、坑槽等早期病害现象,路表颜色发白,平整度较差,且路表纹理磨光严重。

图 8-16　南果公路 SDQP 路面

图 8-17　测试车辆行驶噪声

SDQP路面　　AC路面

图 8-18　两种路面状况对比

第九章　橡胶沥青应力吸收层

第一节　概　　述

一、路面反射裂缝的问题

1. 半刚性基层沥青路面的反射裂缝

我国所建成的几万公里高速公路，为了提高沥青路面强度，减小路表面的弯沉，几乎都是采用的二灰结碎石、水泥稳定碎石等半刚性基层。半刚性基层具有刚度大、强度高、成本低廉、便于施工等优点。但是半刚性基层的收缩与温缩特性致使它很快产生裂缝，以致反射到沥青面层形成反射裂缝。虽然初期反射裂缝对车辆交通并无影响，但雨水不断的渗入积存在半刚性基层的表面，逐渐使基层软化而形成泥浆，在车辆荷载的反复挤压作用下，泥浆从裂缝中挤压出来形成唧浆。伴随唧浆，路面出现网裂，进而破损而扩大成坑洞。

反射裂缝的现象是普遍的，无论施工质量好差都难以避免。上海市外环线一期工程于1998 年底竣工通车，在开放交通前路面表面已见很多几乎是贯穿的横向裂缝，12 月统计裂缝多达 100 多条。上海浦东新区远东大道的基层是二灰结碎石，沥青路面上差不多每隔 20m 一条横向裂缝，有的裂缝贯穿整个路面甚至将路缘石拉裂。

为了探究沥青路面上的裂缝究竟与下面半刚性基层有什么关系，我们曾经在某省高速公路上进行了开挖观察。我们随意在沥青路面的重车道上选了一条长约 1m 多的横向裂缝，先用转锯沿横缝两边切开，然后将厚 17cm 的沥青面层挖除，露出半刚性基层的表面，将表面碎块清除掉，再用压缩空气将表面尘土吹干净，这时水泥稳定碎石基层表面的裂缝清晰可见（图9-1）。由于32cm 基层分两层施工，于是再向下挖，挖除上基层直至下基层表面，则可见下基层表面也有同样的裂缝（图 9-2），可见整个基层都裂开了，而且其长度比沥青层表面的裂缝长得多，这表明基层的裂缝尚未全部反射到沥青面层表面。

图 9-1　水泥稳定碎石上基层表面的裂缝

图 9-2　下基层收缩裂缝

沥青路面本身固然也会产生温度收缩裂缝,除非在冬季极度严寒地区这类裂缝可能比较多,在相对温暖的地区,由于沥青路面具有应力松弛的能力,所以一般不易出现温度收缩裂缝,这也就是沥青路面不像混凝土路面需要切割伸缩缝的原因。同时铺设在柔性基层上的沥青面层就很少出现横向裂缝。由此可见,半刚性基层沥青路面出现的反射裂缝确实是半刚性基层所引起的,而很少是自上而下开裂的。

2. 混凝土路面改造面临的反射裂缝

水泥混凝土路面具有刚度大、强度高、养护费用低、使用寿命长等优点。我国修建混凝土路面已经有半个多世纪的历史,进入20世纪80年代以来,混凝土路面得到迅速发展,到1990年全国累计混凝土路面达到11 373km,而到1997年则迅速增加到68 740km,其发展速度堪称世界之最。根据交通部公路司2002年的资料,我国高等级道路有288 644km,其中混凝土路面为167 511km,占60%。随着我国道路交通事业的发展,混凝土路面里程不断增加,仅2002年全国就建成混凝土路面26 772km,而2003年又建成约5万公里。

混凝土路面在长期的使用过程中,由于各种原因出现结构性破坏,断板、错台、脱空、破碎等病害。特别在一些超载车辆多的路段,混凝土路面破坏更为严重,影响道路的通行能力,增加了交通事故,造成不良社会影响,亟须整治改造。同时原来一些高速公路采用水泥混凝土路面,运营实践表明,车辆在混凝土路面上行驶,不仅噪声大,而且舒适性差,因此后来很多高速公路逐渐将混凝土路面改造成沥青路面。

旧水泥混凝土路面改造,通常有两种技术方案可以选择。一种是原水泥混凝土路面总体状况还比较好,路况等级尚处于中等以上,可将少量板块加固稳定后,在上面加铺沥青面层,称之为"白加黑";另一种是原水泥路面破损比较严重,路况等级已经处于次级或差级,则采取将板块完全破碎,然后上面加铺沥青面层,称之为"白改黑"(有时也称之为混凝土路面碎石化改造技术)。显然对于混凝土路面改造,不管原有路面的状况一律采取砸碎的方法是不尽合理的。原有混凝土板块基本完好,或者沿线居民较多的道路,采取"白加黑"的改造方式,不仅可以充分利用混凝土路面的原有强度,而且沥青加铺层的厚度也无需太厚。因此"白加黑"技术还是有它的适应性。但是它的最大问题在于原有板块接缝会很快反射到沥青面层上来,造成面层断裂破坏,如何解决反射裂缝是采用"白加黑"技术改造成功与否的技术关键。

3. 反射裂缝的防治措施

为了防止反射裂缝的出现,国内外都做了大量的试验研究,并提出了各种各样的防治措施。对于半刚性基层曾经采取的主要技术措施有:

(1)改善半刚性基层材料组成,降低其收缩性。为此展开研究如何改进混合料的集料级配,如在混合料中加入纤维材料,水泥与乳化沥青复合使用,添加丁苯胶乳,以及添加微膨胀水泥等,这些措施在近年来都有较多的研究。

(2)增加沥青面层的厚度,以降低其反射至表面层的可能性。

(3)在沥青层与半刚性基层之间设置阻止裂缝传递的隔离层,如设置稀浆封层,土工布或玻璃纤维格栅等。近年国外橡胶沥青封层技术传入我国,开始设置橡胶沥青应力吸收夹层。

对于"白改黑"采取防治反射裂缝的技术措施主要有:

(1)修补稳固混凝土板块;

(2)增加沥青加铺层的厚度;

(3)设置应力吸收层;

(4)设置裂缝松弛—延缓层;

(5)在沥青加铺层上设置切割缝等。

显然在“白改黑”之前做好原有板块的维修与稳固是非常必要的。增加沥青加铺层的厚度效果不很明显,也很不经济;将沥青加铺层切割成缝,又将出现其他新的问题,在我国至今没有采用。设置应力吸收层与设置裂缝松弛—延缓层,在机理上都属于同样的性质,只是在所用材料与厚薄上有所差别。研究表明,在水泥混凝土板块上设置橡胶沥青应力吸收层,与设置土工格栅、土工布等材料相比,橡胶沥青应力吸收层具有明显的优势。

二、橡胶沥青应力吸收层的研究

橡胶沥青应力吸收层,是将橡胶沥青结合料喷洒在路面上,随后撒布单一粒径的集料予以覆盖,经碾压成为结合料膜。根据撒布粒料粒径大小不同,其厚度约在 9 ~ 12mm 范围内变动。如果在该层上面加铺沥青混合料面层,则橡胶沥青薄膜这一层就成为应力吸收夹层(Stress - absorbing Membrane Interlayer,简称 SAMI),因为它具有吸收下承层上传应力并使之消散的功能,同时还具有防止雨水下渗的能力,故具有防水层的作用。当橡胶沥青薄膜上面不再加铺沥青面层,直接供车辆行驶,则它相当于封层或者表面处治,但其耐疲劳性能和耐久性远胜过普通表面处治。

20 世纪 60 年代,美国亚利桑那州凤凰市 Charles H. McDonald 对橡胶沥青进行了大量研究,建立了橡胶沥青湿法生产工艺,他成了应用橡胶沥青修补路面和表面处治的第一人,故橡胶沥青湿法工艺也称之为 McDonald 法。橡胶沥青石屑封层在近 20 年来对城市主干道路面起到有效地维修与养护作用,而且它还具有恢复路面摩阻力以及封闭损坏路面、避免雨水下渗的功能。由于橡胶沥青封层具有如此良好的性能,凤凰市推广了这种养护方法。一条临街高速公路上橡胶沥青碎石封层使用了 17 年,直到道路改建。另一条主干道的碎石封层使用了将近 15 年。由于橡胶沥青封层使用寿命一般长达 8 ~ 10 年才出现疲劳开裂,为此道路管理部门反映道路的养护费用明显降低。

在美国加利福尼亚州、佛罗里达州、弗吉尼亚州以及得克萨斯州等地,橡胶沥青封层也逐渐得到应用。1983 年加利福尼亚州在 Ravendale 工程中使用 SAMI,试验结果使该州运输部改变了橡胶沥青的用法,并且建立起 SAMI 与结构之间等效关系。经过近 20 年的试验研究,在美国形成了以下几种做法:

1. 应力吸收薄膜(SAM)

橡胶沥青应力吸收薄膜(SAM)也简称为橡胶沥青封层。它是将橡胶沥青洒布在道路表面,洒布量为 2.25 ~ 3.00kg/m^2,然后趁热撒布碎石,撒布量足以形成一层骨架结构以传递车辆荷载至下层,且能成为均匀而具有抗滑的封层。这一层的厚度约在 9 ~ 19mm 范围内。

应力吸收薄膜与普通沥青表面处治的区别在于前者具有更大的薄膜厚度,并能保持住一层以上的集料(多层集料结构),其油石比为 11:89 ~ 15:85,SAM 的厚度越厚,则所用的橡胶沥青比例越高。它的设计方法已由 B. A. Vallera 等人提出。

2. 应力吸收薄膜夹层(SAMI)

这种结构是先在原路面上铺设橡胶沥青薄膜，然后上面再加铺沥青罩面，这样橡胶沥青薄膜就成为夹在中间的一个层次，故称其为应力吸收夹层(SAMI)。SAMI 的施工工艺与 SAM 相似，施工时将集料嵌入热橡胶沥青之中，在铺设罩面之前免受施工车辆的破坏。通常采用单一粒径的集料。SAMI 设计时应着重考虑其在水平方向应变衰减的能力和传递垂直荷载的能力。通常橡胶沥青的洒布量为2.7～3.6kg/m^2，集料撒布量应相对较少，一般约为14kg/m^2，以能形成一层施工面层即可。这样将使 SAMI 结构在集料颗粒干扰不大的情况下充分显示出橡胶沥青的特性。SAMI 的厚度一般约为9～13mm。

3. 厂拌 SAM 混合料

这是将橡胶沥青与集料按比例在普通沥青混合料拌和机上拌和，并用普通的摊铺机将混合料摊铺在道路上。这种施工工艺的优点是材料的配合比较为准确，所有集料颗粒都能均匀地被橡胶沥青裹覆，而且 SAM 摊铺的厚度能得到有效控制。根据观察，这种橡胶沥青 SAM 抗反射裂缝的能力比普通开级配沥青混合料有效得多。

4. 铺有厂拌开级配混合料底层的 SAM

它是在有裂缝路面上铺设一层常用的厂拌开级配沥青混合料，然后上面加铺 SAM。这层开级配沥青混合料中间层，既可解决原有路面的不平整，又可避免处理较宽裂缝时所必须进行的裂缝填塞工序，同时又能使 SAM 防止反射裂缝的能力得到进一步提高。

橡胶沥青封层技术是在20世纪80年代中期引进我国的。这是鉴于当时公路沥青路面主要是薄层表面处治，且由于沥青质量差以至常常在短时间内就出现疲劳裂缝，进而引起路面破坏。为了延缓路面使用寿命，学习美国铺设橡胶沥青封层的做法，也就是橡胶沥青应力吸收薄膜 SAM，希望通过在沥青中添加橡胶粉，提高沥青的黏度和韧度，进而提高沥青路面的沥青含量，增强抗疲劳能力，延长使用寿命。当时的做法是在沥青中添加25%～30%的30目轮胎胶粉，在190℃左右的温度下搅拌制备成橡胶沥青结合料，然后喷洒在路面上，洒布量约为1.5～2.0kg/m^2，接着撒布单粒径碎石，经碾压而成橡胶沥青薄膜，以取代普通表面处治。这种橡胶沥青封层曾经在上海沪青平公路上铺设过。

近10年来，橡胶沥青在我国逐步得到广泛应用，尤其作为旧水泥混凝土路面改造沥青加铺层最为普遍。为了防止反射裂缝，应用橡胶沥青设置应力吸收层收到了很好的效果，尤其是逐步形成了混凝土路面"白加黑"改造的基本模式。

第二节　橡胶沥青应力吸收层防反机理

一、反射裂缝的主要防治措施

反射裂缝可定义为对应于下卧层裂缝(或接缝)上的沥青加铺层所产生的裂缝。这种反射裂缝的产生是由于在车辆荷载作用下，下卧层产生某种形式的位移，引起上面沥青加铺层剪切而断裂。环境温度的变化也有引起路面断裂的可能，但由于沥青路面是黏弹性材料，本身有很好的应力松弛能力，非严寒难以使沥青路面断裂。反射裂缝引起路面破坏是一个复杂的过程。路面一旦出现裂缝，雨水就可能进入路面下卧层，导致路面开裂加速。当裂缝贯穿路面宽度时，路面传递荷载的能力降低；当裂缝逐渐扩大，影响行车舒适性，并且导致路面破坏的逐渐扩大，才引起人们的关注。

为了抑制沥青加铺层开裂，在其界面处设置一层能够承受所产生的塑性变形而不破坏，是许多学者研究采取的主要办法。Finne研究认为，如果考虑到裂缝的钝化作用，在裂缝顶端的小范围内将出现较大的应变，但应力并不会似尖端裂缝分析预估的那么高。因此如果裂缝顶端材料具有吸收这些高应变能而不破坏，那么裂缝的发展就会被抑制，也就是说，如果裂缝顶端材料的断裂韧度较高，则在常应力作用下裂缝将不再发展。

在过去的研究中对此采取了很多技术方案，其中包括设置土工布、土工格栅、玻璃纤维格栅、防水油毡等，这些材料的实际防治反射裂缝效果不很显著的主要原因，是它们不能有效地吸收高应变能。采用高剂量（约7%SBS）聚合物的改性沥青（即高弹性改性沥青）所拌制的混合料，如美国科氏公司研发的STARTA应力吸收层，对于防治反射裂缝有较好的效果，不过价格相对较高，工艺也比较复杂。根据试验，STARTA混合料的抗剪强度可达到1.5MPa，20℃的回弹模量约为300MPa。

将橡胶沥青封层作为应力吸收层，它不仅具有吸收原有下卧层路面裂缝顶端处荷载作用所引起的应变能的能力，因而可成功地延缓裂缝反射，而且施工工艺相对比较简单，成本又较低廉。同时橡胶沥青封层又是不透水材料，能阻隔雨水不渗入到下卧层，因此能大大延缓路面发生破坏的时间。采取洒布施工的橡胶沥青封层是无法测试其回弹模量的，如果将橡胶沥青拌和成混合料，则其回弹模量主要与橡胶沥青的用量有关，若橡胶沥青用量为7.5%左右时，其回弹模量约为400MPa。

二、半刚性基层沥青路面应力吸收层防反机理

1.设置应力吸收层的防反机理分析

施工时在半刚性基层表面设置应力吸收层，然后在上面铺设沥青面层。为了了解应力吸收层对反射裂缝的防止作用，有很多人对此进行了试验研究。同济大学李昆硕士利用有限元方法进行计算，他假设所设置应力吸收层的厚度为3cm，上面加铺的沥青面层厚度为12cm，在各层次黏结良好成连续状态下，分别计算得到沥青面层层底最大拉应力σ_1、最大剪应力τ_{max}以及最大等效应力S_{eqv}，同时与未设置应力吸收层，沥青面层为15cm的半刚性沥青路面结构的应力水平进行比较，结果分别列于图9-3～图9-5。

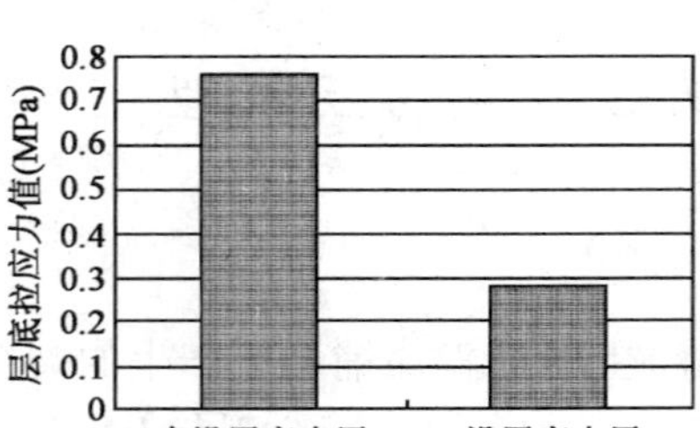

图9-3　应力层对拉应力的影响

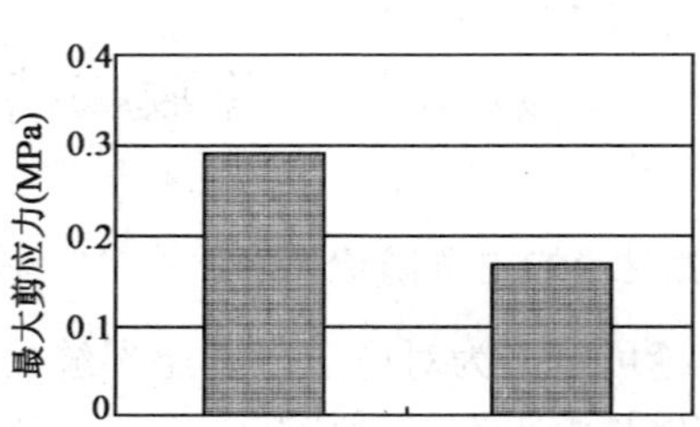

图9-4　应力层对剪应力的影响

由图9-3可以看出,由于设置应力吸收层,使得沥青面层层底最大拉应力降低了60%多,极大地提高了沥青面层的耐疲劳能力,有效地缓解了沥青面层出现开裂的可能性,从整体来讲,使得半刚性基层沥青路面结构出现反射裂缝的危险性大为减少,甚至有可能完全得到防治而不再出现反射裂缝。

图9-4是设置应力吸收与否对沥青面层中最大剪应力的影响。该图显示,设置应力吸收层使得沥青面层中最大剪应力降低约40%,反过来可以说使得沥青面层的抗车辙能力得到明显提高。图9-5显示了设置应力吸收层使得沥青面层中最大等效应力得到明显降低。

2. 应力吸收层厚度对沥青加铺层应力的影响

当采用不同工艺铺设应力吸收层,或采用不同结构,应力吸收层的厚度可能不同,薄的可能只有几毫米,厚的则可能有几厘米。图9-6显示不同应力吸收层厚度情况下,在沥青加铺层中应力的变化趋势。

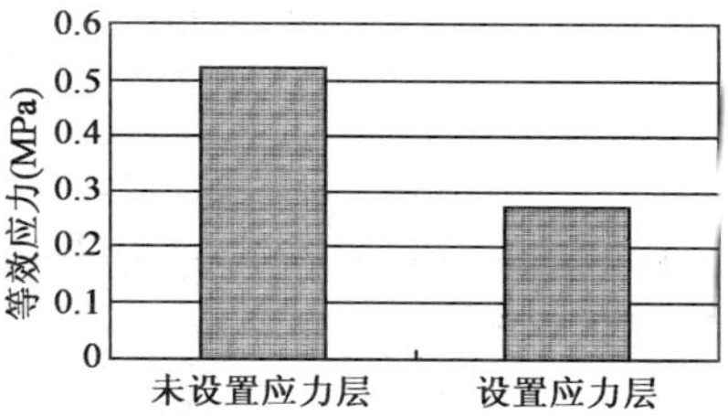

图9-5　应力层对等效应力影响

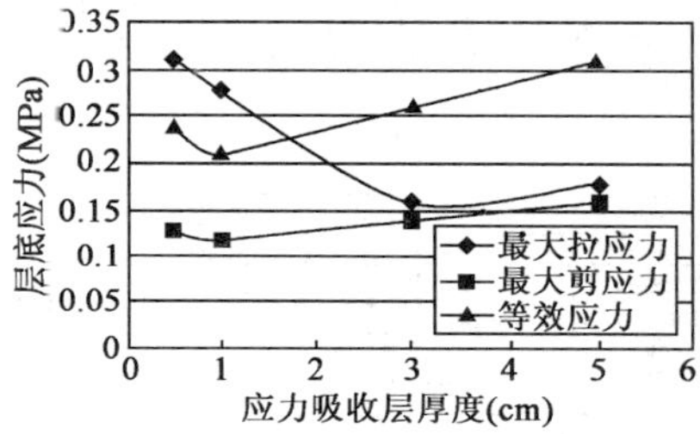

图9-6　吸收层厚度对应力的影响

显然,对于沥青加铺层而言,如能适当增加应力吸收层的厚度,如3cm左右,则其加铺层层底拉应力为最小。而当应力吸收层为1cm时,沥青加铺层中的剪应力和等效应力均降为最小。因此对于半刚性基层沥青路面,为防治反射裂缝,在半刚性基层表面设置应力吸收层,其厚度在1~2cm范围内就能取得较好的效果。

三、"白加黑"应力吸收层防反机理

1. 不同材料防反效果比较

为了从理论上了解设置不同应力吸收层对防治反射裂缝的效果,很多学者进行了试验比较和理论计算,从而揭示了问题的所在。廖晓瑾等人(2009年)应用有限元技术,对混凝土板块上的沥青加铺层以及设有沥青应力吸收层和土工合成材料的沥青加铺层进行了应力计算。结果表明,与直接在混凝土板块上加铺沥青层相比,设置应力吸收层沥青加铺层底最大拉应力可降低49.7%,等效应力减小42.2%,剪切应力减小60.3%;然而设置土工织物仅能够降低最大拉应力3.2%,等效应力减小1.8%,剪切应力减小1.7%。因此设置土工织物几乎没有什么效果,这与实际情况是相符合的。石学斌等人就水泥混凝土路面加铺应力吸收层结构应力进行了分析,对于设置2.5cm沥青应力吸收层,其上面6cm沥青面层的等效应力与剪应力均较不设置应力吸收层减小了83.8%,可见其效果十分显著。

2. 吸收层模量对加铺层最大剪应力的影响

橡胶应力吸收层其模量不仅随着环境温度的升高而降低,而且也随着油石比的增加而减小，所以其防反效果既与材料组成有关，也受季节变化的影响。李兵（2010年）等人利用有限元计算分析了混凝土路面上碎石封层模量变化对沥青加铺层最大剪切应力的影响。

由图9-7可见，随着应力吸收层模量的增大，沥青加铺层中的最大剪应力降低，但是从绝对值来看，降低的幅度都不大。同时还可以看出，在沥青加铺层中最大剪应力与应力吸收层的厚度也有关系，随着应力吸收层厚度的增大，加铺层中的最大剪应力增大。

3. 吸收层模量对加铺层层底拉应力的影响

应力吸收层的模量影响沥青加铺层底的拉应力。计算结果表明，当吸收层模量增大时，加铺层的拉应力也随之增大。因此应力吸收层的模量宜小不宜大，据测试橡胶沥青应力吸收层的模量约在200~400MPa范围内。

由图9-8可见，随着应力吸收层厚度的增加，加铺层底拉应力增大，因此为避免沥青加铺层被拉裂，宜采用模量较低的应力吸收层材料，这将有利于降低沥青加铺层的层底拉应力，延长路面使用寿命。

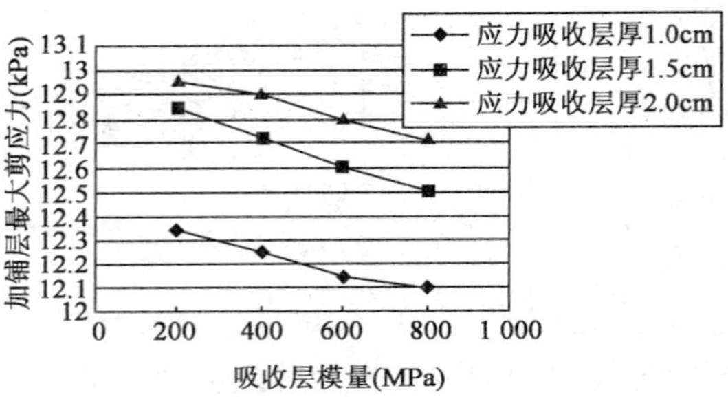

图9-7　加铺层剪应力与吸收层模量关系

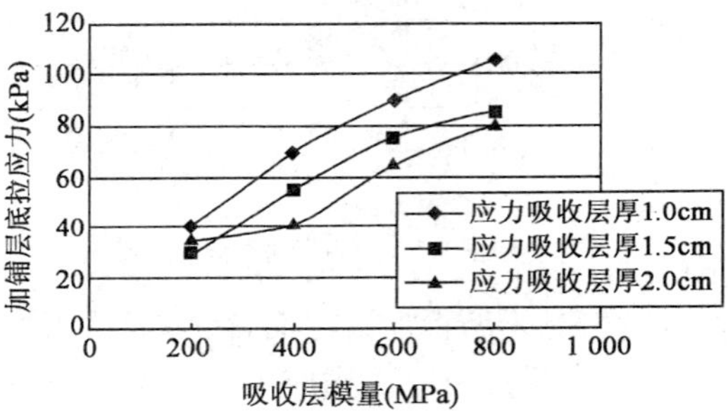

图9-8　加铺层底拉应力与吸收层模量的关系

4. 荷载与温度耦合下加铺层的剪应力

环境温度发生着昼夜变化和季节变化。温度变化时路面结构中发生温度梯度，因而引起温度应力。通过对“白加黑”路面中车轮荷载与温度变化耦合作用下剪应力的计算分析，发现其剪应力与应力吸收层模量之间呈现图9-9的变化关系。

图9-9表明，在荷载应力与温度耦合作用下，沥青加铺层的剪应力随着吸收层模量的增大而减小，而且吸收层厚度越薄，减小的速度越快。当应力吸收层模量低于600MPa时，模量越小，沥青加铺层中的剪应力越大；当吸收层模量大于600MPa时，则模量越大，加铺层中剪应力越小。

5. 荷载与温度耦合下加铺层底拉应力

图9-10是在车轮荷载与温度耦合作用下，不同应力吸收层模量及厚度对沥青加铺层底拉应力的影响。显然，随着应力吸收层模量的增大，沥青加铺层的层底拉应力增大，尤其对于较薄的应力吸收层，如厚度为1cm，其加铺层层底拉应力增长最快。在模量同样的情况下，较厚的应力吸收层有利于降低沥青加铺层的层底拉应力，换言之，其防治反射裂缝的效果比较好。

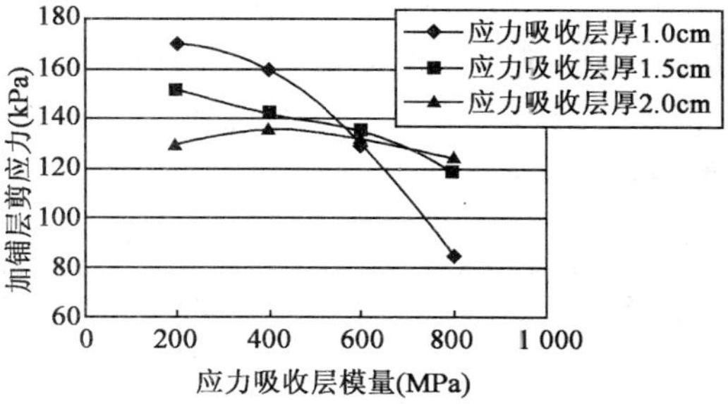

图 9-9　加铺层剪应力与吸收层模量(温度)的关系

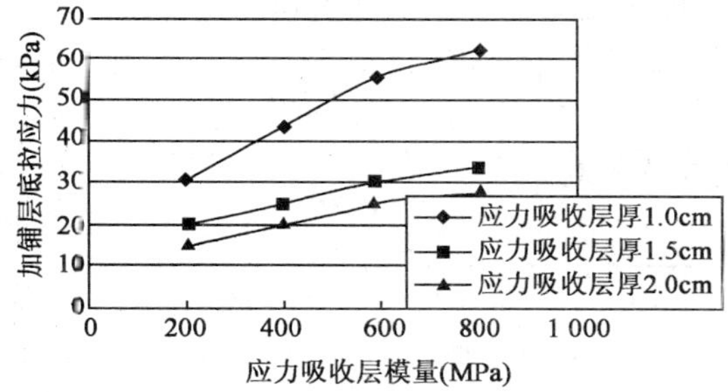

图 9-10　吸收层模量对加铺层底拉应力影响

在道路实际环境中,车轮荷载与环境温度变化是同时存在的,因此从理论上考虑,应力吸收层的模量不宜太高,约在 200 ~ 400MPa 范围较好。增加橡胶沥青用量有助于降低应力吸收层的模量。当然在气温比较高的季节,其模量也会有所低。应力吸收层宜有适当的厚度,如在 1.5 ~ 2.0cm 范围内。应当指出,在实际工程中情况远较理论假设复杂得多,上述计算分析只是在某一种设定的情况下大致的规律,可供我们在工程设计应用时参考。

第三节　洒布式橡胶沥青应力吸收层设计

作为应力吸收层材料,最主要的是它必须具有良好的黏韧性,能够吸收应力而自身不发生破坏。按照应力吸收层的施工方法,目前有两种类型,一种是洒布法,另一种是拌和法。洒布法即橡胶沥青是采用洒布车洒布在下卧层上,然后撒布碎石,经碾压而成,这种工艺基本上与沥青表面处治相同,因而也有单层或双层的做法。目前国内绝大部分工程都采用这种工艺方法。

一、原材料的技术要求

1. 橡胶沥青

橡胶沥青结合料是 20% ~ 25% 的轮胎胶粉加入沥青中,在 190 ~ 200℃ 温度下经搅拌混合而成。根据沥青的等级或胶粉的品种也可加入适量的调和油(1% ~ 5%),以促进胶粉与沥青的融合。胶粉应干燥,不含水分、铁丝等杂质,纤维含量不超过 0.5%。供应商应提供胶粉的质量检验报告,说明胶粉的规格、所用轮胎的种类以及储存方式等。胶粉筛分采用水筛法。国内对胶粉粒度的要求各个单位不一样,主要依据自己的经验确定,但一般在 20 ~ 40 目范围内。美国也同样如此,各个州对胶粉的粒度要求也不相同,具体见第一章表 1-2。国内有关企业,如四川正中路科采用的胶粉规格见表 1-3。

基质沥青一般采用当地常用的道路沥青,不宜因为制备橡胶沥青而要求采用其他种类的沥青材料,以免给工程备料带来不必要的麻烦。

对于胶粉掺加的剂量,美国要求不低于 15%,这说明为了配制较高黏度的橡胶沥青,必须掺加足够数量的胶粉。但这是一般原则,具体还要看所用的基质沥青的标号、当地的气候条件等多种因素,不能死搬教条。如果基质沥青采用比较黏稠的沥青,如 50 号沥青,则可能胶粉剂量即使少于 15%,其黏度已满足要求。因此,胶粉的掺量应以橡胶沥青的技术指标为判断依据，而不是简单地仅仅以胶粉掺量为判断标准。在美国对于橡胶沥青的技术要求，即使同一个州也有不同的标准，至于各个州之间，则标准有更大的差别，具体详见第二章。但目前国内很多单位都按表2-20执行，也即表9-1所列的标准。但用于应力吸收层，对其中软化点的标准，则建议提高到大于60℃为宜。不过橡胶沥青过分黏稠则不利于洒布。

橡胶沥青技术指标　　表9-1

项　目	技术要求	项　目	技术要求
黏度(177℃)(Pa·s)	1.5~4.0	软化点(℃)	≥54(60)
针入度(0.1mm)	≥25	弹性恢复(25℃)(%)	≥60

由于各个地区自然条件、交通状况都有差别，作为应力吸收层所用的橡胶沥青，其质量标准应能符合不同地区和不同用途的要求，而不是不论场合、不论地区都采用一种标准。孙雪伟、唐颂等人，针对浙江中部某高速公路隧道工程的需要，就加铺应力吸收层所用的橡胶沥青提出了如表9-2技术要求。

某隧道用橡胶沥青技术要求　　表9-2

技术指标	测试值	技术要求
针入度(0.1mm)	43	40~80
软化点(℃)	62.5	52~74
旋转黏度(190℃)(Pa)	26	15~40
弹性恢复(%)	86	≥60

在20世纪80年代，美国曾就应力吸收层用橡胶沥青提出的技术要求见表9-3，显然，橡胶沥青的性能波动范围还是比较大的。

美国橡胶沥青的性能范围　　表9-3

技术指标	要求范围
黏度　(117℃)(Pa·s) (60℃)(Pa·s)	1~8 7~60
软化点(℃)	54~71
劲度模量　(荷载作用时间0.5s)(kPa) (荷载作用时间0.2s)(kPa)	689~17 240 1 724~27 580

2. 集料

1)碎石质量要求

用作应力吸收层的粗集料，其技术要求一般同高速公路上面层用集料，通常要求采用比较坚硬的岩石所轧制的碎石。有的施工单位根据自身的工程经验，往往又对碎石的质量标准作了某些调整。四川正中路科就用作橡胶沥青应力吸收层的粗集料提出了自己的要求，见表9-4。

对照现行规范的技术标准，表9-4的不同主要是压碎值略有降低，表明碎石料不仅要坚硬，而且应具有韧性而不易压碎。另一点不同是小于0.075mm颗粒含量要求提高，目的是进一步限制粗集料表面所黏附的粉尘，要求集料表面更为清洁干净，这对于洒布法橡胶沥青应力吸收层施工是十分必要的。如有条件,最好将所用碎石经水冲洗,碎石表面干净是保证与橡胶沥青黏结的必要条件。为了避免碎石清洗和干燥的麻烦,在很多工程中往往采取将碎石用少量沥青(占碎石质量约0.5%左右)进行预拌,使碎石表面裹覆极薄的沥青膜,以利于橡胶与碎石颗粒黏附。

应力吸收层(SAMI)用粗集料质量要求 表9-4

技术指标	单位	技术要求
压碎值	%	≤24
洛杉矶磨耗损失	%	≤28
视密度	t/m^3	≥2.6
对沥青黏附性	级	≥4
坚固性	%	≤12
针片状颗粒含量	%	≤15
小于0.075mm颗粒含量(水洗法)	%	≤0.6
软石含量	%	≤0.3

2)集料级配

铺设应力吸收层所采用的碎石,基本上是单一粒径的碎石,要求坚硬、干净。四川正中路科通常采用表9-5中两种级配,其中当上面加铺粗粒式沥青面层时采用B级配。有的公路工程单位认为,在半刚性基层与沥青面层之间设置应力吸收层,还可以使用更粗粒径的碎石,例如粒径为13.2~16mm的碎石,但相应的橡胶沥青的洒布量也必须增加。

应力吸收层集料级配 表9-5

筛孔(mm)	A级配	B级配
13.2	—	100
9.5	100	0~15
6.3	0~15	—
2.36	0~5	0~5
0.075	0~0.5	0~0.5

二、洒布式应力吸收层结构

1.单层式橡胶沥青应力吸收层

图9-11 单层式应力吸收层

目前工程应用最多的是单层式橡胶沥青应力吸收层,也即洒布一层橡胶沥青后,上面撒布碎石,经适当碾压即成,见图9-11。

图9-12 剪切试验用模具

为了合理地确定橡胶沥青的洒布量、碎石的粒径以及碎石的撒布量,湖北交通工程检测中心施力等人,曾对不同种单粒径碎石,在不同橡胶沥青洒布量条件下进行撒布,撒布量为覆盖橡胶沥青面积60%,约合3.3~6.6kg/m^2。将所形成的橡胶沥青应力吸收层夹持在两层沥青混合料之间,在图9-12的模具中进行角模压剪试验,用以评价沥青面层与应力吸收层之间的黏结和抗推移剪切性能。剪切试验结果列入表9-6。

应力吸收层剪切试验结果　　表9-6

碎石材料粒径(mm)	在下列橡胶沥青洒布量条件下的剪切强度(MPa)		
	1.5kg/m²	2.0kg/m²	2.5kg/m²
4.75~9.5	0.74	1.11	0.60
9.5~13.2	0.62	0.94	1.11

试验结果表明，当使用较小碎石(4.75~9.5mm)，则橡胶沥青用量为2kg/m²时可获得最大抗剪强度；当橡胶沥青用量达到2.5kg/m²时，抗剪强度反而下降，其原因是小粒径的碎石淹没在橡胶沥青中，使层间的摩阻力降低。当使用较大的碎石(9.5~13.2mm)时，则随着橡胶沥青洒布量的增加，抗剪强度不断增大，说明在橡胶沥青洒布量较大时，应采用较大粒径的碎石，这样可以获得较高的抗剪强度(图9-13)。

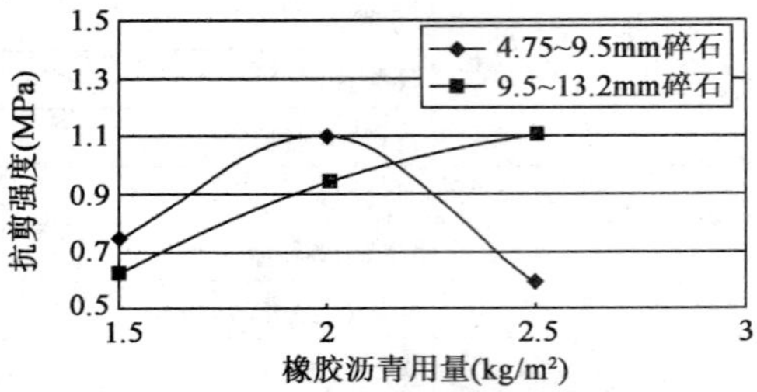

图9-13　抗剪强度与橡胶沥青用量的关系

近年来国内很多单位在不同工程中铺设橡胶沥青应力吸收层，在材料用量上各有不同，尤其是碎石用量，有的认为应该满铺，但也有的认为不需要满铺，见表9-7。

各单位橡胶沥青应力吸收层材料用量　　表9-7

单　位	橡胶沥青洒布量(kg/m²)	碎石规格(mm)	碎石撒布量(满铺率)(kg/m²)	主要用途
四川正中路科	2.2±0.2	9.5~13.2	12~16(满铺)	“白加黑”
金丽温高速	2.0±0.1	9.5~13.2	7~9(90%)	隧道水泥路面
湖北交通检测中心	1.8 2.0 2.5	4.75~9.5 9.5~13.2 13.2~16	(60%) (60%) (60%)	桥面防水层 中上面层之间 半刚性基层
江苏盐通高速	2.6	9.5~13.2	12	半刚性基层
广珠高速	2.0~2.4	6~11(预拌)	10(60%~70%)	
咸阳机场高速	2.2	9.5~13.2	15~16(90%)	
重庆中交	2~3	9.5~13.2	15~22(满铺)	

在水泥混凝土板块上设置橡胶沥青应力吸收层，从改善沥青加铺层受力状态的角度出发，其厚度宜大一点为好，这样沥青加铺层底拉应力较小，也就是说对于防治反射裂缝可获得较好的效果(图9-10)。因此铺设单层橡胶沥青应力吸收层，宜采用较大粒径的碎石，如9.5~13.2mm，以便形成相对较厚的应力吸收层。若主要是为了提高混凝土板与沥青面层之间的黏结效果，增强层间抗滑性，则可采用较小的橡胶沥青的洒布量，并使用4.75~9.5mm较小粒径的碎石。

橡胶沥青的洒布量如何确定，目前主要依据用途和经验而定。一般而言，橡胶沥青的黏度高，其洒布量可以取较大值，这样有利于提高抗反射裂缝效果，但应考虑到夏季有出现泛油的可能性，因此用量还是应该适当，最好通过试验确定。

对于应力吸收层，以覆盖洒布面积的70%～90%左右为宜（图9-14），所留空隙能使上面加铺的沥青层部分颗粒嵌入其中，有利于增大层间结合力和摩阻力。但如果撒布碎石留下的空隙太大，压路机碾压时容易发生粘轮，不利碾压作业的进行，甚至有可能造成无法碾压，故撒布量也不能太少。反过来，如采取100%满铺，虽然有利于碾压，但势必有颗粒重叠（图9-15），而重叠颗粒不易扫除，在沥青加铺层中形成夹生料。一般满铺率宜不低于70%。

图9-14　碎石料未满铺

图9-15　碎石料满铺

应力吸收层碎石撒布量，从理论上讲应该与橡胶沥青洒布量、碎石的平均粒径、碎石的密度等因素有关。若假定碎石颗粒的2/3～3/4高度陷入橡胶沥青，1/4～1/3高度露在上面，则碎石撒布量可按式(9-1)进行估算：

$$S = \left(\frac{D_1 + D_2}{3} - \frac{G_a}{\gamma_a}\right) \cdot \gamma_s P \tag{9-1}$$

式中：S——碎石撒布量（kg/m^2）；

D_1、D_2——表征单粒径碎石颗粒大小的两个筛孔尺寸（mm）；

G_a——橡胶沥青撒布量（kg/m^2）；

γ_a——橡胶沥青密度（g/cm^3），一般可取1.05；

γ_s——碎石密度（g/cm^3）；

P——碎石撒布率（满铺率），以小数计。

采用9.5～13.2mm碎石作为应力吸收层，其撒布量与橡胶沥青洒布量之间的关系也可以用图9-16表示，所用碎石的密度按2.70g/cm^3计。例如，当橡胶沥青洒布量为2.2kg/m^2，碎石采用辉绿岩，其密度为2.70g/cm^3，则碎石满铺时撒布量可由图9-16查得为15kg/m^2，满铺率为80%时，碎石撒布量则为12kg/m^2。由图9-16可见，在一定的满铺率条件下，碎石撒布量随橡胶沥青洒布量的增加而减少，这似乎让人有些意外。通常人们可能认为，橡胶沥青洒布量大时，碎石用量也应该增大。其实不然，这是因为在橡胶沥青洒布量一定的情况下，如果碎石撒布量增加，势必挤占了橡胶沥青的位置，橡胶沥青就会向上挤，超过碎石顶面，以致碾压时造成粘轮。在施工时出现粘轮情况时，一方面可能是橡胶沥青用量偏多，另一方面则可能是碎石撒布量偏多所致。这时减少碎石撒布量，反而可以避免粘轮的现象。因此图9-16可以有助于判断橡胶沥青应力吸收层材料用量是否合理与匹配。

图9-17是采用4.75～9.5mm单粒径碎石铺设应力吸收层，其撒布量与橡胶沥青洒布量

的关系。碎石密度同样按2.70g/cm³计。如果在半刚性基层上铺设橡胶沥青应力吸收层，需要采用更大的碎石，如粒径为13.2～16.0mm的碎石，则其碎石撒布量可以按式(9-1)计算确定。

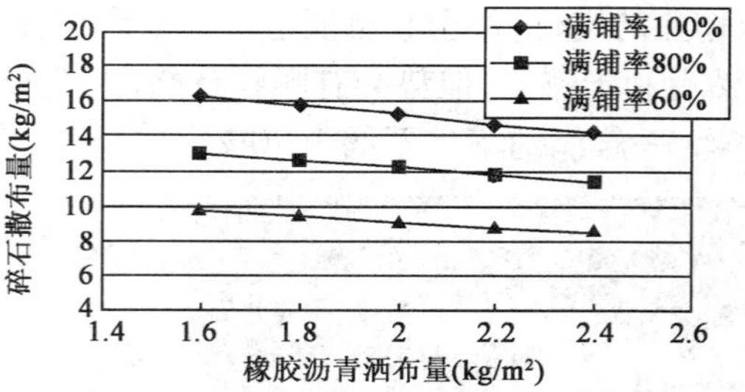

图9-16　9.5～13.2mm碎石撒布量与橡胶沥青用量的关系

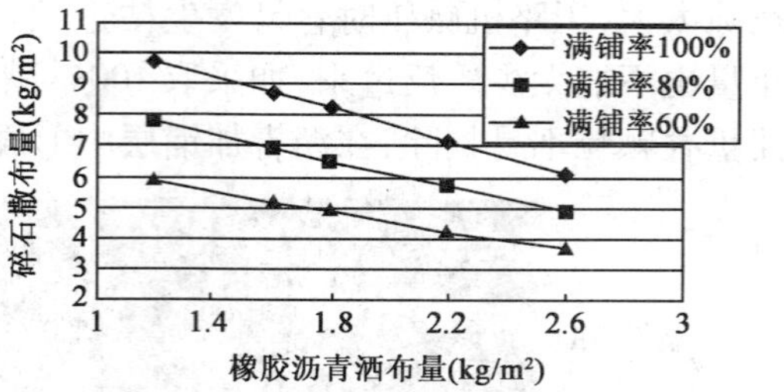

图9-17　4.75～9.5mm碎石撒布量与橡胶沥青用量的关系

在实际工程应用时，应该结合经验加以调整。同时还应当指出，虽然在图9-16与图9-17中画出了满铺率为60%的曲线，但是一般不主张采用满铺率低于70%的碎石撒布量。

2. 双层式橡胶沥青应力吸收层

当直接将橡胶沥青应力吸收层作为路面磨耗层使用，则为了获得较为致密的表面，可以铺设成双层式橡胶沥青应力吸收层。即在单层应力吸收上面再撒布一次橡胶沥青，随后撒布较小粒径的碎石，再经碾压而成(图9-18)。

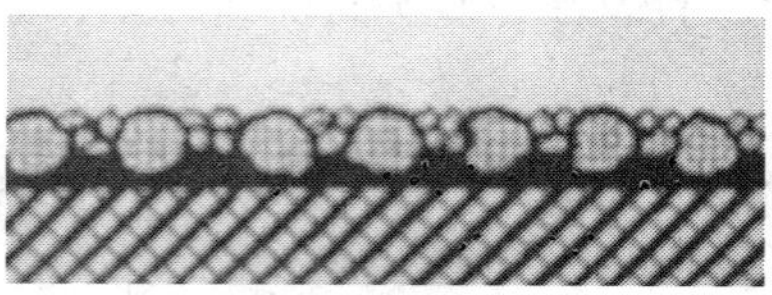

图9-18　双层应力吸收层

虽然美国有很多采用单层橡胶沥青应力吸收层作为道路表层，直接承接车辆行驶，但是毕竟平整度较差，快速行驶车辆颠簸，噪声也大，故不适合高等级道路使用，只作为应力吸收夹层使用。双层橡胶沥青层是一种比单层要好的结构，虽然多了两道工序，成本也较单层有所增加，但是双层毕竟坚固，经久耐用，可以直接作为路面使用。在我国有大量二级以下公路，应用双层橡胶沥青应力吸收层作为路面，是使用寿命既长、抗疲劳性能又好的一种经济实用的最佳选择。

关于双层橡胶沥青应力封层的做法，可以参照表面处治材料的用量，但橡胶沥青用量可以有所增加。

第四节　拌和式橡胶沥青应力吸收层设计

由于洒布式橡胶沥青应力吸收层一般只能铺设成1.0～1.5cm厚度，故要铺设成3～5cm厚的应力吸收层，就只有采取拌和式橡胶沥青混合料，然后经摊铺压实而成。

美国科氏公司研发的应力吸收材料STRATA是典型的拌和式应力吸收层材料。STRATA混合料是采用高弹性改性沥青与细级配高矿粉的集料拌和而成密实性混合料，摊铺成2.5cm空隙率小于2.5%的结构层。由于它具有弹性高、耐疲劳、抗变形能力强，以及密实不透水的特点，因而能有效地延缓反射裂缝的发生，延长路面使用寿命。其防反射裂缝的能力大大优于玻璃纤维格栅等土工织物，因而具有很好的应用前景。

另一种拌和式应力吸收层，是采用高黏度改性沥青与开级配集料拌和成混合料，经摊铺压实成4～6cm厚结构层，它既作为沥青路面的结构层，又具有消除应力集中、防治反射裂缝的能力。这种结构近年来逐渐得到应用。例如，上海浦东路桥股份有限公司采用自主研发的高黏度改性沥青添加剂RST，拌制成开级配混合料，应用于上海浦东新区杨高路等道路的“白加黑”改造获得成功，虽然杨高路交通极其繁重，但基本上未见反射裂缝出现，表现出良好的抗反射裂缝能力。

研究与实践表明，采用橡胶沥青既可拌制成类似STRATA的密实性混合料，也可以拌制成开级配混合料，同时因为橡胶沥青与高弹性改性沥青相比，价格相对较低，因而具有更广泛的应用前景。将橡胶沥青与一定级配的碎石料拌和成混合料，作为应力吸收层有利调节橡胶沥青用量和模量，同时摊铺厚度也可按照设计需要进行调整，因而比洒布式应力吸收层能更有效地防治反射裂缝。

一、橡胶沥青技术要求

用于铺设拌和式应力吸收层所用橡胶沥青的技术要求同表2-20，但是软化点标准宜提高到大于65℃，见表9-8。

橡胶沥青技术指标　　表9-8

项　目	技术要求	项　目	技术要求
黏度(177℃)(Pa·s)	1.5～4.0	软化点(℃)	≥54(65)
针入度(0.1mm)	≥25	弹性恢复(25℃)(%)	≥60

美国科氏公司的ATRATA应力吸收层所用结合料为一种高弹性改性沥青，其主要技术指标见表9-9，以作为借鉴和对比。将表9-8橡胶沥青指标与表9-9比较可以看出，这两种结合料是有明显区别的，高弹性改性沥青的软化点高(实测高达87℃)，而且它的弹性性质远高于橡胶沥青。

科氏公司STRATA用结合料技术要求　　表9-9

技术指标	指标值	技术指标	指标值
针入度(0.1mm)	85～100	延度(5℃,5cm/min)(cm)	≥50
软化点(℃)	≥65	弹性恢复(RTFO,25℃)(%)	≥80
黏度(135℃)(Pa·s)	2.5	离析(48h)软化点差(℃)	≤4

二、拌和式应力吸收层混合料组成结构

1. 集料级配

集料应坚硬，颗粒形状呈立方形，尤其要求表面清洁，不沾有粉尘，以便与橡胶沥青黏附。根据使用目的不同，集料的级配可在两种类型中选择，对于铺设2.5～3.0cm厚度的应力吸收层，其级配可以采用规范AC-10。作为比较，对于铺设厚度为4～6cm的开级配混合料，则可以采用规范中的半开级配，如AM-16、AM-20等。为方便应用，现将上述级配列于表9-10。对于表中AM级配，也建议采用偏细的级配，使用较多的矿粉，目的也是为吸纳较多的橡胶沥青，以提高防反能力。

应力吸收层集料级配 表 9-10

级配类型	下列筛孔(mm)通过率(%)										
	19	16	13.2	9.5	4.75	2.36	1.18	0.6	0.3	0.15	0.075
科氏公司	—	—	—	100	80~100	60~85	40~70	25~55	15~35	8~20	6~14
AC-10	—	—	100	90~100	45~75	30~58	20~44	13~32	9~23	6~16	4~8
AM-16	—	100	60~85	45~68	18~40	6~25	3~18	1~14	0~10	0~8	0~5
AM-20	90~100	60~85	50~75	40~65	15~40	5~22	2~16	1~12	0~10	0~8	0~5

2. 橡胶沥青混合料性能与技术要求

采用橡胶沥青作为结合料拌制成混合料铺设应力吸收层，目前我国尚没有技术标准，还处于探索研究阶段，但是它已经显示出良好的耐疲劳性能和抗反射裂缝能力。现将相关研究成果介绍如下，同时与美国科氏公司 STRATA 材料性能相对比。

1)密实型细级配橡胶沥青混合料

为了研究用作应力吸收层的密实型橡胶沥青混合料性能，同济大学李昆硕士研究生进行了试验研究。试验用橡胶沥青是采用 70 号沥青，内加 19% 胶粉(20 目)，在 185℃温度下经搅拌剪切而成，其针入度为 37(0.1mm)，软化点为 68.5℃，135℃黏度为 12.5Pa·s，177℃黏度为 3.3Pa·s。集料级配为 AC-10，矿粉用量取高限，为 7.8%，以吸纳较多的沥青。所配制成的橡胶沥青混合料其体积参数列于表 9-11，同时将 STRATA 混合料的体积参数也一并列于该表中，以作对比。显然，两种混合料的体积参数性质基本上是相同的，在此基础进一步比较它们的力学性能。

橡胶沥青混合料体积参数 表 9-11

混合料种类	沥青用量(%)	空隙率(%)	稳定度(kN)	流值(0.1mm)	饱和度(%)
橡胶沥青 AC-10	9	1.8	5.3	48	92.1
STRATA	9	1.5	4.8	51	93.3

研究测试了两种混合料的极限抗剪强度、抗压模量，并且在 1 250$\mu\varepsilon$ 应变控制下进行弯曲疲劳试验，结果列于表 9-12。由表可见，橡胶沥青混合料的性能与 STRATA 十分相近，故也是可以用作应力吸收层的。

橡胶沥青应力吸收层混合料力学性能 表 9-12

混合料种类	极限抗剪强度(MPa)	抗压模量(MPa)	弯曲疲劳次数(次)
橡胶沥青 AC-10	1.54	578(15℃) 386(20℃)	$>100\times10^4$
STRATA	2.28	480(15℃) 305(20℃)	$>100\times10^4$

2)半开级配橡胶沥青混合料

近年山东大学曹卫东博士，就作为应力吸收层的半开级配橡胶沥青混合料的基本性能进行了试验研究。橡胶沥青是采用 70 号沥青内加 15% 胶粉(80 目)，经在 180℃左右的温度下搅拌 60min 而成。其主要技术指标针入度为 41(0.1mm)，软化点为 62℃，5℃延度为 5.1cm。

粗细集料为石灰石轧制的碎石，其级配采用 AC-25。经拌和试验确定橡胶沥青用量为3.6%。研究提出橡胶沥青混合料的技术要求列于表 9-13。

橡胶沥青混合料主要技术要求　　表 9-13

技术指标	单　位	要求值
空隙率	%	13～18
沥青膜厚度	μm	>12
谢伦堡沥青析漏试验结合料损失	%	≤0.2
肯特堡飞散试验混合料损失	%	≤20
沥青用量	%	3.0～3.6

为了评价橡胶沥青混合料的性能，进行了汉堡车辙试验、直接拉伸试验以及四分点弯曲疲劳试验，主要结果列于表 9-14。

橡胶沥青混合料主要性能　　表 9-14

试验项目	试验条件	试验结果
汉堡车辙试验	温度 50℃，经 20 000 次轮碾车辙深度(mm)	5.013
间接拉伸试验	间接拉伸强度(MPa) 间接拉伸模量(MPa)	0.203 710
疲劳试验	四分点，温度 15℃ 应变水平　400με 800με 1 000με	 203 551 2 393 837

美国科罗拉多州交通局建议汉堡车辙试验轮碾 20 000 次车辙深度不大于 10mm。作为比较，同时还进行了 SBS 改性沥青混合料试验，比较结果表明，橡胶沥青混合料无论高温抗车辙性能、低温抗裂性，还是耐疲劳性能均优于 SBS 改性沥青混合料，因此采用橡胶沥青混合料作为下面层，能比较有效地防治半刚性基层的反射裂缝。

第五节　橡胶沥青应力吸收层施工

一、洒布式应力吸收层施工

1. 下承层的准备

(1)混凝土路面。在混凝土板块上面加铺沥青面层，首先必须进行原有路面状况的调查，确认板块已经稳定处理，包括对断板的置换，错台的注浆整平，裂缝的清缝与填缝等，然后方可进行下道工序的施工。在加铺橡胶沥青应力吸收层前，将混凝土面板表面打毛处理，然后进行全面清扫，再用森林灭火机将浮灰吹净，必要时可用水进行冲洗，确保板块表面清洁干净。

(2)半刚性基层。先用路面清扫机对半刚性基层表面进行清理，清扫杂物，再用森林灭火机将表面浮尘吹净。喷洒乳化沥青作透层，用量约 0.3kg/m^2，以彻底清除表面粉尘，达到增强橡胶沥青与基层黏结的目的。

2. 橡胶沥青的生产

橡胶沥青生产前,应先确定胶粉添加的剂量。根据所用基质沥青的标号和工程经验,选择3个不同胶粉掺加剂量,例如18%、20%、22%,加入温度为180~190℃的沥青中,搅拌60min,测试橡胶沥青的基本性能,选择满足表9-1技术要求的胶粉剂量作为生产应用。

橡胶沥青生产必须使用专用设备,以保证产品质量。操作人员必须经过专门培训,熟练掌握操作规程和程序,准确控制配料比例。对橡胶沥青成品料及时进行相关检验,并将结果记录在册。

3. 橡胶沥青的洒布

在洒布橡胶沥青前,要注意检查以下几点:

(1)空气温度与地面温度是否合适洒布作业,一般要求不低于10℃。

(2)下承层是否干燥,查看有无积水(尤其在阵雨以后)、潮湿等情况。

(3)观察风速和风向,判断是否会影响橡胶沥青洒布作业的效果,如遇大风则不得作业。

(4)检查路缘石、护栏是否做好防护。

(5)检查橡胶沥青洒布车、碎石撒布机、轮胎压力机等机具设备是否已经全部进入待命状态,特别注意洒布车的每一个喷嘴都必须加热,以保证全部喷嘴都能正常工作。

橡胶沥青洒布车移动到预定位置,在电脑上按预先规定洒布量做好设定,当操作控制系统调试完毕后,操作手通知驾驶员启动车辆,缓慢前进进行洒布作业(图9-19),一般移动速度为3~5km/h。在洒布车起步与终止位置要铺设工程纸,洒布车经过后及时取走,以保证横向衔接整齐。纵向衔接应与已洒布部分重叠10cm左右。如发现漏洒必须立即人工补洒。

图9-19　橡胶沥青洒布作业

4. 撒布碎石

橡胶沥青洒布后,一般趁热撒布碎石。撒布碎石宜采用专用机械(图9-20)。碎石撒布量可以通过试验确定,也可以按照图9-16或图9-17确定,并适当进行调整。

图9-20　撒布碎石

图9-21　碾压成型

由于橡胶沥青洒布后会很快冷却,因此碎石料宜事先加热至150℃,装载在车上保温待用。碎石撒布车的倾角应在事先经过试验确定,一般约为45°。撒布时以车倒退均速行走,达到撒布均匀，不出现粘轮现象。个别出现碎石重叠或漏撒，人工修整处理。

5. 碾压成型

采用一台或两台轮胎压路机进行碾压，碾压 2 ~ 3 遍即可，使碎石与橡胶沥青黏结。一般当橡胶沥青洒布量与碎石撒布量匹配时不会发生粘轮现象。若有少量粘轮现象，可在轮上喷水，并清除粘轮碎石颗粒。碾压成型后至铺设沥青面层前这段时间内，一般不应开放交通，以免造成污染（图 9-21）。

6. 完成各工序所需要的时间

为了使施工顺利进行，各个工序之间要相互衔接，这样有些工序就必须提前做好准备。根据工程经验，归纳总结完成下述工序所需要的时间，以供施工指挥者参考。

（1）沥青洒布车预热时间约为 2h。

（2）沥青洒布车泵满 13t 橡胶沥青的时间约为 30min。

（3）13t 橡胶沥青每升温 1℃的时间约为 2min，从 185℃升温到 200℃需要 30min。

（4）正常作业情况下，洒布完 13t 橡胶沥青的时间为 2 ~ 3h。

（5）乳化沥青透层油风干时间约需 5h。

（6）每台橡胶沥青洒布车每天可洒布 12 000m^2 的工作面，所以基层的清洁工作应提前准备，以保证每天提供足够数量的工作面。

（7）撒布用的碎石应提前集中进行预拌。碎石经拌和机进行预拌的时间，对于 3000 型拌和机需要 15s 左右，预拌完成的碎石可运往施工现场存放，这样可以利用夜晚空闲时间一次性提前生产出几天的使用量，避免与拌和机正常作业发生冲突。

二、拌和式应力吸收层施工

拌和式橡胶沥青应力吸收层的施工，与常规热拌沥青混合料施工基本一样，其不同之处主要在于：

（1）当采用密实细级配铺设应力吸收层时，由于所用细料比较多，则拌和比较困难，使振动筛中的粉料筛分效率大为降低，故应选择适当筛孔的筛，如对于 2.36mm 筛孔，宜选用 3.5mm的筛网。

（2）当采用相对较粗粒径的开级配或半开级配铺设应力吸收层时，由于橡胶沥青用量比较高，应特别注意析漏检验。

摊铺前，对于下承层应作黏层处理。如摊铺 3cm 厚应力吸收层，应注意摊铺厚度的均匀性。由于混合料中橡胶沥青含量较高，故碾压宜适当降低温度，或者采用吨位较小的压路机进行初碾，然后再用较大吨位的压路机碾压，这样可以避免发生粘轮现象。对于铺筑厚度达到 5 ~ 6cm的厚层，则在温度降至 100 ~ 120℃时采用轮胎压路机进行碾压。

第十章　橡胶沥青路面新技术

近20年来科学技术发展非常之快，人们说现在是“知识爆炸”的时代，新材料、新技术层出不穷，令人目不暇接。同样，橡胶沥青铺面技术发展迅速，特别是在提高橡胶沥青性能、施工技术等方面，都有许多新的研究和应用成果。下面就橡胶沥青稳定化技术、温拌技术以及能提高和改善性能的添加剂等一些新材料、新技术介绍如下。

第一节　橡胶沥青稳定化研究

目前橡胶沥青虽然已经在工程中得到大规模的应用，但基本上是采取现场加工，加工后立即使用。但是事实上橡胶沥青加工与使用过程中还存在质量不稳定因素。这主要是因为橡胶沥青作为一种非均相的体系，橡胶颗粒容易发生离析沉淀，橡胶颗粒越粗，沉淀现象越明显，同时由于橡胶在高温下发生溶胀和部分降解，并且在使用过程中这种溶胀或降解作用将持续存在，因此其性能随温度、时间而变化，这就迫使橡胶沥青只能现场生产，并要注意适时加以搅拌，给施工增加了很多麻烦。采取预混式生产橡胶沥青，也就是生产具有良好稳定性的橡胶沥青，以提高混合料生产效率，这是橡胶沥青技术的发展趋势。上海交通大学王仕峰课题组对此进行了深入研究。

一、橡胶沥青储存稳定性的影响因素

1. 沥青组分的影响

国外 Le Wandowski L. H 指出，轮胎胶粉能吸收沥青中的饱和分和芳香分而溶胀，因此饱和分和芳香分的含量与相容性有着密切的关系。一般来说，对于轮胎胶粉和 SBS 等橡胶类，富含芳香组分的沥青与其相容性比较好，因此在橡胶沥青制备过程中加入适量芳香组分，如稠环芳烃、重油等将有助于胶粉的溶胀和提高胶粉和沥青的相容性。

2. 胶粉种类与含量的影响

廖明义等人的研究指出，不同工艺生产的胶粉对改性沥青的影响是明显不同的。采用冷冻工艺生产的胶粉所制备的橡胶沥青，其储存稳定性随混合时间变化较大，在混合时间达到4小时后仍然存在明显的离析，而常温和常温助剂粉碎的胶粉在混合一定时间后均可达到稳定状态，比较而言常温粉碎胶粉更容易稳定分散。

在低剂量掺加胶粉时，其剂量存在一最佳值，此时溶胀、界面吸附作用等有最佳的组合，低于此剂量，性能改善则不明显，高于此剂量橡胶沥青的储存稳定性随剂量的增大而变差。

3. 剪切速率的影响

制备橡胶沥青时增大剪切速率，会使橡胶沥青的针入度小幅下降，而软化点却迅速升高，

低温延度明显升高。这是由于在高速剪切作用下,胶粉被磨得更细,与基质沥青的相容性增加,从而使得橡胶沥青的高温储存稳定性能得到明显改善。

4. 制备温度的影响

马献忠等研究指出,橡胶沥青的制备温度一般为160～180℃,当温度低于160℃时,胶粉颗粒不能充分溶胀和脱硫,而当温度高于200℃时,则易导致胶粉的炭化并同时发生裂解,而且随着时间的延长以致使胶粉完全裂解而成低沸点的烃类。虽然两者的相容性变好,获得充分的塑性,但是橡胶沥青的弹性完全丧失。

二、提高胶粉改性沥青储存稳定性的方法

综合近几年来国内外有关提高橡胶沥青储存稳定性的研究可以发现,无论采用何种方式提高橡胶沥青体系的储存稳定性,但其关键还是提高两者的相容性,增大橡胶沥青的界面层,从而使胶粉能够稳定而均匀地分散在沥青体系中。针对二者的相容性,什瓦尔茨等分析了热力学相容性指出,共混过程是不能自发进行的,即聚合物与沥青是不相容的,即使采用剪切搅拌等机械方法将其混合,从热力学的角度看也是不稳定的,因为分散具有自动凝结、离析的能力。近年来提高橡胶沥青高温储存稳定性有以下几种方法。

1. 胶粉的脱硫活化

为了提高胶粉和沥青的两相相容性,对胶粉预先进行降解活化处理越来越引起了人们的重视,很多应用在橡胶工业中的胶粉再生技术已逐渐渗透到了沥青行业中。例如,物理降解中的微波降解和超声波再生技术,其基本原理就是利用微波或超声波的能量切断硫—硫键(S-S)、硫—碳键(S-C),而不破坏碳—碳键(C-C),并因此而达到再生的目的。还可以通过控制微波和超声波的能量进行选择性的断键。马爱群等进行的微波辐射处理胶粉改性沥青的试验研究表明,微波辐射的胶粉改性沥青的各项性能均比普通橡胶沥青好,其混合料的高温稳定也都优于未处理胶粉改性沥青。也有人提出了在制备橡胶沥青过程中,加入适量的活化剂420(多烷基苯酚二硫化物等),以此来提高橡胶沥青的高温储存稳定性,这也是由于活化剂破坏了橡胶中的硫—硫键(S-S),使胶粉得以降解活化的原因。廖明义等根据力化学原理使胶粉降解活化,并将活化后的胶粉用于沥青改性,进而改善橡胶沥青的高温储存稳定性。Sylvester L. M. 等在沥青中加入线性的或支链的十二烷基和十三烷基苯磺酸以降解胶粉,使制备得到的橡胶沥青性能改善,软化点提高,硬度增加,弹性恢复增大,高温储存稳定性变好。

总之通过特定手段使胶粉降解活化,在一定程度上破坏了胶粉的网络结构,使胶粉的溶胀和分散变得容易,并在橡胶粉表面产生较多的活性基团,有利于同沥青及其他配料进行化学键合,使胶粉在基质沥青相中的分散性和稳定性得到改善。胶粉活化后改性沥青产品的针入度、软化点、高温储存稳定性等性能指标均有较大的提高。

2. 胶粉表面的化学改性

胶粉表面的化学吸附,是指沥青与胶粉表面的活性物质发生了化学变化,形成了互溶的分子界面层,同时通过化学的手段对胶粉表面进行修饰,或者引入反应性的官能团,使胶粉和沥青之间的接触更加紧密,两者相容性得到提高。胶粉未经处理前表面是呈酸性的,而沥青组分中的环烷酸、地沥青酸、地沥青酸酐等属于表面活性物质,因此胶粉不会和沥青发生化学吸附。

对胶粉表面进行活化改性，使之与沥青中的酸性组分发生化学反应，产生化学吸附，可以较大地改善胶粉改性沥青的高温储存稳定性。

胶粉表面活化改性的方法有很多，如机械力学改性、聚合物涂层改性、核壳改性、接枝或互穿网络改性、磺化改性等。但这些方法主要是针对将胶粉加入到橡胶或塑料中，这对于制备橡胶沥青有很好的借鉴意义。在有些文献中已经有所介绍，利用强碱对胶粉表面进行活化改性，改变胶粉的酸值，使之呈碱性，与酸性沥青反应，提高二者的相容性。

程国香等用FCC油浆对胶粉预处理后用于石油沥青的改性，制备的橡胶沥青具有较好的高温储存稳定性。同时通过采用几种液体添加剂对胶粉进行喷涂处理，然后将处理过的胶粉加入到基质沥青中，在适宜的温度下经高剪切或胶体磨，即可制得高温稳定性明显得到改善的橡胶沥青。Memon介绍了使用双氧水将胶粉表面氧化产生羧基，然后投入到加有少量相溶剂的沥青中，使体系获得稳定。

余剑英利用某些相溶剂，如甲基丙烯酸环氧丙酯、环氧化聚丁烯、甲基丙烯酸缩水甘油酯、顺丁烯二酸等，与脱硫胶粉和沥青产生化学反应可提高改性效果，改善橡胶沥青的高温储存稳定性。

3. 橡胶沥青的反应性相容

Martin. J. V等在橡胶沥青中加入了一种或多种酸以及交联剂，实验结果表明橡胶沥青的高低温性能有了很大的提高，高温储存稳定性变好，弹性行为也增强，并提高了沥青路面的抗永久变形能力，以及抗疲劳开裂和温度开裂能力。Goliaszewski等认为沥青中加入马来酸亚胺能使胶粉很好地分散于沥青中，提高高温储存稳定性。

4. 处理工艺的改进

处理工艺对橡胶沥青性能的影响也很重要。刘伟区设计了一种加工处理工艺，以改善橡胶沥青的相容性。其工艺是先将沥青和橡胶通过密炼机制成橡胶沥青浓缩体，然后掺加少量稠环芳烃搅拌分散，再经胶体磨剪切，用这种方法制备的橡胶沥青具有良好的储存稳定性，并提高了橡胶沥青的质量指标和使用性能。张建峰等人将几种添加剂和胶粉混合均匀后，在适当的温度下通过挤出机挤出造粒后，把粒子加入到基质沥青能够制备成高温储存稳定性较好的橡胶沥青。其挤出的主要目的就是通过挤出机从热、氧、高温、机械及物理、化学角度对胶粉进行处理，使得胶粉能够部分活化或降解。CN1089349C则介绍了聚合物与沥青及其他的配合剂，经共混制备成易在沥青中分散的母料，再把这种母料分散到沥青中去，这种工艺制备的橡胶沥青具有较好的高温稳定性能，这也解决了改性剂在沥青中难于分散的问题。

5. 其他方法

在许多探索提高橡胶沥青储存稳定性的研究中，还有采用等密度的方法来改善两相的储存稳定性。即通过加入改性剂调节混合后的密度，以达到和基质沥青相差不大的程度，来提高改性剂在沥青中的分散度，防止离析的产生，改善高温稳定性。黄子章通过在沥青中掺入苯乙烯—异戊二烯—苯乙烯嵌段共聚物（SIS）、聚乙烯蜡、聚丙烯蜡、硫磺等组分，制得不仅黏度高而且分散性和稳定性都很好，达到PG82-28的高温储存稳定的高黏度改性沥青。高光涛等人提出了一种高温储存稳定的橡塑材料改性沥青，这种沥青材料的改性剂是由热塑性弹性体聚苯乙烯—聚丁二烯—聚苯乙烯（SBS）与低密度聚乙烯（LDPE）熔融共混物和硫磺组成，其中在熔融共混过程中原位生成的少量接枝或嵌段共聚物促进了改性体系的高温储存稳定性。Jason 指出，在高温高剪切条件下，长时间对胶粉改性沥青进行混合，从而使得胶粉充分降解，以此达到高温储存稳定而避免离析的目的。

三、国内外工厂化橡胶沥青近期研究进展

在国外，早期的工厂化胶粉改性沥青一般叫做沥青库法（Terminal Blend）。它用较细的胶粉，掺加量小于10%，结合高剪切等工艺使溶解在沥青中的胶粉能达到97.5%以上，几乎再没有橡胶颗粒存在，从而得到一个近似平稳均相的体系，具有较好的热储存稳定性。随着技术的进步，目前以工厂化胶粉改性沥青为代表的美国 Paramount、Ecopath 和 Wright 等沥青生产商也提供 SBS/胶粉复合改性沥青和高含量（20%左右）的橡胶沥青。

随着 SBS 改性沥青竞争越来越激烈，国内江苏宝利沥青股份有限公司与上海交通大学高分子材料研究所合作，进行了长期系统的研究与应用，对胶粉采用力化学等密度技术进行深层次加工改性，实现了不同胶粉与不同 SBS、不同废 PE 的复合改性，得到高稳定的复合胶粉改性沥青，PG 指标达到了 PG82-28，可应用于不同等级道路路面。

SBS 改性沥青因其良好的性能一直在公路建设中占有主导地位，尤其是在高等级公路建设中，SBS 改性沥青是最佳的选择。然而近年来，很多学者尝试用胶粉与 SBS 复合改性沥青，取得了一定的进展。上海交大向丽等认为在橡胶沥青中加入少量 SBS 可大幅改善改性沥青性能，既保证复合改性后沥青具有的优良高低温性能，又能降低改性沥青的生产成本。卢晓明等采用高速剪切法制备不同 SBS—胶粉配比的复合改性沥青，分别用针入度、软化点、低温延度及 RTFOT 后的质量损失、针入度比和延度来评价其黏滞性、温度敏感性、塑性及老化性能，结果认为 SBS 和废胶粉掺量分别占基质沥青的4%和10%为最佳配比。张宗辉选用具有独特“内齿”结构的高剪切胶体磨对胶粉—SBS 复合改性沥青进行高速剪切，废橡胶粉经过细化后，粒径最小可达到0.1μm。这种高速剪切对改性沥青的性能改善是至关重要的，使得胶粉充分的脱硫降解，像 SBS 一样均匀地分散在沥青之中。胶粉/SBS 改性沥青相对于废橡胶粉改性沥青有更好的高温储存稳定性，不易发生离析和分层。

四、储存稳定性橡胶沥青制备技术实例一

该实例主要是通过添加交联剂来制备高储存稳定性橡胶沥青。

1. 试验材料

胶粉采用30目货车胎活化胶粉。胶粉经加工脱硫，其工艺过程是将胶粉与各类添加剂混合均匀，送进卧式脱硫罐内，在220～240℃高温下脱硫，脱硫时间为1～2h。此法工艺设备比较简单。沥青为 SK-70，交联剂采用升华硫磺，活化剂为多烷基苯酚二硫化物等，通过热分裂产生自由基，加快硫化胶的降解过程。

2. 样品制备

将胶粉在160℃的沥青中浸泡45min，使其初步分散溶胀，然后在剪切乳化机剪切一定时间，剪切转速为4 000r/min。在配方一定的条件下，控制工艺条件，考察剪切时间和剪切温度对胶粉改性沥青性能的影响，确定最佳的工艺条件。再在最佳的工艺条件下，考察胶粉用量、交联剂用量、活化剂用量对橡胶沥青性能的影响，最后综合最佳工艺条件和配方设计制备出性

能优良的橡胶沥青。

3. 性能测试

(1)剪切时间的影响。选择胶粉剂量为25%,制备温度为180℃,搅拌加工方式采用机械剪切,剪切速度控制在4 000r/min,分别剪切30min、45min和60min后取样检测,检测结果列于表10-1。

剪切时间对橡胶沥青性能的影响 表10-1

剪切时间(min)	黏度(135℃)(Pa·s)	针入度(0.1mm)	延度(cm)	软化点(℃)	软化点差(℃)
30	4.563	53.4	10.1	78.4	8.3
45	4.815	56.2	13.8	78.2	6.3
60	4.725	59.7	13.6	78.7	4.5

由表10-1看出,随着剪切时间的延长,黏度先增大后减小,针入度逐渐增大,延度先增大然后基本保持不变,软化点基本不变,离析变小,橡胶沥青体系的均一化程度提高,胶粉和沥青的相容性改善,高温储存稳定性获得提高。当剪切60min后,软化点差(离析值)已经小于5℃。

综合分析橡胶沥青的各项性能指标,生产时间宜选择剪切时间为45~60min。若时间过短,胶粉不足以磨细,颗粒较大,高温储存稳定性较差;若时间过长,胶粉发生过度的脱硫降解,能源、设备损耗增大。

(2)胶粉剂量的影响。在180℃下,剪切45min,剪切转速为4 000r/min,选择胶粉用量为17.5%、20.0%、22.5%、25.0%,橡胶沥青性能指标列于表10-2。

胶粉剂量对橡胶沥青性能的影响 表10-2

胶粉剂量(%)	黏度(135℃)(Pa·s)	针入度(0.1mm)	延度(cm)	软化点(℃)	软化点差(℃)
17.5	2.555	87.7	18.5	59.6	8.3
20.0	2.075	83.3	16.8	63.5	7.3
22.5	3.925	67.2	15.1	69.3	5.3
25.0	4.815	56.2	13.8	78.2	-6.3

由表10-2可知,随胶粉剂量的增加,橡胶沥青混合物黏度增大,阻碍了沥青体系的流动性,同时针入度减小,延度下降。这是因为随着橡胶颗粒的增加,体系弹性增大,但胶粉颗粒较粗,当橡胶粒子的大小和数量超过某一临界值后,胶粉颗粒发生聚集,因而橡胶沥青的延度表现为出降低的趋势,约在10~20cm范围内。

橡胶沥青的软化点差随胶粉剂量增加而减小,稳定性变好,这可能与胶粉在沥青相中的溶胀所形成的结构有关。胶粉吸收沥青中的轻质油分而溶胀,体积膨胀为原来的2~3倍。当胶粉剂量较低时,溶胀充分,体积膨胀但不足以占据沥青相中的有效空间,由于两相存在密度差,长时间储存就会出现离析的现象。随着胶粉剂量增大,体系黏度增大,根据Stoke沉降原理,体系黏度增大时沉降速度降低,稳定性提高。但是胶粉剂量过大,黏度过高,将不便于施工操作。

(3)交联剂的影响。选择胶粉的用量为25%,180℃下剪切45min,选择加入占胶粉重量

0.2%、0.5%交联剂，考察交联剂对胶粉改性沥青性能的影响，试验结果见表10-3。

不同剂量交联剂对橡胶沥青性能的影响　　表10-3

交联剂剂量(%) \ 试验指标	黏度(135℃)(Pa·s)	针入度(0.1mm)	5℃延度(cm)	软化点(℃)	软化点差(℃)
0	4.815	56.2	13.8	78.2	6.3
0.2	5.450	52.5	18.1	75.6	5.1
0.5	7.287	50.0	22.9	77.1	4.0

表10-3中表明，随着交联剂剂量的增加，橡胶沥青黏度增大，这是因为交联剂增大了整个体系的交联程度，胶粉表面产生的活性自由基通过化学作用连接起来，致使体系黏度增大。针入度随交联剂剂量的增加呈现出略有减小的趋势。延度则明显增大，系因体系交联增稠并在一定程度上内部形成网络结构。交联后的橡胶沥青耐老化性能也有所提高。交联剂剂量在0.5%之内，橡胶沥青的软化点并没有发生明显变化。从高温储存稳定性来看，交联剂剂量增加能够减小离析，提高改性沥青的高温储存稳定性。因而在配方设计中宜考虑加入胶粉质量0.5%的交联剂。

五、储存稳定性橡胶沥青制备技术实例二

该实例主要是利用力化学等密度法来制备稳定的橡胶沥青。

1. 基本原理

力化学是物质在力场作用下发生的化学现象。在力场作用下，聚合物产生分子内应力，进而使分子链断裂，形成两个大自由基，这种大自由基一般具有较强的活性，它可以同氧分子等自由基受体作用而稳定，使聚合物分子量降低而实现降解。力化学可以使两种或两种以上的聚合物同时发生力化学断裂，形成多种自由基，得到更为复杂的聚合物产物。

等密度的原理在于通过设计不同组分比例以设计复合体系的密度，使其与连续相基体的密度相近，从而达到能够在连续相基体中稳定分散的目的。橡胶沥青高温储存不稳定的主要原因在于胶粉和沥青存在密度差，一般胶粉在沥青中容易下沉，在聚乙烯(PE)改性沥青中，PE相容易上浮，导致改性沥青离析。根据等密度原理，将密度小的PE与密度大的胶粉采用力化学结合，调节其与沥青的密度，则可改善其稳定性。通过双螺杆挤出机预先制备出胶粉—PE共混物(也称PR相溶剂)，利用强烈的力化学作用，加强复合粒子两相的结合，则可提高橡胶沥青的高温储存稳定性。

2. 试验材料

沥青采用SK-70，胶粉为30目货车胎磨细胶粉。将胶粉与回收的线性低密度聚乙烯，以及添加剂A、添加剂B直接在160℃下的双螺杆挤出机中挤出造粒，胶粉/PE比例为2∶1。交联剂为升华硫磺，活化剂采用多烷基苯酚二硫化物。

3. 样品制备

将胶粉—PE共混物与胶粉投入到165℃的热沥青中，缓慢升温，一组加工温度维持在155℃，另一组加工温度维持在185℃，用高速乳化机剪切约30min，剪切速率4 000r/min，加入交联剂后搅拌发育1.5h后，得到橡胶沥青。

4. 性能测试

对两种不同组成的橡胶沥青进行测试，其具体性能列于表10-4。

橡胶沥青常规性能指标　　表10-4

成分＼指标	温度(℃)	软化点(℃)	弹性恢复(%)	针入度(0.1mm)	黏度(Pa·s)		延度(cm)	软化点差(℃)
					135℃	177℃		
胶粉+PR胶粉	155	68.9	51	52.8	11.300	3.675	6.5	4.7
		61.2	52	49.3	12.580	3.750	17.6	13.2
胶粉+PR胶粉	185	68.1	66	53.5	8.951	2.650	10.0	2.3
		61.7	68	58.7	9.025	2.775	18.3	7.5

由表可见，PR相容剂的加入能明显提高橡胶沥青的高温储存稳定性，这表明在PE和胶粉复合的过程中产生了力化学作用，增强了两种组分的结合，PR与胶粉有较好的亲附性。胶粉中含有炭黑，炭黑表面具有强烈的吸附作用。炭黑吸附塑料相和橡胶相使得两相得以结合，提高高温储存稳定性，并且性能随时间不会发生大幅度的衰减。

表10-4还表明，加入PR能够明显提高软化点，加工温度为185℃时，PE和橡胶能产生结合，延度升高，弹性恢复增大，黏度降低，离析变小，热储存过程相对于155℃加工更为稳定。这与PR及改性沥青的加工工艺有关。PR在双螺杆挤出机强剪切的力化学作用下，其内部的胶粉发生了部分的降解，从而有助于胶粉在沥青中稳定分散，且其中的聚乙烯能够提高橡胶沥青的软化点，降低高温黏度。从以上常规性能测试可以看出，加入相溶剂PR可以明显提高橡胶沥青高温储存稳定性。

第二节　橡胶沥青温拌技术

一、背景

热拌沥青混合料应用于公路、城市道路以及机场道面已经有几十年的历史。由于热拌沥青混合料经过摊铺、碾压、冷却后即能形成比较高的结构强度，并赋予良好的行车舒适性和长久的使用寿命，因而得到普遍而广泛的应用。

热拌沥青混合料一般是在160～170℃温度下拌和，然后在140～150℃温度下碾压而成沥青路面的。近年来由于高黏度改性沥青的应用，以及其他各种外掺剂如湖沥青等的添加，大都需要进一步提高混合料的拌和温度。橡胶沥青的黏度甚至比普通改性沥青还高，因此橡胶沥青混合料拌和时，温度常高达180～190℃，甚至200℃的高温，摊铺碾压的温度也比普通沥青混合料高得多，因而橡胶沥青混合料拌和与碾压要消耗更多的燃料。同时橡胶在高温下排放的气味也十分强烈，在城镇附近施工对居民生活造成影响，以致反过来限制了橡胶沥青混合料的应用。

一般热拌沥青混合料每吨约需要消耗燃油7～8L。橡胶沥青因需要提高拌和温度，则更增加了燃油的消耗。当今国际石油价格大幅飙升，每桶曾高达140多美元，目前虽然油价已回落，但仍每桶仍在80～90美元之间摆动。无论今后国际油价如何波动，由于世界燃油消耗的剧增和石油储量的日趋减少，致使高油价的时代已经到来，因此如何节省燃油消耗，节约能源，是摆在在我们面前的迫切任务。

燃油在燃烧过程中消耗氧气的同时，会释放出大量的二氧化碳、硫化物等有害气体，并产生浓烈的烟尘，对环境造成污染。现在人们清醒地认识到，二氧化碳等过量排放已经导致地球大气变暖，是频频引发各种自然灾害的重要原因。国际上为此多次召开会议，讨论研究减少二氧化碳排放，并规定了各个国家减排的目标。我国是发展中国家，但也是温室气体排放的大户，当然应该履行自己的职责，因此节能减排的任务很重，需要各行各业采取多种措施，国务院甚至已经将每周少开一天公务车以节能减排。

传统热拌沥青混合料施工是一种高能耗、高污染、高排放的工艺方法，沥青路面施工摒弃高温拌和与摊铺，而采取温拌技术，这可以说是热拌沥青路面施工技术的一场革命。

二、沥青混合料温拌技术的主要类型

20 世纪 90 年代中期，欧美国家就开展了沥青混合料温拌技术的研究与开发，进行了现场试验，并逐渐在实际工程中得到推广应用。温拌技术是通过采取某些措施，在较低的温度下，如 130 ~ 140℃，能完成沥青与集料拌和，并在更低的温度下完成摊铺、压实等工艺过程的新型技术。经过十几年的研究开发，提出的温拌技术虽然有十多种，但真正能够供实际应用并得到人们认可的技术并不多。目前已进入应用阶段的方法主要有以下几种。

1. 添加降黏树脂

在沥青中添加一种蜡类的树脂，由于蜡在一定温度下其黏度会明显降低，因而可以降低沥青的黏度，在较低温度下即可完成拌和与碾压。沙索必特（Sasobit）是德国 Sasol Wax GmbH 公司研发的一种由煤提炼合成的长链脂肪族烃类化工产品，呈白色或淡黄色状，这是一种最为典型的降黏树脂，其熔点约 100℃左右，在沥青中掺加 3% 能降低拌和温度约 20℃。另一种降黏树脂为阿克苏诺贝尔公司生产的沥青添加剂雷狄塞特（Rediset），也具有一定降低沥青高温黏度的功能。该种降黏技术的最大问题在于降黏的幅度与所添加的剂量有关，剂量太少达不到降黏效果，剂量太多，不仅增加成本，而且会改变沥青材料的性质，甚至可能产生不利的负面影响。

为了降低成本，保护资源，上海交通大学尚丽娜、王仕峰等人对废弃的交联聚乙烯作为温拌添加剂进行了研究。交联聚乙烯由于具有高介电性、耐高温、高强度和高化学稳定性，被大量用于高压、超高压电缆绝缘领域，其废弃物更是与日俱增。就当前我国而言，每年废弃量就有近 10 万吨之多，对如此大量的工业废料的处理如只采取堆积、掩埋和焚烧，既浪费宝贵资源又破坏了生态环境。研究表明，采用聚乙烯裂解得到的聚乙烯蜡作温拌沥青的降黏剂，在高温下因聚乙烯蜡变成液体能降低沥青的黏度，从而降低施工温度；当温度低于聚乙烯蜡的熔点，聚乙烯蜡发生结晶，又能对沥青起到增强作用。所以若将废弃的交联聚乙烯高温裂解所得到的聚乙烯蜡用作温拌沥青的降黏剂，不仅能够解决废弃交联聚乙烯对环境的污染问题，又可以降低温拌沥青的成本。

2. 沥青发泡技术

1956 年瑞典在玄武岩中发现沸石，因沸石在加热时伴有沸腾现象而得名。沸石是火山熔岩形成的一种架状结构的铝硅酸盐矿物。沸石内部结构为三维硅氧四面体和三维铝氧四面体,这些四面体按一定的规律排列而成具有一定形状的晶体骨架。沸石的矿物骨架是开放性的,其孔穴和通道中吸附着大量水分子,经加热水分可以逸失。将沸石投入到加热的集料中,同时喷入沥青,沸石挥发出的水蒸气使沥青体积膨胀而形成细微的泡沫,致使沥青黏度降低,从而使沥青与集料可以在较低温度下进行拌和。

根据这一原理,德国伊罗维亚(Eurovia)公司生产了一种人工合成的沸石,名为阿斯发敏(Aspha-Min),其外观为白色超细粉末,内部为连通多孔结构,比表面积很大,可吸收其质量21%水分。在不同温度下采用振动方式成型试件,在相同的压实温度下,掺加阿斯发敏可降低沥青混合料的空隙率。工程应用时可直接将沸石粉末投入拌缸中,降温幅度不超过30℃。

3.表面活性技术

美国美德维实维克公司(Meadwestvaco)近年来开发研究基于表面活性技术的温拌技术,经过几次工艺革新和产品升级,使技术趋于成熟。该技术采用一种特殊的表面活性剂水溶液加入沥青混合料中,经过拌和使在混合料颗粒表面形成薄膜,在温度较低的情况下,尽管沥青的黏度增大,而由于表面活性剂水膜的润滑作用,使颗粒在外力作用下仍能够滑动位移,因而获得压实。该产品名称为Evotherm,将这种添加剂加入沥青混合料中,操作方便,与生产热拌沥青混合料相比,可以大幅度降低拌和温度达30~60℃,因而节能减排效果十分显著。与其他温拌技术相比,该技术不仅降温幅度大,而且能明显提高沥青与集料的黏附性,还能有效增强沥青混合料的水稳性和抗车辙性能。其缺点是它多少仍含有一些水分,拌和时的蒸汽对设备有一定不利影响。

近年国内对这类温拌剂也开展了试验研究,并取得很大的成效。克拉玛依石化炼油化工研究院利用原油炼厂副产品开发出3种KSH类型的温拌沥青添加剂。KSH添加剂对沥青性质无负面影响,但能使沥青混合料拌和温度和压实温度得到明显降低,如采用90号沥青拌和温度可降至130~135℃,压实温度则降低至100~110℃。

三、温拌技术的突出优点

1.大幅度减少排放

温拌沥青混合料因大幅度降低拌和温度,因而沥青的烟雾大大减少,甚至基本上看不到烟雾,因而排放明显减少(图10-1、图10-2)。江苏省交通科研院环境研究所曾经对采用Evotherm温拌技术施工时排放的有害气体进行了检测,并与常规的热拌技术作了对比,其结果列于表10-5。

图10-1　常规拌和作业

图10-2　温拌作业

温拌沥青混合料排放的有害气体　　表 10-5

沥青混合料类型	CO(10^{-6})	NO(10^{-6})	SO_2(mg/m^3)	NO_2(10^{-6})	苯并[α]芘(μg/m^3)
温拌沥青混合料	2.0	0.1	1.58	0.01	0.49
热拌沥青混合料	85.0	1.0	5.32	0.04	0.93

由表 10-1 可见，与常规的热拌沥青混合料施工相比较，采用温拌技术进行施工，二氧化硫、苯并芘等有毒有害气体的排放大为减少，这就有助于减少空气污染，有效地保护大气环境。

据测算，采用温拌技术每生产 1t 沥青混合料可以减少二氧化碳排放 4.5kg。我国近年来每年约消耗沥青 1 100 万吨，除少量用于乳化沥青，绝大部分都用于生产热拌沥青混合料，这样热拌沥青混合料约 2.2 亿吨，若全部采用温拌技术，按此估算则每年可以减少排放二氧化碳达到 99 万吨，这个数值是相当惊人的。

2008 年 29 届北京奥运会的重要场馆鸟巢，国家体育馆周边道路沥青路面施工（图 10-3），北京市政路桥建材集团采用温拌技术进行沥青混合料生产，摊铺过程中交通部公路科学研究院进行了现场温度检测，出料温度 120℃，摊铺温度 110℃，初压温度 100 ~ 110℃，复压温度 75 ~ 90℃，终压温度为 60 ~ 70℃，真正实现了绿色施工。因此沥青路面施工采用温拌技术更加符合城市对环保的要求。

图 10-3　奥运会鸟巢周边道路施工

2. 有效地节省能源

采用温拌技术拌制沥青混合料，与热拌技术相比，其集料的加热温度大幅降低，因而能显著节省能源。常规的热拌沥青混合料生产时，集料加热温度通常为 180℃，而采用温拌集料加热温度仅为 140℃。根据经验，生产 1t 热拌沥青混合料约需消耗柴油 7kg，而采用温拌技术只需要 5.5kg，相比之下每吨沥青混合料约可节省柴油1.5kg。同样如果全国都采用温拌技术，按此估算则每年可以节省燃油 33 万吨。

3. 极大地改善隧道施工环境

在隧道中铺设沥青面层，能改善车辆行驶条件，降低隧道内交通噪声。但是施工时热拌沥青混合料 160℃以上的高温，排放浓烈的沥青烟雾，长隧道虽有通风设施，但不可能及时将这些废气与烟雾排掉，以致隧道内浓烈的烟雾使操作工人难以忍受，戴口罩是无济于事的，以前曾发生过工人因长时间吸入废气而昏倒的事件，说明浓烈的烟雾对施工工人的健康有严重损害。在隧道中摊铺沥青路面，采用温拌技术能有效减少烟雾和废气的排放，因而大大改善工人的施工条件，这不仅有益于施工人员的健康，而且也有利于保证施工质量。图 10-4 是上海长江隧道沥青面层采用温拌技术施工时的情况。

4. 延长沥青路面施工的季节

道路工程施工经常需要在秋末冬初季节完成沥青路面施工，对于传统的热拌沥青混合料虽然采取提高出厂温度，加强覆盖保温等措施，但在环境温度低于 10℃ 的情况下，由于料温与气温的温差很大，导致料温迅速下降，摊铺后常造成难以碾压，压实度往往达不到要求。温拌沥青混合料与气温的温差大为减小，这就为在低温下完成沥青路面施工创造了条件，避免因碾压不实带来的后患。图10-5是2007年11月在高原进行沥青路面施工的情形，由于采用温拌技术，使得施工在低温下照常进行。

图10-4 在长隧道内施工

图10-5 冬季施工现场

5.减少沥青混合料在拌和过程中的老化

在沥青混合料生产过程中，石料与沥青都处于高温状态，这时会引起沥青剧烈的老化。有人曾经做过这样的估计，沥青在160～170℃高温下以薄膜状态与石料接触，其老化速度几乎相当于沥青路面19年的自然老化。因此温度越高，沥青的氧化越剧烈，老化也就越严重。采用温拌技术则由于拌和温度的大幅降低，减小了沥青的老化程度，因而能够延长沥青路面的使用寿命。

6.适应超薄磨耗层施工

超薄磨耗层是高等级道路沥青路面重要的养护措施，它能有效改善道路的使用性能，延长使用寿命。但是采用热拌沥青混合料，常因为摊铺层厚度薄，料温容易散失而导致来不及压实的困难。采用温拌沥青混合料则可在较低温度下施工，适应超薄磨耗层施工的特点。

由此可见，相对于热拌技术，沥青混合料温拌技术可以说是沥青铺面技术的重大改革，具有节省能源、保护环境的重大意义，预期在不远的几年后会逐步取代现行的热拌技术，同时现行相关的沥青路面设计与施工技术规范也将要进行全面修改。

四、温拌剂对沥青与沥青混合料性能的影响

1.温拌剂对沥青性能的影响

除了通过添加水使沥青在高温下发泡，从而降低拌和温度外，大多数温拌剂都是某种化学物质。这些化学物质添加在沥青或混合料中，起到降低拌和温度的作用，此外是否会对沥青或沥青混合料性能产生什么影响，是正面影响还是负面影响，这也是人们所关心的问题。

沙索必特蜡（Sasobit）是应用比较多的一种温拌添加剂，它可以作为沥青改性剂添加在沥青中，也可以在沥青混合料拌和时直接加入拌缸，也就是通常所说“湿法”与“干法”两种添加工艺方法。试验研究表明，当沙索必特蜡加入沥青中，能使得沥青的高温性能得以改善，表现为软化点上升，常温下黏度提高，但低温性能略有降低。由于高温下黏度降低，使得能够在较低温度下拌和和压实。表10-6是重庆鹏方路面工程技术有限公司邵强等人在70号基质沥青中添加3%沙索必特（简写SW）的试验结果。

沙索必特蜡对沥青性质的影响　　表 10-6

技术指标	基质沥青	基质沥青 +3% SW
针入度(0.1mm)	60.6	33.9
针入度指数 *PI*	-1.322	-0.141
软化点(℃)	47.9	71.1
延度(15℃)(cm)	>100	78.6
旋转黏度(135℃)(mPa·s)	377	314
闪点(℃)	280	282
溶解度(%)	99.6	99.6
离析(软化点差)(℃)	0.3	0.5
旋转薄膜烘箱试验		
质量损失(%)	0.1	0.1
针入度比(%)	72	75
延度(15℃)(cm)	18	16

基质沥青与掺加 3% SW 的温拌沥青黏温曲线如图 10-6 所示。由图可见，当温度低于 90℃时，温拌沥青的黏度比基质沥青要高很多，而温度大于 100℃时，温拌沥青的黏度相对于基质沥青有所降低，这是因为 Sasobit 蜡的熔点约为 100℃，当温度高于 100℃，Sasobit 蜡融化成液体，与沥青混溶在一起，使沥青黏度降低，而当温度低于 100℃时，则蜡以结晶存在于沥青中，从而使沥青的黏度增大。Sasobit 蜡的这种性质对于沥青路面来说是有利的，高温时可以降低施工温度，达到减少排放并有利于拌和压实和提高施工质量的目的。而在一般使用温度内，有利于提高沥青路面的高温稳定性，增强抗车辙能力。

根据上海交通大学王仕峰等人的研究，采用回收交联聚乙烯裂解蜡(RPPW)用于橡胶沥青，其黏温曲线(图 10-7)也可以看得出，回收交联聚乙烯裂解蜡与 Sasobit 蜡(SW)有异曲同工的功效，即都能有效降低橡胶沥青的高温黏度。由图 10-7 可以看出，当温度为 135℃，无论掺加回收交联聚乙烯裂解蜡还是掺加沙索必特蜡(SW)，黏度都较原橡胶沥青有大幅下降，同时两者在高温时黏度下降的幅度基本上是差不多的因此回收交联聚乙烯裂解蜡与沙索必特蜡具有基本相当的功效，但前者无疑成本低得多。

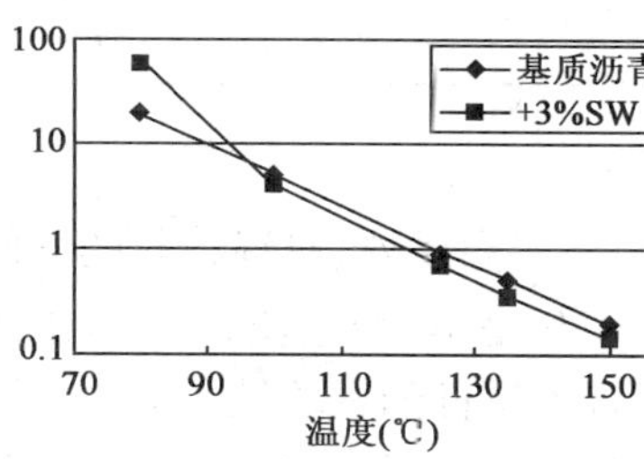

图 10-6　沥青黏温曲线

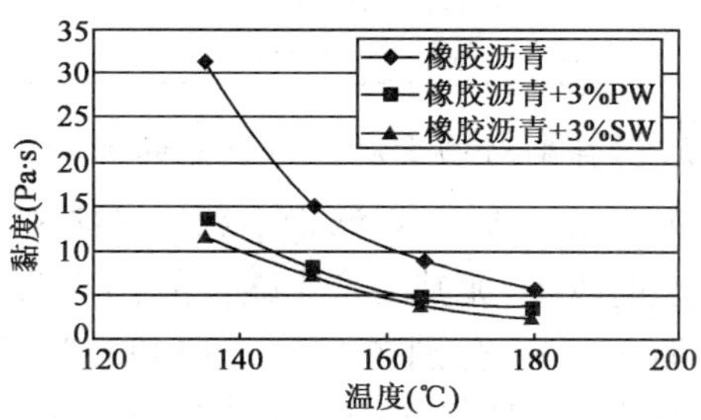

图 10-7　橡胶沥青黏温曲线

回收交联聚乙烯裂解蜡加入橡胶沥青中，对其高温储存稳定性有一定影响，但其规律性不很明显，见表 10-7。研究表明，废旧胶粉和沥青之间的作用以溶胀和降解为主，胶粉吸收沥青中的轻质油分而溶胀，溶胀后的胶粉体积将占胶结料的 30% ~40%，同时在高温下更容易降解脱硫破坏网络结构。高温储存稳定性是橡胶沥青的一个重要性能。RPPW 蜡的加入使橡胶沥青体系变得更加复杂,由于高温高压下的裂解,RPPW 的分子量分布较宽,将其加入到橡胶沥青中,长时间储存 RPPW 中分子量较大的成分有可能会发生离析,甚至带动胶结料的离析,因此由 RPPW 制备的温拌橡胶沥青不宜长时间高温储存。

不同蜡掺量橡胶沥青 163℃储存 24 小时离析情况 表 10-7

指标		0	1% RPPW	3% RPPW	5% RPPW	7% RPPW	3% SW
软化点(℃)	上	75.9	71	72.5	77.2	79.8	88.5
	下	79.1	74.3	80.5	82.5	86.5	96
软化点差(℃)		-3.2	-3.3	-8	-5.3	-6.7	-7.5

美国美德维实维克公司的温拌剂是一种称之为 DAT 乳化剂浓缩液,呈黄色,密度为 $1.03g/cm^3$,pH 值为 6 ~ 11,有效含量为 8.5% ~ 9.0%,胺值为 167.5 ~ 185.6。将这种浓缩液添加到 SBS 改性沥青中,通过加热将水分蒸发掉,然后测试其性能,结果见表 10-8。由表可见,这种浓缩液对沥青的性能基本上没有什么影响。由此可见,不同温拌剂对沥青性能有着不同的影响,有机蜡在降低高温黏度的同时,具有改善沥青使用温度的高温稳定性的作用;乳化浓缩液对沥青性能基本无不良影响,并在一定程度上能提高沥青的黏附性。

添加浓缩液对 SBS 改性沥青性能的影响 表 10-8

技术指标	SBS 改性沥青	+ 浓缩液
针入度(0.1mm)	73.2	72.8
针入度指数 *PI*	0.15	0.17
软化点(℃)	73.7	74.4
延度(5℃)(cm)	44.5	42.1
旋转黏度(135℃)(Pa·s)	1.5	1.38
弹性恢复(25℃)(%)	88.3	88.9
离析(软化点差)(℃)	2.1	2.0
薄膜烘箱试验 质量损失(%) 针入度比(%) 延度(5℃)(cm)	 -0.14 70.2 25.7	 -0.02 71.6 24.2

2. 温拌剂对沥青混合料性能的影响

很多试验表明,在沥青中添加温拌剂除能降低拌和与压实温度外,对混合料的性能都有很大程度的改善,尤其是抗车辙性能得到明显的提高。表 10-9 是 70 号基质沥青和在基质沥青中添加 3% SW,分别在 125℃与 140℃温度下压实成型混合料试件的试验结果。

河北石家庄修建环城高速公路时采用橡胶沥青铺筑 AC-13 面层。橡胶沥青是在现场通过 70 号基质沥青中掺加 18% 胶粉配制而成,胶粉粒度为 20 目。橡胶沥青的针入度为 37(0.1mm),软化点为 65℃,5℃延度为 15cm,175℃运动黏度为 3.5Pa·s,符合有关要求。经马歇尔试验确定橡胶沥青混合料的油石比为 7.5%,橡胶沥青加热温度为 180℃,温拌剂采用维实维克的浓缩液 DAT,碎石料加热温度为 140℃,橡胶沥青混合料出料温度为 140℃,和易性良好。为试验成型试件，取橡胶沥青混合料放置120℃烘箱中2h后型试件，锤击次数双面各75次。然后按此密度成型相应试件进行有关试验，测得动稳定度为4 437次/mm，冻融劈裂强度比为82.5%，残留稳定度为94.2%，渗水系数为63mL/min，均符合沥青路面施工技术规范要求。由此可见，添加维实维克浓缩液对沥青混合料的性能没有影响。

添加SW温拌剂沥青混合料性能　　表10-9

技术指标	基质沥青	+3%SW
压实温度(℃)	125	140
动稳定度(次/mm)	874	3 182
低温弯曲试验(-10℃) 弯拉强度(MPa) 弯拉应变(10^{-3})	 8.2 1.423	 8.9 1.338
劈裂强度比(%)	84.5	84.9

五、温拌橡胶沥青混合料的施工

1. 施工温度

橡胶沥青制备要求在较高的温度下完成，因而橡胶沥青加热温度比普通沥青高得多。但是既然是采用温拌技术，则混合料的拌和与压实温度就应该比常规施工温度低，为此有人提出了"温拌界定温度"的概念，实际上也可以理解为温拌与热拌的温度分界线，即出料温度低于界定温度为温拌沥青混合料，反之高于界定温度则为热拌沥青混合料。

河北省质量技术监督局于2009年发布了《温拌沥青混合料施工技术指南》，在指南中列出了温拌橡胶沥青混合料施工温度范围，见表10-10。

河北省温拌橡胶沥青混合料施工温度范围　　表10-10

施工条件	正常施工	低温施工
矿料加热温度(℃)	130~145	135~145
橡胶沥青加热温度(℃)	175~195	175~195
橡胶沥青混合料出料温度(℃)	130~150	140~160
温拌界定温度(℃)	≤150	≤160
混合料摊铺温度(℃)不低于	125	135
开始碾压温度(℃)	120	130
碾压终了温度(℃)不低于	75	75

2009年6月上海市政与公路等部门合作也编写了《温拌沥青混合料施工技术指南》，见表10-11。与河北省编制的指南相比，相应的温度略有不同，并增加了环境温度等施工条件。

2. 温拌的操作方式

温拌操作主要有以下两种方式：

(1)将温拌添加剂掺加在沥青中，搅拌均匀后使用。这种方式具有操作简单，使用方便等优点。如使用Sasobit蜡、裂解聚乙烯蜡等都可以采用这种方式。有人将这种方式称之为"湿法"操作工艺。

上海市温拌橡胶沥青混合料施工温度范围　　表 10-11

施工条件	正常施工	低温施工
环境温度(℃)	>10	3~10
矿料加热温度(℃)	130~135	135~140
橡胶沥青加热温度(℃)	170~190	170~190
橡胶沥青混合料出料温度(℃)	130~150	130~150
温拌界定温度(℃)	≤155	≤165
混合料摊铺温度(℃)不低于	125	130
开始碾压温度(℃)	120	125
碾压终了温度(℃)不低于	70	70

(2)在沥青混合料拌和时将温拌剂投入拌缸中,通过增加拌和时间使之混合均匀,有人将这种方式称之为“干法”工艺。如维实维克公司的温拌技术就是采用专用喷射设备将乳液浓缩液喷入拌缸中的。Sasobit 蜡、裂解聚乙烯蜡等温拌剂液可以采用干法工艺,并采用类似投放纤维的设备将温拌剂投入拌缸。

对于使用浓缩乳液作为温拌剂,为了能顺利地喷射在沥青上,避免与碎石直接接触,喷头的位置应该恰当,同时喷头的方向必须与沥青的喷头方向相匹配,以保证温拌剂喷射区域与沥青喷洒区域相重合。温拌剂喷头的高度应高于沥青喷头,这样可以避免沥青喷洒在温拌剂的喷头上。采用浓缩液作为温拌剂,在沥青混合料生产之前,应对温拌添加剂添加量进行标定,其方法是通过调整喷射时间来实现。

3. 温拌混合料碾压

温拌橡胶沥青混合料施工,需要格外重视压实,为了提高压实度,初压可以采用轮胎压路机进行碾压,为了避免轮迹宜尽早安排钢轮压路机进行振动碾压。河北省的温拌沥青混合料施工技术指南就橡胶沥青路面碾压,建议采取表 10-12 所列的组合方式。

河北省橡胶沥青混合料及 SMA 施工的碾压组合　　表 10-12

类型	初压(遍数)		复压(遍数)		终压(遍数)	
	适宜	最大	适宜	最大	适宜	最大
钢轮	2~3(静压)	3	4(振动)	5	1~2(静压)	3
胶轮	—	—	3~4	4	—	—

温拌橡胶沥青混合料采用轮胎压路机进行碾压,不但能有效地提高压实度,而且因为温度较低,也不会出现粘轮现象。经过压实后的路面大多不会出现渗水现象,其压实效果明显优于钢轮压路机。

第三节　橡胶沥青维他连接剂

一、综述

橡胶沥青应用于道路路面已经有多年的历史。橡胶粉与沥青混合过程中,充作填充料的炭黑会从橡胶中分离出来。炭黑有助于提高沥青的抗老化性能。聚合物橡胶与沥青混合,沥青变得特别黏稠，使得在某些施工环节产生操作上的困难，如需要延长拌和时间，增加压实功能等。为了提高橡胶沥青的性能，改善施工各个环节的可操作性，德国 Degussa 开发了一种“VESTENAMER”辛烯聚合物橡胶维他连接剂（Trans-Poloctenamer Rubber（TOR）Reactive Modifier），又简称为 TOR 反应剂。维他连接剂是一种双键结构的聚合物，它能够将沥青质中的硫与橡胶颗粒表面的硫交联起来，形成环状或链状的聚合物网状结构，增强对碎石材料的黏附性，减少沥青的剥落。维他连接剂 TOR 的应用可以解决橡胶沥青黏稠问题，降低施工温度，从而改善施工和易性，并提高橡胶沥青的性能。美国从 1998 年首先试用维他连接剂，至 2007 年全世界已经有 150 项以上大小不等的试验路段，其指标经美国宾州大学、亚利桑那州立大学、克里门生大学，以及世界知名沥青实验所，包括德国 HEIDEN LABORD 等的验证，认为试验段均能达到设计要求，而且实际观察表明，这些路段经多年使用路面状况仍然良好。

维他连接剂为白色颗粒（图 10-8），每袋 25kg。其熔点为 54℃，自燃温度温度大于 400℃，不溶于水，密度为 0.91g/cm^3。

试验与实际应用表明，在橡胶沥青中添加维他连接剂（TOR 反应剂），其添加方法简单，无需特殊设备，可采取直接投入拌缸（即干法），只要延长时间 10s；也可先添加在沥青中（即湿法），储存在沥青罐中不会出现分离现象。使用维他连接剂还有以下优点：

图 10-8　维他连接剂

（1）添加维他连接剂后，使橡胶与沥青产生化学性结合，橡胶沥青的高温与低温性能均能得到改善。

（2）可降低橡胶沥青制备温度，降低橡胶沥青过分黏稠而难以施工的问题。

（3）有利于提高路面抗车辙性能，以及抗开裂和防止反射裂缝的能力。

（4）由于能使硫化橡胶中所含的炭黑分离出来，使路面色泽更加黝黑而美观，并提高了沥青耐老化性能。

（5）由于能降低施工温度，因而施工过程中的烟雾、橡胶气味都大为减少，有利于保护环境。

（6）添加了维他连接剂的橡胶沥青适用于各种类型的沥青路面，其中包括 SMA 路面、开级配路面，并且不再需要使用纤维。此外还适用于多孔排水性路面以及再生沥青路面等。

二、维他连接剂对橡胶沥青性能的贡献

为了解维他连接剂对橡胶沥青性能的贡献，在室内进行了试验。试验时将基质沥青加温至 175℃，倒入搅拌容器内，称至规定重量，再将按比例配好的橡胶粉与维他连接剂徐徐倒入沥青内，边加入边用玻璃棒搅拌。在胶粉与维他连接剂全部加入后，将搅拌容器移至自动控温的加热源上，用桨叶式低剪切搅拌机进行搅拌，在搅拌过程中温度控制在 170℃ ±1℃。搅拌时间因搅拌速度不同而有差异，应通过试验来确定。试验时可在一定的搅拌速度下用旋转黏度计测定不同搅拌时间下黏结剂的黏度，直到黏度不再上升或很少上升为止。选此时间作为标准的搅拌时间。搅拌速度不宜低于 500r/min，通常为 1 000 ~ 2 000r/min。制备好的橡胶沥青应即拌即用，一般存放时间不超过 30min。试验前必须用玻璃棒重新搅拌均匀。

表10-13列出东南大学交通学院王捷博士的部分试验结果。试验采用70号沥青为基质沥青，胶粉粒度为20～30目，掺加比例分别为15%（内掺），添加维他连接剂为胶粉质量的4.5%，橡胶沥青制备时间为1h。作为比较，表中同时列出了不添加维他连接剂的试验结果。由表中数据可以看出，橡胶沥青添加TOR反应剂，能使针入度减小，软化点升高，也就是说能使橡胶沥青的高温稳定性得到进一步提高，但其延度有所降低。

添加维他连接剂橡胶沥青的性能 表10-13

橡胶沥青配合比例	TOR反应剂	针入度(0.1mm)	软化点(℃)	延度(15℃)(cm)
沥青：胶粉=85：15	不添加	54.8	53.3	64.6
	胶粉质量4.5%	43.6	57.7	44.3
沥青：胶粉=82：18	不添加	56.5	54.6	69.4
	胶粉质量4.5%	46.2	58.6	43.5

橡胶沥青混合料试验表明（表10-14），加入维他连接剂的动稳定度有所提高，而且与SBS改性沥青混合料相比，当胶粉剂量达到18%时，动稳定度与SBS改性沥青混合料相当。在低温条件下，随着胶粉剂量的增加，橡胶沥青混合料的破坏应变提高。

橡胶沥青混合料试验 表10-14

级配类型	橡胶粉掺量(%)	残留稳定度(%)	冻融劈裂强度比(%)	动稳定度(次/mm)	弯曲应变(-10℃)(με)
AR-Sup13 干法	15	88.3	84.7	4 183	2 235
	18	92.5	86.5	4 937	2 478
	21	94.6	89.3	5 760	3 134
AR-Sup13 湿法（未加TOR）	15	90.3	85.7	3 533	2 342
	18	89.3	83.5	4 238	2 164
	21	93.3	86.3	4 750	2 847

三、维他连接剂的使用方法

1. 干法工艺

事先将胶粉与维他连接剂按照一定的比例混合备用。将碎石预热至170～180℃，若碎石潮湿则加热温度需要预热至180℃以上。碎石进入拌缸，同时将胶粉与维他连接剂的混合物投放进拌缸，干拌10s，喷入热沥青（沥青的温度约为170℃），继续拌和40～50s。在混合料设计时，应考虑胶粉所占有的体积，一般通过减少细料用量来解决。拌和出料温度约为160℃干法拌和成的橡胶沥青混合料，在摊铺前应在料车内储存60min的时间，以便维他连接剂能够有足够的时间发生反应，充分发挥维他连接剂的作用。但是摊铺温度不能低于140℃。碾压宜采用轮胎压路机，以保证足够的压实度。

2. 湿法工艺

湿法工艺是利用现有的改性沥青设备，将沥青加热至180℃，然后将混合起来的胶粉与维他连接剂分批慢慢加入沥青罐中，沥青罐应具有加热保温装置和低速剪切机，搅拌1h以上，测定其黏度，达到要求即完成湿拌制备。若因天气原因，可以储存几天再用，材料品质变化不大，离析现象并不严重，适当搅拌即可。

四、工程实例

石家庄至太原的高速公路河北段长68km，1995年10月建成通车。2004年对山区路段长43km进行路面大修。太原至石家庄方向病害较多，2009年根据维修设计对不同严重程度车辙分别进行铣刨处理，有的仅表面层铣刨，有的则铣刨到中层，部分则将沥青层全部铣刨掉。对于新加铺的沥青层，表面层和中层全部采用橡胶沥青，并添加化学改性剂TOR。采用70号A级沥青为基质沥青，干法施工，胶粉掺量为15%（内掺），维他连接剂的用量为胶粉质量的4.5%。

第四节　天然沥青添加剂

为了调节与提高橡胶沥青的某些性能，仅通过增加胶粉剂量或改变胶粉粒度是难以奏效的，而掺加某些添加剂进行调整则可能取得很好的效果。在橡胶沥青中添加天然沥青就是重要的技术措施之一。

天然沥青（Natural Asphalt）是地壳中的石油，在各种自然因素作用下从地壳中冒出来，存在于凹地、山体、岩石裂隙中，经长期蒸发、氧化凝固而形成的，根据存在的环境、位置不同，分为湖沥青、岩沥青、海底沥青等几种。

一、湖沥青

天然湖沥青（Lake Asphalt）以产自中美洲委内瑞拉北海岸附近一岛上的特立尼达湖沥青最为著名。特立尼达湖蕴藏了数以百万吨的天然沥青，其质量十分均匀而稳定，沥青自湖中开采后经加热净化处理即可储存备用。特别是配制浇注式沥青结合料常使用湖沥青。近10多年来，特立尼达湖沥青在我国也得到较多应用，如在桥面铺装、机场道面。经提炼处理过的特立尼达湖沥青，一般以纤维板桶装运，每桶重量为240kg，其主要技术性质见表10-15。

精制特立尼达湖沥青技术性能　　表10-15

技术项目	单位	技术指标
相对密度（25℃）	—	1.39
软化点	℃	93～99
针入度（25℃）	0.1mm	0～4
可溶物沥青	%	52～55
矿物质（灰分）	%	35～39
加热损失（163℃，5h）	%	<2

特立尼达湖沥青主要是作为沥青或普通改性沥青添加剂使用。通过添加湖沥青能够增强沥青材料的高温稳定性和抗变形能力，提高低温下的韧性和抗裂性，增强沥青与集料的黏附性，改善抗疲劳性能，延长沥青铺面的使用寿命。

特立尼达湖沥青在很多工程中得到应用。例如，我国第一座外海超长跨海大桥——东海大桥（图10-9），其桥面铺装就大量使用了湖沥青。东海大桥的沥青铺装分为上下两层，下层是 3cm 浇注式沥青混凝土，上层是 5cmSMA-13 路面。下层浇注式沥青混凝土所用的结合料，是用高聚合物改性沥青与湖沥青复合配制而成的，其针入度为 27(0.1mm)，软化点达到 96℃，25℃度为 87cm。图 10-10 是浇注式沥青混凝土现场摊铺。浇注式沥青混合料具有很高的抗车辙性能。上面层 SMA 混合料所用沥青结合料则是在 SBS 改性沥青中添加湖沥青配制而成的复合改性沥青，其动稳定度达到 8 545 次/mm，-10℃低温下的弯拉应变也能达到3 410με，在应力比为 0.4 的条件下其耐疲劳强度是普遍采用 SBS 改性沥青 SMA 的 6.5 倍。

图 10-9　东海大桥

图 10-10　浇注式混凝土摊铺

至今东海大桥通车已经 6 年，虽然历经大量集装箱车辆的繁重运输，然而桥面铺装层几乎没有车辙等病害，仍然十分平整，表现出优良的路用性能。

二、岩沥青

天然岩沥青在世界很多地方均有分布。世界上较早发现并得到利用的是美国犹他州的岩沥青，其商品名称为 UINTAITE，呈天然褐色固体颗粒，富含沥青质，沥青含量达 99%，易溶于有机溶剂中，用作沥青添加剂已经有多年历史。UINTAITE 岩沥青的主要性质见表 10-16。

UINTAITE 岩沥青主要技术性质　　表 10-16

试验项目	指标值
软化点(℃)	168
灰分(%)	0.5
相对密度(25℃)	1.05
针入度(25℃)(0.1mm) (60℃)(0.1mm)	0 2
黏度(260℃)(mPa·s)	500

虽然 UINTAITE 岩沥青中沥青含量很高，但目前主要局限在美国作为添加剂应用，在我国尚未见有工程应用的报道。

印度尼西亚布敦岛出产有岩沥青，故称之为布敦岩沥青(Buton Rock Asphalt)。布敦岩沥青中沥青含量很低，仅 20% 左右，其余为石灰岩矿物质，这些矿物质粒度很细，对沥青有很强的吸附能力，能增强与碎石的黏附性。布敦岩沥青的技术标准见表 10-17。

在印尼布敦岩沥青作为沥青活性添加剂使用。近年来布敦沥青大量引进我国，很多单位对它进行了试验研究，并在多个工程中试用。布顿岩沥青的使用方法主要是采取所谓“干法”

工艺，即在沥青混合料拌和生产时，直接将设定用量的岩沥青投入拌缸中，因此使用十分方便。

布敦岩沥青技术标准　　表 10-17

试验项目	单位	技术标准
沥青含量	(%)	>18
三氯乙烯溶解度	(%)	>18
密度	(g/cm^3)	1.70~1.90
闪点	(℃)	>230
加热损失	(%)	<2.0
含水率	(%)	<2.0
矿物质最大颗粒尺寸	(mm)	<2.0

我国新疆克拉玛依地区、四川省北部龙门山、山东省等地，分布着丰富的天然岩沥青矿，已探明四川的储存量约 300 万吨，远景储量约有上千万吨。这种岩沥青主要成分为沥青质，其分子量大达 10 000 以上，元素组成为碳 81.7%，氢 7.5%，氧 2.3%，氮 1.98%，硫 4.4%，铝 1.1%，硅 1.8%，以及其他金属元素 0.87%。岩沥青由于长期暴露在自然环境中，性能已经非常稳定，故它自身的抗老化能力很强，掺加在沥青中，有助于改善沥青的耐老性。岩沥青软化点很高，大多在 150℃以上，用于沥青改性，能有效提高沥青高温稳定性。岩沥青因本身属于沥青系，故与沥青具有良好的相容性，这给它的使用带来了方便，不会出现严重离析等现象。我国丰富的岩沥青资源给道路建设提供了改性材料，为方便应用各地所产的岩沥青现已制定了相应的技术标准，见表 10-18。

新疆、山东、四川岩沥青的质量技术标准　　表 10-18

试验项目	单位	新疆岩沥青	山东岩沥青	四川岩沥青
颜色		黑色	黑色	黑棕色
杂质含量	(%)	<2	<2	—
灰分	(%)	<2	<10	<15
闪点	(℃)	—	—	>260
三氯乙烯溶解度	(%)	>98	>85	>40(氯仿)
密度	(g/cm^3)	>1.0	>1.0	—
沥青四组分		实测	实测	—
岩沥青成分波动性要求(不同批次样品灰分含量差)	(%)	<2	<2	—

2005 年，交通运输部批准了西部交通建设科技项目《岩沥青资源开发与路用性能研究》(200531822305)，由交通部公路科学研究院承担，对岩沥青的路用性能、工程应用技术问题等进行研究。2008 年 2 月交通部公路科学研究院等单位，在西部科技项目研究成果的基础上，同时借鉴国内外有关岩沥青工程应用的经验和技术标准，编写了《岩沥青路面工程应用技术指南》。该指南对于推动和指导岩沥青的应用起到积极作用。

我国经济的飞速发展，促使公路的运输量大幅上升，而且重载车辆大大增加，致使很多公路沥青路面不堪重负，这样的情况在很多发达国家也是很少见的。为了提高沥青路面的抗车辙能力，现在很多公路在表面层采用改性沥青，这无疑对提高路面使用性能是有益的，但是却不能解决路面车辙的问题。这是因为根据力学计算，路面的最大剪切应力发生在中面层，如果中面层（包括下面层）抗力不足，照样产生车辙等病害。因此现在人们已经注意到应提高中、下面层材料的性能。在中、下面层沥青混合料设计时采用高模量沥青，也就是低针入度硬质沥青，已逐渐被人们所接受。在江西、湖南等南方地区，采用硬质沥青铺筑中、下面层的做法已逐渐普遍。除采用硬质沥青外，在沥青中添加抗车辙剂、岩沥青都能有效提高沥青的软化点，降低针入度，获得高模量性能。而岩沥青本身属于沥青系，与沥青有更好的相容性，而价格又相对比较便宜，使用更为方便，因此采用岩沥青改善沥青性能是一种很好的技术措施。

周富强等人将国产8%岩沥青加入SBS改性沥青中，经检测其技术性能列于表10-19。表中数据表明，SBS改性沥青中添加8%岩沥青，针入度下降，软化点升高，由于岩沥青中含有灰分，致使低温延度有所降低。用掺加岩沥青的SBS改性拌制混合料，测试结果表明，动稳定度又有了进一步的提高，达到5 331次/mm，马歇尔稳定度由原来的9.5kN提高到16.9kN，劈裂强度则由原来的0.91MPa提高到1.32MPa。由此可见，掺加了岩沥青后，沥青混合料的刚度有了大幅提高。

掺加岩沥青的SBS改性沥青性能 表10-19

试验项目	单位	SBS改性沥青	SBS改性沥青+8%岩沥青
针入度	(0.1mm)	50	38
软化点	(℃)	70	79.5
延度(5℃)	(cm)	39	15
黏度(135℃)	(Pa·s)	1.5	2.8
闪点	(℃)	330	352
溶解度(三氯乙烯)	(%)	99.5	97.5

橡胶沥青虽然在性能上较基质沥青有了很大的提升，但是在有些情况下刚度仍显不足，通过在橡胶沥青中掺加岩沥青，同样能收到异曲同工的效果。在采用橡胶沥青铺筑SMA路面时，为了避免胶粉添加量太多、黏度太大而不便于拌和与压实，可以采取在沥青中外加15%的60目胶粉，测得其针入度为60(0.1mm)，135℃黏度为2.4Pa·s，但软化点仅52℃，明显偏低。为了提升橡胶沥青软化点，采取在该橡胶沥青中添加8%四川产岩沥青，则针入度降低为42(0.1mm)，135℃黏度上升为3.5Pa·s，软化点提高至60℃，满足了铺筑SMA路面的要求。

第十一章　橡胶沥青路面施工质量控制与验收

要修建一条质量好的橡胶沥青路面，必须实施全面的质量控制，包括设计控制、原材料质量控制、施工设备控制，以及施工过程控制。实施全面质量控制是一项非常繁复的系统工程，其中既有理论与方法方面的问题，也有具体执行的问题。这里只就橡胶沥青路面设计与施工过程中某些问题，简要介绍基本的认识和看法，期望能够对保证橡胶沥青路面质量有所帮助。

第一节　橡胶沥青路面设计控制

一、橡胶沥青混合料专门设计的必要性

橡胶沥青路面的设计包括两个部分，即路面结构设计和橡胶沥青混合料的组成设计。

橡胶沥青路面结构设计并没有非常特别之处，仍然按一般程序进行。设计时要考虑道路交通量、自然环境条件等因素。这里唯一要指出的是，由于橡胶沥青路面具有良好的耐久性，因此在有的文献中认为橡胶沥青路面厚度可以减半。对此笔者认为此举未必恰当，这是因为橡胶沥青路面之所以有良好的路用性能，是因为有恰当的结构为基础，舍其基础则不能发挥橡胶沥青路面材料的优点，所以以不减小路面结构厚度为好。

橡胶沥青不同于普通沥青，也不同于一般 SBS 改性沥青，技术性能及其技术指标都有其特殊性，而且就目前而言人们对橡胶沥青混合料的认识和理解也有很大的差别，要成功铺筑橡胶沥青路面，就必须认真做好橡胶沥青及其混合料的专门设计。

目前我国大部分设计单位不对路面材料进行具体设计，至多只提出材料类型和设计要求，具体材料组成设计直接交给了沥青混合料供料厂家。对于常规沥青混合料，一般厂家都已有多年的工程经验，基本上掌握了配合比设计的要领，但是对橡胶沥青的特性却不一定很熟悉，因此仅依赖沥青混合料供应商设计并生产橡胶沥青混合料，未必能生产出性能符合要求的产品，而必须由熟悉橡胶沥青性能，并具有专业设计资质的单位进行有针对性的设计。设计完成后应提交有关橡胶沥青混合料配合比设计的报告，以备查考。

二、橡胶沥青混合料类型的选择

1. 橡胶沥青对间断级配的适应性

橡胶沥青混合料结合料的用量，不仅与集料级配有关，而且还与橡胶沥青本身的性质有关。现在国内外橡胶沥青混合料普遍采用间断级配，其主要目的就是使混合料获得较高的矿料间隙率 VMA，以便容纳较多的橡胶沥青。因此间断级配的橡胶沥青混合料，其橡胶沥青用量常常大于 7%，有时可以达到 8%，甚至更高。由于间断级配以粗集料为主，细集料较少，碎石颗粒之间能形成接触支撑，结果使混合料具有较强的抗车辙性能，因而国内外应用较为广

泛。现在有人主张这种间断级配的橡胶沥青混合料不使用矿粉(或添加少量矿粉),其目的就是要留出空间以容纳更多的橡胶沥青。当然在这种情况下要求橡胶沥青具有足够高的黏度(180℃条件下1~4Pa·s),也就是说胶粉的用量要求足够大,通常达到18%~20%(内掺)以上。正是因为橡胶沥青十分黏稠,裹覆在碎石表面的沥青膜比较厚,可以达到16μm以上,而SMA沥青混合料沥青膜的厚度一般约为14μm,普通沥青混合料沥青膜厚度则为仅为8μm。橡胶沥青混合料油膜比较厚,在粗颗粒形成足够支撑而获得良好抗车辙性能的同时,又赋予混合料良好的黏韧性,使橡胶沥青混合料具有足够强的耐疲劳性能,又能够抵御阳光照射而具有良好的抗老化性能,从而使路面的使用寿命得以大大延长。根据经验,这种具有很厚橡胶沥青膜的路面其使用寿命,与普通沥青路面相比,差不多会延长一倍。人们熟悉的SMA沥青路面,之所以路用性能好,也就是因为它沥青用量高,沥青膜厚,使用寿命长。也因为沥青膜厚,使混合料在低温下仍保持良好的低温柔韧性,增强路面的抗裂性能,因此间断级配橡胶沥青路面很少出现裂缝。

现在,间断级配橡胶沥青混合料高结合料含量的优越性逐渐被人们所认识,因此其应用日渐广泛。江苏省交通科学研究院研究认为,为了使间断级配橡胶沥青混合料获得更好的路用性能,可以进一步增大橡胶沥青用量。为此他们提出了AR-AC13S型级配,用他们的话来说是一种"更为间断"的级配,其目的是进一步增大*VMA*,以容纳更多的橡胶沥青,同时采用*VCA*指标评价其骨架嵌挤状况。其作为面层的AR-AC13S型级配见表11-1。

江苏交科院AR-AC13S型级配 表11-1

筛孔(mm)	16	13.2	9.5	4.75	2.36	0.075
通过率(%)	100	90~100	50~70	18~30	10~22	0~5

江苏交科院按表11-1所列级配,采用玄武岩轧制的碎石,外掺18.5%剂量的20目胶粉配置成橡胶沥青,另掺2%水泥,拌制成橡胶沥青混合料,橡胶沥青油石比为8.6%。经测试橡胶沥青混合料的各项性能非常优良,满足他们所提出的间断级配橡胶沥青混合料技术要求(表5-13),其矿料间歇率*VMA*大于20%。毫无疑问,橡胶沥青混合料油石比高,初期路面建设成本有所增加,但是由于良好的路用性能而能够大大延长使用寿命,最终的路面使用寿命周期费用还是低的,因而在成本上最终还是经济合算的。可以这样说,间断级配橡胶沥青混合料高油石比是利多弊少。要说其弊,也仅是需增加建设初期资金。

SMA混合料级配也是间断级配,它与一般间断级配橡胶沥青混合料的区别主要在于矿粉使用得多,但用作铺设SMA混合料的橡胶沥青其黏度可适当降低,胶粉剂量减小,油石比也可以降低至6.5%左右,路用性能同样也很好,但成本却相对较低。

2. 橡胶沥青对密级配的不适应性

采用橡胶沥青铺筑密级配路面,由于密级配混合料的矿料间隙率*VMA*小,不容许容纳较多的沥青,而橡胶沥青因黏度高,沥青膜厚,尤其是当采用高剂量、粗粒度(如20~30目)的胶粉配制的橡胶沥青,沥青膜更厚,所以这种橡胶沥青不适应于密级配混合料。采用80目精细胶粉配制的橡胶沥青,裹覆在碎石表面的沥青膜则比较薄,用这样的橡胶沥青拌制密级配橡胶沥青混合料,油石比不高,只比普通沥青混合料略高一点。如拌制AC-13型沥青混合料,一般油石比约为4.8%~5.0%,用80目配制的橡胶沥青油石比则略有提高,约为5.5%左右。由于油石比增加很少，初期成本增加有限，因而受到某些业主的认可。

密级配橡胶沥青混合料，就用于表面层的AR-AC-13而言，若采用现行《公路沥青路面施工技术规范》（JTG F40—2004）表5.3.2-2中的AC-13级配（表11-2），则细料较多，通常约占50%左右。按表11-2列现行规范的级配拌制橡胶沥青混合料，由于矿料间隙率仅要求大于13%，可容纳的结合料少，其油石比仅为5.5%（采用80目配制的橡胶沥青），油膜很薄，约为8μm左右。

橡胶沥青混合料表面层用密级配　　表11-2

筛孔（mm）	16	13.2	9.5	4.75	2.36	1.18	0.6	0.3	0.15	0.075
现行规范	100	90～100	68～85	38～68	24～50	15～38	10～28	7～20	5～15	4～8
公研院指南	100	95～100	62～71	25～35	20～28	15～23	12～19	10～15	8～12	6～10

由交通部公路科学研究院编制的《橡胶沥青及混合料设计施工技术指南》表3-29中的ARHM13（W）（见表11-2），该级配实际上即为多碎石级配，该级配粗集料较多，约占70%，而且矿粉也较多，在某种程度上是吸取了SMA的构成理念而形成的一种级配。该级配虽然粗集料较多，但因矿粉用量较多，而且矿料间隙率也要求大于13%，故油石比也不高，但略比前者稍高一点，油膜厚度约为8～9μm。

大量实践表明，沥青膜薄的路面，在阳光照射下不耐老化，路面容易发脆开裂，而且低温性能也不好。笔者在20世纪80年代修建的密级配橡胶沥青路面，虽然使用性能比普通沥青要好一些（当时使用的是胜利100号沥青），但路面仍然出现开裂等病害，使用寿命延长不显著。直到后来发现必须采用间断级配，提高了油石比，不仅路面开裂现象就明显减少，而且使用寿命也大为延长了。沥青膜薄太薄的后果，在美国也深有体会。美国的SHRP研究成果之一的Superpave设计方法，所设计的沥青混合料比马歇尔设计方法得出的油石比要小0.3%～0.5%，路面车辙虽有所减轻，但是他们后来发现路面的耐久性变差了，很多路面出现了松散、开裂、渗水等病害，为此许多承包商提出要对沥青混合料设计采取措施，包括减少旋转压实次数，降低设计空隙率等，其目的都是为了能够增加沥青用量。

由此可见，铺筑橡胶沥青路面油石比小，虽然初期投资是减少了，但是所铺路面容易出现病害，使用寿命不长，后期维修养护费用增加，实际上是利少弊多，很不合算。这也就是国内外铺筑橡胶沥青路面不主张采用密级配的根本原因。现在有些业主在招标时提出限制橡胶沥青用量的做法，实际上是对橡胶沥青路面的特性不甚了解。正是由于密级配对于橡胶沥青不是非常适合，为此在本书中不予推荐。

第二节　原材料质量控制

一、沥青材料质量控制

配制橡胶沥青的基质沥青应该采用符合规范标准的产品。无论设计者、业主，还是承包商，都应该明白一个基本道理，即好的基质沥青可以配制出性能好的橡胶沥青，基质沥青差，则所配制的橡胶沥青质量也不会好。一般应采用符合A级或B级标准的沥青配制橡胶沥青。

出于降低路面建设成本的目的，曾有某工程业主要求施工方采用附近出产的劣质沥青用于配制橡胶沥青。这种劣质沥青其针入度为57(0.1mm)、软化点为53℃，试验结果表明，在该沥青中仅掺加13%的轮胎胶粉，其黏度(180℃)已达到2.0Pa·s，掺入18%的胶粉，黏度高达7.0Pa·s以上，尽管黏度很大，但是其延性很差，表观给人的直接感觉就好像是豆腐渣。这种等外级劣质沥青，本身针入度与软化点就不匹配，虽然价格是低了许多，但质量很差，用于配制成橡胶沥青质量同样很差，不能满足规范要求。用这种橡胶沥青铺筑路面，则质量得不到保证，路面在短时间就可能出现严重病害，最终得不偿失。

在橡胶沥青路面实施过程中，无论业主还是施工方都应该拒绝使用劣质沥青，监理单位更应该注意监督，避免在事后造成无法挽回的损失。

二、碎石材料质量控制

碎石材料，尤其是粗集料应该选择石质坚硬的岩石轧制的碎石，其颗粒形状应呈立方形，富有棱角，不含软质风化石，针片状颗粒含量限制规范以下。碎石质地应致密，孔隙率不大于2%。在准备作混合料设计之前，就应该根据对碎石品质的要求选择并确定碎石来源，而不能到施工时临时任意购进不合格的碎石料。某公路一承包商承包路面工程，曾为贪图便宜和方便，就近购入碎石料，施工后监理抽查发现，该碎石泡水准备测定其吸水率时，很多碎石颗粒软化脱落，表明碎石石质不坚硬，属于软质碎石，不能用于沥青面层，承包商因此蒙受很大损失。承包商需要在事先选择好料源，并取得合格证书，而不是等碎石材料进场后才作检测，发现问题已经来不及了。

现在生产碎石材料很多是乡镇企业，往往管理不到位，粗碎石表面粉尘比较多，细碎石(石屑)中的泥土含量比较高，也就是碎石材料不够干净。有些承包商为了应对检查，往往采取往碎石料堆上浇水，表面碎石看起来是干净了，但是泥土和粉尘随水流跑到碎石料堆下面，如果扒开来就可以发现下面碎石沾满了泥土和粉尘。我们曾从一家沥青厂的碎石料堆上取样，经测试其含泥量竟高达6.3%，碎石表面完全被黄泥所裹覆，而规范规定粗碎石的含泥量应不超过1%。

界面理论研究表明，沥青要完全浸润碎石是形成黏结强度的必要条件，而碎石清洁的表面则是沥青浸润的充分条件。碎石表面粉尘在经过干燥筒时会被拌和机的吸尘装置吸掉一部分，但是碎石料在运输、堆放过程中因沾染泥浆，干燥后则牢固地裹覆在碎石表面上，这样在碎石与沥青界面之间就形成了隔离层，当与沥青拌和时虽然碎石表面看起来全被沥青所裹覆，但当遇到水时，沥青则很快被剥离下来。为了证明这种现象，笔者曾进行如下模拟试验。

取石灰岩、砂岩、花岗岩碎石洗净，烘干备用。为使碎石表面沾污泥土，取适量黏土调和成两种不同稠度的泥浆溶液。黏土的塑性指数 $I_p = 18.2$。三种碎石颗粒各取一粒称重，用线缚牢，在泥浆中浸沾。由于两种泥浆的稠度不同，碎石表面所沾染的泥土数量不同，放在瓷盆中在105℃烘箱中烘干。烘干后称重，可以得到碎石所沾染泥土的数量，以碎石重的百分数表示。再将沾染有泥土的碎石和干净的碎石(对照组)一起放入105℃烘箱加热。取70号沥青，加热至150℃，然后按照黏附性试验方法进行试验，测定它们的黏附性等级，试验结果列于表11-3。

污染碎石与沥青黏附性等级　　表 11-3

碎石品种	碎石表面沾染的泥土数量(%)	表观污染程度	黏附性等级(水煮法)
石灰石	0	无污染	5
	2.75	轻	3
	7.03	重	2
砂岩	0	无污染	4
	1.58	轻	2
	7.19	重	1
花岗岩	0	无污染	3
	1.46	轻	2
	9.70	重	1

表 11-3 的数据表明，表面清洁的碎石，其与沥青的黏附性等级反映了岩性的特性，石灰石最好为 5 级，砂岩、花岗岩则依次为 4 级和 3 级。但是当碎石表面被泥土轻度污染时，它们与沥青黏附性则明显降低，石灰石仅为 3 级，砂岩和花岗岩则降低为 2 级。当碎石表面被泥土严重污染时，则沥青几乎被隔绝而不能与碎石黏附，遇到水沥青很快就被剥落下来。

在沥青中添加抗剥落剂，应该有助于改善沥青与碎石的黏附性，然而试验表明，掺加抗剥落剂的沥青，对于改善干净碎石的黏附性有显著效果，但是当碎石被泥土污染后，抗剥落剂对黏附性也无任何改善效果。污染越严重，沥青剥落也越严重。

三、胶粉质量控制

配制橡胶沥青要求采用轮胎胶粉，然而轮胎不同部位橡胶的成分有所不同，虽然从橡胶沥青性能来说，胎面胶用作制备橡胶沥青比较好，但胶粉加工时多数情况下不可能分得那么清楚，所以现在我们一般要求是货车轮胎胶粉就行，不再要求是轮胎的那一部分。轮胎中的钢丝必须彻底清除，不能混杂在胶粉中，否则会损伤橡胶沥青加工设备。

生活或工业中的橡胶制品，如胶鞋、皮球、辊筒等所磨制的胶粉，由于成分十分复杂，不能用作制备橡胶沥青，否则橡胶沥青的质量无法控制。

四、橡胶沥青质量控制

制备橡胶沥青应采用专用设备，或者采用生产 SBS 改性沥青的设备。这是因为在橡胶沥青生产过程中，必须对温度、胶粉的添加剂量等加以严格的控制，其中关键是温度的控制，这一点在第三章中已经详细论述。

不采用专用设备生产橡胶沥青，或采用一般铁桶底部柴火加热的方式制备橡胶沥青，主要存在如下问题：

(1)加热不均匀。底部温度过高，使底部沥青过热而发生老化。

(2)升温太慢，加热持续时间太长。整个沥青要加热到 180 ~ 190℃，长时间加热会造成沥青老化。

(3)缺乏有效地温度控制。简单的加热设备，缺乏良好的温度指示装置，使温度不能有效地加以控制。

(4)计量不准确。无论沥青或者是胶粉都缺乏准确的计量,往往是毛估估而已。

上述问题的存在,则不能保证加工橡胶沥青应有的质量,虽然可能加工费用比较低,但质量得不到保证,势必影响路面长期使用寿命,最终吃亏的还是建设方,因此业主应坚决杜绝施工方采用这种不规范方式制备橡胶沥青。

第三节 橡胶沥青路面施工中的问题

橡胶沥青路面施工与常规沥青路面施工一样,没有根本的区别。而且由于橡胶沥青比较黏,一般不会出现粗细集料离析现象,但压实需要在较高的温度下进行,并需施加较大的压实功。也因为橡胶沥青黏稠,所以铺筑的路面一般不会发生掉粒、松散等现象。但是在施工过程中,由于橡胶沥青配料、温度控制以及压实方式与功能等方面的原因,所铺筑的路面会出现渗水现象,也就是压实度不合格等问题,也有个别在使用过程中出现车辙等病害。在这一节中就关于路面渗水以及可能发生车辙的问题加以讨论。

一、路面渗水

路面出现渗水现象,由于水的作用有可能使路面发生水损害,造成路面剥落、坑洞等破坏,因此除排水性路面外,一般要求路面不渗水,这往往是验收时业主与监理特别关注的技术指标。那么路面的空隙率控制在怎样的水平就不会发生渗水?下面我们将讨论施工时如何控制就能够提高压实度,减小空隙率,保证路面不渗水。

1. 渗水临界空隙率

显而易见,路面空隙率越大,越容易发生渗水,空隙率越小,不易渗水,甚至不渗水。为了求得临界空隙率,在室内测试不同空隙率条件下的渗水系数,将测试数据绘在图上,一部分试验点贴近 X 轴线,说明这些点渗透率接近于零,而另一些试验点大体上与 X 轴成45°角(图11-1),于是可以分成两组数据进行回归分析,这两条回归曲线交点的 X 轴坐标为7.7%,此值即可以认为是渗水与否的临界空隙率。

国外学者对沥青混合料的渗水性与空隙率关系也曾进行了研究。E. Zube 研究了沥青混合料渗透性与空隙率的关系(图11-2),当沥青混合料的空隙率为8%时是其渗水曲线的拐点,即空隙率小于8%,其渗透性非常之小,可以认为沥青路面几乎不透水,而当空隙率大于8%时,则渗透系数急剧增大。

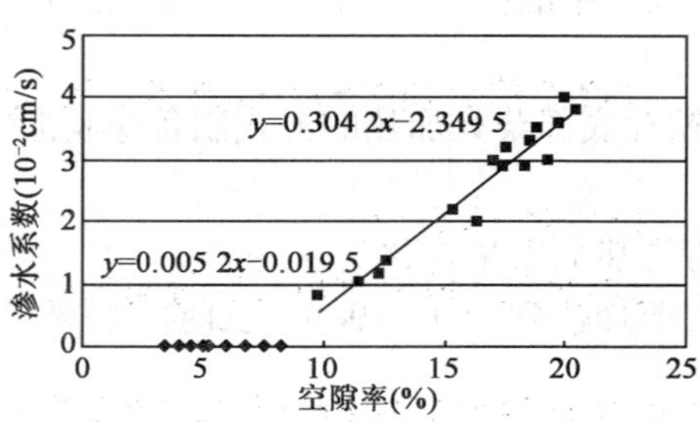

图11-1 渗水系数与空隙率的关系

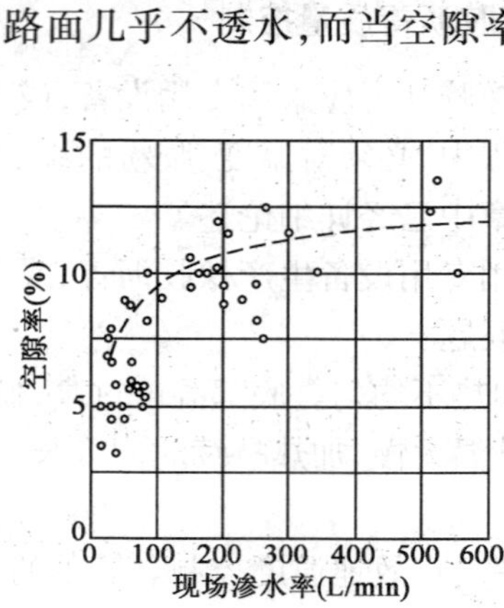

图11-2 空隙率与透水率的关系

国内外的试验研究结论基本一致，即沥青路面的临界渗水空隙率为8%。由于在施工时一般可能达到一定的压实度，如98%，故实际路面的空隙率还要大一些，其数值可以按式(11-1)计算：

$$V_s = [1 - k(1 - V_d)] \times 100\% \tag{11-1}$$

式中：V_s——压实后路面空隙率(%)；

V_d——沥青混合料设计空隙率(%)；

k——压实度(%)。

例如，沥青混合料设计空隙率V_d为4%，沥青路面施工压实度k为98%，则按上式计算得路面实际空隙率V_s为5.9%。为了保证路面压实后实际空隙率不大于8%，则沥青混合料设计空隙率应小于6%，而施工时压实度一般应达到98%。

2. 产生渗水的原因

造成沥青路面渗水的原因很多，有混合料配合比不当所致，也有施工管理和施工操作方面的原因，现试列举如下：

(1)混合料配合比不当。对于间断级配橡胶沥青混合料，空隙率偏大可能与混合料的*VMA*偏大有关。间断级配橡胶沥青混合料往往粗集料偏多，细料偏少，而且很少使用矿粉，在这种情况下，如果油石比偏小，则很容易造成空隙率偏大而渗水。但是在橡胶沥青目标配合比设计时，或者生产配合比设计时，都应已调整得比较合适，不会出现空隙率过大的情况，因此在现场摊铺碾压后出现渗水，则只能是混合料生产时发生了偏差。

生产时混合料出现偏差，可能有多方面的原因，如冷料上料速度与热料仓放料速度不均衡，会出现等料或热料仓筛网堵塞等现象。为此在橡胶沥青路面施工前，应对冷料仓的上料速度进行标定。标定最简单的方法是将冷料供应装置开动，令其调速电机以3种速度(200r/min、300r/min、400r/min)各转动3min，将所得到的冷料重量乘以30，即得到1h冷料的供应量。以3种速度为横坐标，对应所得的冷料重量为纵坐标，即可绘出转速与供应量的关系曲线。根据拌和机1h的产量，再根据目标配合比计算得各档料的数量，查其对应关系，就可以反算出冷料的供料速度。这样就可以达到供料平衡，避免出现等料或溢料等现象。

选择合适的振动筛筛孔也是很重要的，因为这有助于调好混合料的级配。振动筛筛孔应大于规范标准筛孔，它们之间的对应关系列于表11-4。

拌和机振动筛孔与标准筛孔的对应关系　　表11-4

标准筛孔(mm)	2.36	4.75	9.5	13.2	16	19	26.5	31.5
振动筛孔(mm)	2.5	6	12	15	19	23	30	35

当筛网磨损而出现破洞、称量系统发生故障、控制台操作不当、沥青用量发生偏差，这些都会使橡胶沥青混合料的组成发生偏离。

(2)低温季节施工。很多道路工程常常年初拟订计划，到第二季度开始施工，到摊铺沥青路面时则已经进入冬季，但为了完成上级部门的原定计划，冬季低温也照常施工。冬季气温低，料温下降快，混合料难以压实成型，空隙率必定大，雨雪天路面渗水，很就容易造成路面损坏。橡胶沥青混合料因黏滞度大，冬季低温下施工更难保证充分压实。一般来说，当气温低于

10℃时，橡胶沥青沥青路面就不应施工。如一定要赶工期，则必须采取温拌技术或者其他低温施工措施。

(3)施工管理的不恰当。为了减少由于摊铺机停顿再起步而影响路面平整度，往往要求摊铺机保持连续摊铺，为此供料必须充足。施工管理者为此常常要求沥青厂提前生产，装车到摊铺现场排队等待。但是有的工地强调过分，以致造成等待时间过长，使料温大幅下降，影响摊铺与碾压。某公路沥青路面施工，料车从清晨出厂到工地，一直等到下午3时方才摊铺，结果料温大幅度下降，表层结成硬壳，混合料的色泽由光亮变成灰暗，温度已不足100℃，无法碾压密实，路面自然会渗水。有的工地在不恰当地强调平整度的思想指导下，甚至不容许充分碾压，钢轮草草滚压两遍就算完成碾压，压实度严重不足，路面如何不渗水。

施工管理不恰当还表现为有的业主为减少纵向接缝，一定要求施工方采用宽幅的摊铺机，很多12m宽的摊铺机就是在这种情况下引进来的。但是沥青混合料在宽幅摊铺向两端送料过程中，很容易产生离析，且混合料越粗离析越严重。在粗集料聚集的部位空隙率大，就形成了渗水的通道。

(4)混合料离析造成密度的不均匀。普通沥青混合料在装车以及在宽幅摊铺长距离的横向送料过程中，都易出现粗细集料离析。但是由于橡胶沥青混合料不同于普通沥青混合料，这是因为橡胶沥青比较黏，一般不会发生粗细集料离析的现象。然而橡胶沥青混合料在出料、运输以及摊铺过程中，温度变化还是会发生离析的。温度离析可引起路面压实密度的不均匀性，空隙率大的部位就会渗水。

3.提高压实度的措施

要提高施工压实度，主要在于控制好压实温度和保证足够的压实功能。由于橡胶沥青黏度大，通常碾压温度要提高10~15℃。如果在较低气温下施工，则最好采用温拌技术，并且使用胶轮压路机进行复压压实。因为在这种情况下混合料温度低，不会引起粘轮，胶轮碾压可以大幅度提高压实度。即使不是在低温下施工，待料温降低至120℃左右，采用胶轮碾压，也不会粘轮，而压实度可以明显提高。有些施工单位不愿意使用胶轮压路机，粘轮固然是一个原因，但有的却是考虑在高温下胶轮容易损伤。为了验证胶轮的压实效果，笔者曾经做过对比试验，使用胶轮碾压与仅使用钢轮压实，前者压实度能提高1%左右，而且都没有渗水现象，所以排斥使用胶轮压实未必是恰当的。

二、车辙

橡胶沥青路面设计与施工不当，同样可能出现车辙。车辙是沥青路面在车轮荷载作用下产生的流动推移，在纵向形成了凹陷的车槽，横向产生隆起，使路面严重不平整，影响行车完全的一种病害。

一般来说，间断级配的橡胶沥青路面，由于粗集料比例高，能够形成强有力的支撑，与SMA路面相类似，不大会出现车辙。但是如果所使用的橡胶沥青黏度不足，不能对粗粒料形成强有力的紧固作用，反而成了颗粒之间的润滑剂，则在重载交通和高温的共同作用下就可能产生推移而形成车辙。采取增加胶粉剂量，或者添加适当剂量的矿粉，提高橡胶沥青胶浆的黏滞度，则有助于避免车辙的产生。

密级配橡胶沥青路面与普通沥青路面性能差不多，因密级配混合料 *VMA* 比较小，使得它对油石比的变化比较敏感，如果橡胶沥青用量偏多或黏度偏低，则在高温下路面就有可能出现推移或车辙。

第四节　施工验收与支付

一、分项验收的必要性

按照我国现行《公路沥青施工技术规范》（JTG F-40—2004）的规定，沥青路面施工完成后，施工单位应将全线以1～3km作为一个评定路段，每一侧车行道按表11-5的规定频度，随机选取测点，对沥青面层进行全线自检，将单个测定值与表中的质量要求或允许偏差进行比较，计算合格率，然后计算一个评定路段的平均值、极差、标准差及变异系数。施工单位应在规定时间内提交全线检测结果及施工总结报告，申请交工验收。

沥青路面交工时应检查验收沥青面层的各项质量指标，包括路面的厚度、压实度、平整度、渗水系数、构造深度、摩擦系数。但是表11-5中的验收检查的项目主要都是现场施工质量的评定指标，而涉及沥青层材料本身质量的很少，而材料质量本身却是对路面使用寿命有非常重要的影响，因此现在有的国家采取分项验收的办法，也就是现场施工质量与材料质量分开加以验收。应该说采取分项验收是非常科学合理的。不仅如此，现在很多工程事实上往往是现场摊铺碾压是总包单位，而供应沥青混合料分包给另一家企业，采取分项验收有利于分清责任，有利于工程款的支付，避免企业之间的矛盾和纠纷。

公路热拌沥青混合料路面交工检查与验收质量标准　　表11-5

检查项目		检查频度（每一侧车行道）	质量要求或允许偏差		试验方法
			高速公路、一级公路	其他等级公路	
外观		随时	表面平整密实，不得有明显轮迹、裂缝、推挤、油丁、油包等缺陷，且无明显离析		目测
面层总厚度	代表值	每1km 5点	设计值的 -5%	设计值的 -8%	T 0912
	极值	每1km 5点	设计值 -10%	设计值的 -15%	T 0912
上面层厚度	代表值	每1km 5点	设计值的 -10%	—	T 0912
	极值	每1km 5点	设计值 -20%	—	T 0912
压实度	代表值	每1km 5点	实验室标准密度的96%（98%） 最大理论密度的92%（94%） 试验段密度的98%（99%）		T 0924
	极值（最小值）	每1km 5点	比代表值放宽1%（每km）或2%（全部）		T 0924
路表平整度	标准差 σ	全线连续	1.2mm	2.5mm	T 0932
	IRI	全线连续	2.0m/km	4.2m/km	T 0933
	最大间隙	每1km10处，各连续10杆	—	5mm	T 0931
路表渗水系数（不大于）		每1km不少于5点，每点3处取平均值评定	300mL/min（普通沥青路面） 200mL/min（SMA路面）	—	T 0971

续上表

检 查 项 目		检查频度（每一侧车行道）	质量要求或允许偏差		试 验 方 法
			高速公路、一级公路	其他等级公路	
宽度	有侧石	每 1km 20 个断面	±20mm	±30mm	T 0911
	无侧石	每 1km 20 个断面	不小于设计宽度	不小于设计宽度	T 0911
纵断面高程		每 1km 20 个断面	±15mm	±20mm	T 0911
中线偏位		每 1km 20 个断面	±20mm	±30mm	T 0911
横坡度		每 1km 20 个断面	±0.3%	±0.5%	T 0911
弯沉	回弹弯沉	全线每 20m 1 点	符合设计对交工验收的要求	符合设计对交工验收的要求	T 0951
	总弯沉	全线每 5m 1 点	符合设计对交工验收的要求	—	T 0952
构造深度		每 1km 5 点	符合设计对交工验收的要求	—	T 0961/62/63
摩擦系数摆值		每 1km 5 点	符合设计对交工验收的要求	—	T 0964
横向力系数		全线连续	符合设计对交工验收的要求	—	T 0965

二、按质支付

目前我国建设工程竣工后大多采取整体合格验收的方式，除非工程很快出现严重病害，一般都是业主照单全收。这样的结果实际上是业主承担了全部风险，因而是不合理的。美国等一些国家执行按质支付有其合理性，同时也促使施工企业认真施工，确保工程质量。对于沥青路面工程，美国通常将沥青混合料作为独立部分进行质量验收，但是各州在做法上有所不同，有的州是以级配作为质量验收指标，主要控制粗细集料筛孔；有的州以沥青混合料的体积指标作为控制指标，其中以空隙率为多数，但也有的州是以矿料间隙率或沥青饱和度和最大理论密度作为验收的质量指标；还有的州则以性能指标作为验收指标。

在沥青面层验收指标中有一个权重的问题，也就是说有关键指标，也有比较次要的指标，美国部分州沥青面层关键指标与权重见表 11-6。

美国部分州沥青面层关键指标与权重 表 11-6

关 键 指 标	室内空隙率	矿料间隙率	沥 青 含 量	密 实 度
权重(%)	35	10	20	35

美国联邦航空局对于机场道面施工早在 1989 年就采取按质支付的做法。同年 2 月联邦航空局咨询通报（AC：150/5370—10A），对于修建沥青道面，验收准则中就提出，每个现场道面验收应基于材料在规范范围内的百分率（*PWL*）。*PWL* 验收方案考虑材料的变异性（标准差）和检测程序以及密度的平均值。在这个方案中，产生 98% 的目标密实度和 1.3% 的标准差将带来 90% ~100% 的 PWL 支付。如果生产的材料有较大的差异性，那么将保持较高的目标密实度，以使其达到 90% 或以上的 *PWL*。*PWL* 是用标准统计技术确定的，它与道面密实度的平均值（X）、道面密实度的标准差（S_n）、规范的下限（L），以及质量指数（Q）有关。质量指数按下式计算：

$$Q = \frac{X - L}{S_n} \tag{11-2}$$

式中：L——规范的下限为96.3%；

$$S_n = \sqrt{\frac{d_1^2 + d_2^2 + d_3^2 + \cdots + d_n^2}{n-1}}$$

d_1,d_2——单个试样测试值 $X_1,X_2,\cdots$ 与平均值的差，即 $d_1=(X_1-X),d_2=(X_2-X),d_n=(X_n-X)$；

n——试样或计量数量。

根据相应的试验次数(n)和质量指数(Q)，由图11-3确定 PWL 值。

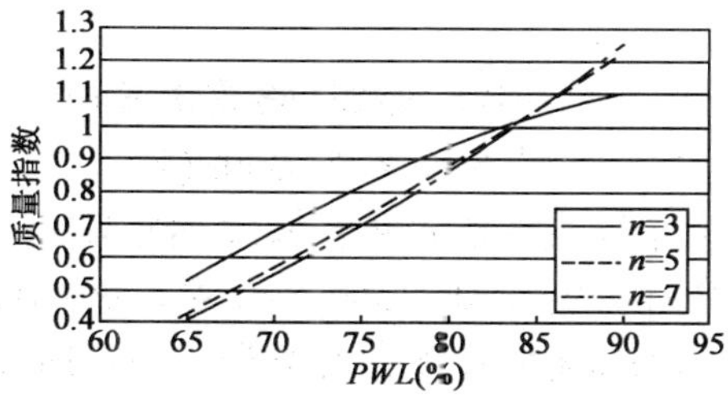

图11-3　PWL 与质量指数的关系

当每个批量沥青混合料的 PWL 等于或大于90%时，应对其密实度予以验收。当 PWL 小于90%时，则按表11-7调整合同单价予以验收支付。这样做的合理性在于不一定非要将低于合格水平的产品予以铲除不可，因为它可能还有使用价值，但它却影响使用寿命，因此予以必要的折减，以减少承包商的损失，也顾全了业主的利益。

支付调整表　　表11-7

材料高于规范限度的百分率(PWL)	要支付合同单价的百分数
90~100	100
80~90	0.5PWL+55
65~80	2.0PWL-65
低于65	原则上应于清除，但认为还可使用，则以价格50%支付

例如，质量指数 Q 为0.9，检测数 n 为5，则由图11-3查得 $PWL=81$，则要支付合同的单价百分数为 $0.5\times81+55=95.5(\%)$。

又如，质量指数 Q 为0.75，检测数 n 为7，则由图11-3查得 $PWL=76.5$，则要支付合同的单价百分数为 $2\times76.5-65=88(\%)$。

在我国橡胶沥青路面实施中，还有的企业仅承包橡胶沥青的生产，在这种情况下，则以橡胶沥青的质量作为验收指标，业主根据所生产橡胶沥青检测判断质量符合的程度，确定支付的百分率。

关于应该如何验收，它与支付之间应该是怎样的关系，其中影响因素非常复杂，我国对此研究尚不是很多，但是从发展趋势来看，按质支付应该是建筑施工类行业的发展方向。

参考文献

[1] 交通部公路科学研究院. 橡胶沥青及混合料设计施工技术指南. 北京:人民交通出版社,2008.

[2] 吕伟民等. 利用废旧橡胶粉改善沥青性能的试验研究. 中国公路学会道路工程学会 1981 年年会论文集.

[3] 天津市建设管理委员会. 天津市废轮胎胶粉改性沥青路面技术规程. 2006.

[4] 寸木. 沥青橡胶与沥青橡胶混合料. 公路养护,2008(2).

[5] 王旭东、李美江等. 橡胶沥青及混凝土成套技术. 北京:人民交通出版社,2008.

[6] 吕伟民、孙大权. 沥青混合料设计手册. 北京:人民交通出版社,2007.

[7] 钟阳、李明亮. 橡胶沥青的动态剪切流变试验分析. 石油沥青,2009(1).

[8] 张海峰、李荫国、王秀梅. 废轮胎胶粉改性沥青研究与应用. 中国道路沥青,2008(1 ~2).

[9] 向丽、程健. 废橡胶粉改性道路沥青的制备工艺和性能研究. 石油沥青,2008(1).

[10] 孙祖望、陈飙. 橡胶沥青技术应用指南. 北京:人民交通出版社,2007.

[11] 吉青克、黄卫东等. 浅析橡胶沥青混合料高温性能的影响因素. 上海公路,2009(1).

[12] 吕伟民. 应用胶粉沥青铺筑 SMA 路面. 上海公路,2008(1).

[13] Gallego, J; Prieto, J. N; Vassallo, J. M. Thermal Sensitivity and Fatigue Life of Gap-graded Asphalt Miixes Incorporating Crumb Rubber from Tire Waste. TRB 2006 Annual Meeting CD-ROM.

[14] 浙江省湖州市公路管理处、同济大学. 高等级公路沥青稳定柔性基层的研究报告. 2005.

[15] 刘朝晖等. A-30 硬质沥青及其混合料性能试验研究. 石油沥青,2008(2).

[16] 张小英、徐传杰、孔宪明. 废橡胶粉改性沥青研究综述[J]. 石油沥青,2004(4).

[17] 曹荣吉. 橡胶沥青断级配混合料 AR-AC13S 的性能评价. 2009 国际橡胶沥青大会中文论文集.

[18] 金朝阳、孙雪伟、陈李峰、唐颂. AR-AC13 橡胶沥青混合料在宁常高速公路的应用. 2009 国际橡胶沥青大会中文论文集.

[19] 交通部公路科学研究院. 橡胶沥青及混合料设计施工技术指南. 北京:人民交通出版社,2008.

[20] 江苏省交通科学研究院中心实验室. 断级配橡胶沥青混合料(AR-AC-13)施工指南,2005(11).

[21] 唐建亚、李齐阳、白琦峰. AR-AC13 橡胶沥青混合料在安新高速公路养护工程中的应用. 2009 国际橡胶沥青大会中文论文集.

[22] 董雨明、谭忆秋、柳浩等. 机场南线橡胶沥青 SMA 配合比设计雨性能研究. 2009 国际橡胶沥青大会中文论文集.

[23] R. G. Hicks. Asphalt Rubber Design and Construction Guidelines, Volume I-Design Guidelines, January 2002.

[24] 上海浦东工程建设管理有限公司、同济大学、上海浦东路桥建设股份有限公司. 废旧橡胶粉在城市快速干道沥青路面中资源化利用技术研究(城市快速干道生态环保综合技术研究与示范项目分报告二),2007.

[25] 吕伟民. 橡胶改性沥青高温蠕变特性的试验研究. 石油沥青,1990(4).

[26] 吕伟民. 橡胶改性沥青的疲劳与低温性能. 石油沥青,1991(4).

[27] 陈桁、吕伟民. 沥青路面荷载型裂缝防治的研究. 华东公路,1993(3).

[28] Gallego, J; Prieto, J. N; Vassallo, J. M. Thermal Sensitivity and Fatigue Life of Gap-graded Asphalt Miixes Incorporating Crumb Rubber from Tire Waste. TRB 2006 Annual Meeting CD-ROM.

[29] California Pavement Preservation Center, Evaluation of terminal blend rubberized asphalt in paving applications, Report Number: CP2C-2010-102TM, May, 2010.

[30] 邱垂德、张运鸿. 公路局快速公路采用开放级配橡胶沥青铺面之探讨. 公路养护,2009(1).

[31] 吴启宏译. 沥青橡胶结合料用于多孔隙沥青混凝土的优点. 交通部公路科学研究所《国外高等级道路路面论文集》,1993(11).

[32] Allex E. Alvarez, Amy Epps Martin, Cindy K. Estakhri. Synthesis of current practice on the design, construction, and maintenance of porous friction courses. Performed in cooperation with the Texas Department of Transportation and the Federal Highway Administration. May 2006. Published: July 2006.

[33] 曹卫东. 骨架密实型低噪声路面的研究与应用. 同济大学博士学位论文,2006.

[34] 周海生. 新型低噪声环保沥青路面. 同济大学硕士学位论文,2002.

[35] G. W. Maupin, C. W. Payne. Evalution of asphalt rubber stress-absorbing membrane, final report, Virginia transportation research council, September 1997.

[36] 廖晓瑾、袁万杰. 基于应力吸收层的旧水泥混凝土路面沥青加铺层结构分析. 中外公路,2009(3).

[37] 张治明译. 沥青橡胶薄膜在减少反射裂缝方面的应用. 国外公路,1986(3).

[38] 李昆. 改善沥青路面抵抗反射裂缝性能分析与试验研究. 同济大学硕士学位论文,2010.

[39] 李兵、袁梅俊. 同步碎石应力吸收层合理模量及厚度的确定. 中外公路,2010(3).

[40] 孙雪伟、金朝阳、陈李峰、唐颂. 橡胶沥青应力吸收层在隧道水泥路面改造中的应用. 2009 国际橡胶沥青大会中文论文集.

[41] 施力、何爱军、肖荆. 高速公路用橡胶粉改性沥青应力吸收层的应用研究. 2009 国际橡胶沥青大会中文论文集.

[42] Weidong Cao, Zhanyong Yao, Qingsen Shang, Yingyong Li and Yongshun Yang. Performance evaluation of large stone porous asphalt-rubber mixture(LSPARM).

[43] 石学斌、程毅、陈拴发、杨斌. 水泥混凝土路面加铺应力吸收层结构应力分析. 公路,2006(10).

[44] 秦永春、黄颂昌等. 温拌沥青混合料技术及最新研究. 第十次全国石油沥青技术交流会论文集,2006.

[45] 尚丽娜、李金亮、王仕峰、朱亚琴、汪红兵. 回收交联聚乙烯裂解蜡对胶粉改性沥青降黏作用研究. 2010 年第十二次全国石油沥青技术交流会论文集.

[46] 邵强、汪林、吴光蓉. Sasobit 温拌沥青改性剂对沥青及混合料性能的影响. 中外公路, 2010(1).

[47] 交通部公路科学研究院. 温拌沥青混合料性能研究与应用. 2008.

[48] 杨小娟、李淑明、史保华. 温拌沥青混合料的技术与应用分析. 石油沥青,2007(4).

[49] 彭煜、蔺习雄、熊良铨、王春. 温拌沥青添加剂研制及其混合料性能研究. 石油沥青,2010(4).

[50] Magdy Abdelranhman. Controlling the Performance of Crumb Rubber Modifier (CRM) Binders Through the Addition of Polymer Modifiers. 85th TRB.

[51] 杜群乐、王庆凯、王国清. 布敦岩改性沥青路用性能评价的研究. 公路,2005(8).

[52] 交通部公路科学研究院等. 岩沥青路面工程应用技术指南. 2008.

[53] 周富强、周必功、李保国、李建东. 岩沥青改性沥青应用研究. 公路,2006(12).

[54] 同济大学交通运输工程学院. 沥青路面病害成因与防治的研究. 上海市建设技术发展基金(编号:A0100509).

[55] 程国香、陆小军、沈本贤. FCC 油浆提高废胶粉改性沥青热储存稳定性试验[J]. 炼油技术与工程,2006(6).

[56] 中国民航航空局基建机场司、机场设计院译. 美国咨询 AC:150/5370—10A(1989 年 2 月 17 日)机场施工标准.

[57] 张肖宁著. 沥青路面施工质量控制与保证. 北京:人民交通出版社,2009.